知識人的想望與行徑

台灣菁英林攀龍
對上黨國嫡裔曾約農

蔡榮芳——著

謹將此書獻給牽手愛妻

蔡蕭美惠（1944-2019）

推薦序

與子同袍

鄭欽仁

（一）

我與作者蔡榮芳教授同是東海大學歷史學系第一屆的畢業生，彼此交往已遠超過一甲子。他給我的印象是親切友善、慎思明辨、條理清楚，與他討論學術或時政，甚感愉快。

我擔任台大講師三年，深感思想閉塞之害，許多學術上的理論都無法學到，即使升到教授也沒有什麼意思。幸得哈佛燕京學社之資助，於 1968 年 9 月赴東京大學進修。翌年 2 月考上博士班，但我蒐集的卡片資料有 30 公斤仍在家裡，故參加暑假留學生歸國團。在出發前一天，榮芳由美國來，翌日他送我到羽田機場；歸國團的領隊是李鴻禧，當時我不認識他，但榮芳與鴻禧是初中與高中的同學。我回國，租屋就給榮芳住。

雙方在國外時通信較無禁忌，但他因教職長期住在 South Carolina，1985 年受北美洲台灣人教授協會之邀請，到華府、紐約等地，仍無法相見。

2001 年他在香港‧牛津出版社出版《香港人之香港史》

一書，他在這之前連續八年的暑假都到香港蒐集資料，用力之勤，非可言喻。他在當年的 1 月 15 日署名自香港大學寄書給我。當然，在赴香港的暑假也會回台，與友人相聚。話說回來，這一本書不能不提的是以「香港為本位」的史觀寫成，殊為難得。香港經英國長期統治，但地緣接近中國，中國經常內亂，香港成為一時或長期避難之地，對永居香港的人有「不可思議」的影響；有「香港人」與「中國人」、「身分認同」與「國家認同」的問題，但「對中國政府時常懷有負面感情」。作為一個歷史家，有時要對研究對象體會共同苦難，瞭解人性與人生；能以「香港人為本位」的史觀，實屬不易。從這一面鏡子的道理反照台灣，自 1945 年由中國避難來台灣者面臨世代變遷，對於受台灣大地之恩惠，如何身受與如何否定，也是一項人生重要思考。話說回來，榮芳能「以香港為本位」的史觀去考察對象，是俱足史才、史德、史識的歷史家。

（二）

榮芳第二本漢文的著作是研究黃彰輝的著作，即《從宗教到政治──黃彰輝牧師普世神學的實踐》，2020 年 2 月玉山社出版。提這本書，因為牽連到這一本 2022 年 6 月完稿的新著，且與東海大學有關。

這些年來，每逢暑假歸國，在台北與老友見面，其中有沈榮嘉、蘇錫清與我等等，有時還有其他的校友，看情況而定。東海大學是由美國基督教各教派組成的董事會出資興建的，本地「華人」也有參與。在第一次校慶的盛會，這些貴

賓人數眾多，榮芳在我們聚會時提到有黃彰輝牧師，但因來賓眾多，無法確認。何況那個年代，見識少，我祇記得一位身材高瘦的人，但當時也不知是什麼人。一直到美麗島事件，夜間默默去商量救援的事情，才知道那一位是高俊明牧師。

由於這次聚會，榮芳決定要去研究黃彰輝牧師。他的辛勤由該書的自序與鄭仰恩牧師的「推薦序」可以瞭解一部分。

總之，筆者所要說的，該書涉及到東海大學及諸師友，但意猶未盡，而時運之忌諱，顧及出版社之立場，諒作者不免有「裹足」之憾。

（三）

榮芳這一本新著是 2022 年 6 月完稿，離上冊著作僅兩年，他與我同齡，已是八十六歲，仍奮力寫作。有鑑於時代之變化、世代轉移迅速，而世事之遺忘也快。我們青年時代在黨國體制統治之下，「台灣無史」，只有中國，先賢的努力留下的燦爛歷史與文化沒有傳承；討論台灣歷史與文化、以及政治、社會問題都是禁忌。我們提倡台灣史，甚至到李登輝時代，林衡道還主張只能用「地方史」之名而不能使用「台灣史」，我遂在公開演講會指名大罵，未必已抑制這一股勢力於一時。其實台大自傅斯年為台大校長時代，台大歷史系就有楊雲萍教授開「台灣史」為名的課程。當然，內容方面不便再議。李登輝當總統時，我因在國際會議做主持人的關係，得以赴總統府晉見。在與他個別照相時，第一句話直說我常寫文章批評他，我不及回答；第二句話問我研究什麼，

我仍不及回答，接著第三句話要我研究台灣史。我講這一段話作個插曲，讓年輕朋友體會一下。話說回來，榮芳這一本著作的用意是要台灣人找回自己，正如日本大儒福澤諭吉所說的：個人獨立，……爾後國家應獨立。

因以上之緣故，作者特別提出對林攀龍的研究，諒是研究台灣歷史、文學與思想史者很少留意到的。

另外，作者提出另一位學者是東海大學第一任的校長曾約農（詳見本書第五、第七章），作為與林攀龍人格特質的對照。

（四）

關於東海大學建校的問題，在談曾約農任校長之前，應先瞭解東海大學的建校經緯。許多校友，包括筆者在內，對於為什麼從第二任校長吳德耀退任後，東海大學的校風整個往下滑感到疑惑，校長的繼承人不但與東海無關，甚至是從外舶來的人物，與台灣無關。

這些疑惑，作者在第六章根據原始史料說明建校的經緯。美國基督教各教派邀台灣長老教會基於自由人文主義精神創辦學校，但在執行過程，該校的董事人選就不得不考慮美國人五名、大陸人五名、台灣人五名。校長的人選，因曾約農的堂姐曾寶蓀與蔣宋美齡的關係，最後由曾約農出任，但限一任兩年。國防部要求設置保防人員，監視校內員工等等。

曾約農崇拜蔣介石，是黨國體制內的人，容後再談；但

曾約農要離任時，發生外省同學有絕食、留任的突發事件，我們崇敬的曾約農校長作風也顯得詭異，當時，任文學院長的吳德耀變成被攻擊的目標。這件事是否有背後的煽動，又來自何方？那時我與同學從運動場回到宿舍，一股緊張氣氛，聽說教育部長乘飛機（？）南下，警總的人也來了。校方以學生是基於基督教的「絕食禱告」說明而沒事。對於曾校長的辭職，作者在第六章已有詳細說明，筆者只是就當時為學生的感受陳述而已。

吳德耀教授（1916-1994）接任校長，晚年回到新加坡。約在 1990 年前後，筆者已忘記詳細時間，有校友來約，謂吳校長希望見校友，約有十名左右的校友赴會。當時他住在文化大學的學人宿舍，吳校長面對當年參與絕食的同學說明曾校長離任之事與他無關。另外，吳校長突然問一句：「東海大學是為誰而設的？」當時在場有本地及外省校友，靜默一時無人回答。吳校長從容地說：「東海是為台灣人而設的！」此事尚有沈榮嘉、曹永洋校友可以為證。

近年因作者榮芳的努力，我們才知道吳校長在年輕時就參與聯合國人權法案的起草，深得羅斯福總統的夫人之器重！

東海讓人感到愉快的是：對本土人很平等，沒有歧視。

話說回來，校長的人選，台灣本土不是沒有人才而能精通多種語言者，作者列舉甚多，讀者不妨多探索一下。但這些人才都沒有能進入大學執教。台灣人在日本統治時代，也曾發起文化、啟蒙運動，如作者提到的林獻堂、林攀龍父子

的「一新會」。筆者曾看過「一新會」一年排滿數十場的演講會目錄，講師方面男、女都有，其內容涵蓋之多，嘆為觀止！筆者從 1970 年代後半即參與「黨外運動」，自嘆不如！戰後台灣，清除一代（包括「外省人」在內）、培養一代「黨國體制」的新人；戰後中國國民黨的「黨國體制」之「同化政策」，還呈現在目前台灣的政治社會，尤其是選舉運動時。「黨國體制」是台灣還在尊之為「國父」的孫中山受共產第三國際指導的產物。總之，作者指出建校之始，避免不了黨國體制的介入，影響以後的發展，是我們意想不到的事。

（五）

關於東海大學遴選校長之事已見於上述第六章，對於曾約農家世在第五章自其曾祖曾國藩說起。一般將曾國藩當作儒家「道統」之士，德行甚高，甚至比喻作聖人。

我在中學時讀《曾胡治兵語錄》甚是佩服（曾是指曾國藩、胡指胡林翼）。後來讀《曾國藩日記》（該著作是因中日戰爭發生，家母見漢籍禁輸入時搶買的），更佩服其忠君愛國思想，一直到讀大學之後有學者提醒我那是寫給朝廷看的，才恍然大悟。中國史之難讀在此！作者引曾國藩之弟曾國荃的幕僚趙烈文著《能靜居日記》，記載湘軍攻入太平天國之南京城屠殺老弱、虜掠四十歲以下之婦女等慘狀，敬佩作者之細心治史，舉出這件事。

第七章作者巧妙的以同是大陸人之曾約農與徐復觀老師，用來比較對待台灣文化人之態度。

當時我們學生非常敬重曾校長；長著長長的鬍鬚、一身長袍，行為端莊，每週全校聚會時善於正道，充滿宗教與學術之精神。但有一件刑事案，他在報紙發表一篇長文，充滿情緒，深感不對稱，不得其解。

作者也在文中提到他幫助學生的事情。但我同屆之謝水發告訴我一件親歷的事情，即英文教師選拔兩位英語說得好的同學參加國際學生會，他被遴選之後由校長召見，曾校長竟嫌他是台灣人。當時的英文課都是美國來的教師，皆不會中國話，直接以英語上課，沒有「畛域」之見區別本地與外省人。謝水發是竹東的客家人，受曾校長之對待，到年老還特別告訴我這件事。由此看到作者提曾約農輕視碩學的林攀龍，則不難瞭解。

（六）

然而作者提到徐復觀（1904-1982）老師，用與曾校長顯著的對照。他是從中國大陸來、少數有道德勇氣批評專制主義者。在我們大學時代，他在雷震辦的《自由中國》雜誌、為蔣介石祝壽的專號直接批評蔣介石的個性。他相信民主主義，要從儒家的人本主義作為民主主義的因子。這一點，與曾約農是黨國體制內的人大不同。我們剛入學的時候，東海大學的圖書館館長經常告訴我們：如果徐師不得罪蔣介石，當時的行政院長應該是他。

榮芳注意到徐師的政治思想自由開放，用心探索他與本土的文化人交往，並列出可觀的人數；徐師還將這些人介紹

給其他的學者。這一點與曾校長不同。

我當台大歷史系講師三年，爾後受哈佛燕京學社的資助，赴東京大學進修（1968.09~1973.09）。其間有後進的東海校友經友人帶來相識，經過三次的聚會突然告訴我：「徐復觀老師說，你若有困難去找鄭欽仁。」我已十年沒有與徐師聯絡，此時才知道他被東海解聘，已住在香港；自此之後，頻頻書信往來。

榮芳舉出徐師在 1971、72 年為文反對台獨。「中國史觀」的「統一觀」是有毛病的，被異民族征服也是統一；至今認為從古代到現代都是歷史相繼承、統一的國家。話說回來，徐師常寄給我在香港報紙定期刊出的專論，但沒有寄反對台獨的文章。他在香港的專論也常遭到報社刪除，報社對台灣當局有所忌諱。但他寄給我的文章，又補上被刪除的部分。我想：後來他的文集出版，諒沒有補上。他在香港出版的《周秦漢政治社會結構之研究》是一部名著，但在台灣學生書局出版，改了題目，也有句子被刪除。

徐師在香港也常受干擾，他的來信說：「大廈信箱，經常被人打破」（簽署日期，1972 年 4 月 27 日）。他被特務打報告，也附上該報告寄給我。（1972 年 4 月 19 日的來信。）

關於上文提到台獨問題，諒此後他的想法有所改變。1979 年在加拿大執教的蕭欣義同學回台前先到香港看徐師，剛入室坐下來，徐師猝不及防地對蕭說：「聽說你主張台獨！」蕭對徐師說：你看世界上被壓迫的情形主張獨立，但對台灣

不這樣。這是徐師要欣義回台、一定要來看我時，欣義對我說的。

徐師得意的門生薛順雄教授曾經給我的信如此寫道：「徐師甚知弟之愛台之心，並強烈主張台灣為自主之國，然絕無一語之指責，此為弟之敬服徐師之人格者，更勝於其學術之成就。」（2011.04.27 之函）。

徐師於 1982 年 4 月 1 日逝世於台大醫院。在住院期間多往關心的是台籍學生，與我同屆的陳淑女同學為他換尿布。徐師臥病前曾對我開口，希望沒有他人時與我談談，想是要瞭解我的終極主張，可惜沒有這樣機會，留下遺憾！

徐師希望台籍人士起來為政治改革奮鬥。康寧祥要去香港，我建議去請教徐師，我便寫一封信給徐師，說是友人赴港希望接見，但不敢在信中明記是何許人。康到香港時先打電話，還不及說自己是誰，徐師已知是老康，其機敏過人！

徐師希望台人自己屹立為自己命運奮鬥，薛順雄教授2011 年 3 月 21 日給某校友函引述徐師的面諭：

「台灣人之命運，台灣人不主動關愛而寄望於逃難來台之人最為可悲。」

這是一句很沉重的話。薛教授因此引佛陀的話：「將幸福期望在別人的身上是件愚笨的事。」

榮芳在本書最後一章的陳述也指出台人「自我設限」之

缺陷；以我的話來說，是經白色恐怖被「奴化」的結果；是歷史的產物。即使政黨輪替，支配者本身也被「同化」，故轉型正義只是虛張聲勢。

再說徐師，他是瓸望變革，他見康寧祥辦《八十年代》月刊（1979 年 6 月創刊，1984 年 4 月改爲半月刊），很高興。當年蕭欣義爲他編著作集，擬由學生書局出版，但徐師寫信給我，要我告訴欣義，全由八十年代出版社出版。但此事已與學生書局約定，故祇以《儒家政治思想與民主》一書，在 1979 年由八十年代出版社出版。

榮芳要我寫幾個字，我做了這樣冗長的交代。

（七）

作者榮芳兄在最後一章的綜述，對曾約農定位爲「中國的道統」、「衛道之士」，用「同情的瞭解」給予尊重。

對林攀龍，提醒我們用欣賞的眼光看他的哲理。

對族群的奇異用廣大的心胸包融，主張族群大融合。

對久居台灣仍扞格的人，提出英國政治思想家伯克（Edmund Burke），以一個英國人維護美國獨立革命的偉大胸懷作參考。

他對本土的台灣人之自我設限，指出應該堂堂正正的「所信表明」，獨立自主是一條自救的活路；國家存亡，是無可避免的責任。他引用林攀龍的名言：「我國人民，也必能徹

悟台灣在國際上立場之重要性，自尊自愛。從心理上說，如認定台灣是地球的中心，世界萬事都據此運轉，亦無詫怪」。此言不是也印證目前台灣受中國帝國主義的威脅，讓世界覺悟台灣的存亡，關係他們安全？！

　　榮芳提醒台灣人民「轉型正義」應該挑戰「深層權力結構」。是的，中國國民黨的「黨國體制」台灣至今仍被其「同化」，包括榮芳指出的政治、經濟、社會、司法、學術、教育、文化，但我在此補充，包括剝削的土地政策和稅制。毒素深入骨髓，尚未消除而執政者未能自覺。

　　最後他提出八項台灣建國論述，我完全接受，故以《詩經》所說的「與子同袍」（見「秦風·無衣篇」），以為序。（文中人物敬稱略。）

　　　　　　　　　　2022 年 9 月在台大舟山路的老舍

（本文作者為東海第一屆校友，國立台灣大學歷史學碩士，日本東京大學博士。中國魏晉南北朝史的專家，台大歷史系名譽教授，長期關心與投入台灣的民主與建國運動。）

「台灣經典」的人、事、物，
何日成為我們的常識與典範？

周婉窈

　　蔡榮芳教授這本書，是一本很特別的書，需要放到台灣百年來遭受兩度殖民的歷史脈絡中來看，它的意義才能顯現出來。

　　這本書的書題是：「知識人的想望與行徑：台灣菁英林攀龍對上黨國嫡裔曾約農」。我想，對我們的世代——受完整KMT/ROC黨國教育的世代——而言，曾約農是耳熟的名字，雖未必「能詳」，但總是聽過。至於林攀龍，蛤，他是誰？我想絕大多數人沒聽過。這就是問題所在，如同蔡教授在作者序一開始說的，我們的世代對徐志摩「我揮一揮衣袖，不帶走一片雲彩」的詩，以及朱自清的散文〈背影〉，真的到了可以默背的程度，所以那位號稱兩岸三地的大作家才會也寫「背影」來拼場。同樣是遺書，我們世代想到的一定是林覺民的「意映卿卿如晤」，誰讀過盧鈵欽的「我が愛する妻よ」（我所愛的妻--ah）？那真的令人痛徹心肺、感動到極點的遺書。盧醫師寫道：「人は一度死するものだ。……僕が逃げないのは君が故、子供が故だ！馬鹿かも

知れんが、愛は一切を超越する！——」（台語：人就是會死的物件。……我所以無來逃亡，是為著你的原故，是為著囝仔的原故！無定這是愚戀的，毋過愛超越一切！——）。請想想盧醫師第二天就要被處決，這種精神高度，以及對妻子林秀媚的愛情（這部分請看原信），實在值得島嶼子孫世世代代傳頌，但沒有人讀啊。這就是台灣的「現實」，一甲子KMT/ROC黨國教育的結果。

去年（2021）是台灣文化協會創立一百周年紀念。台北教育大學北師美術館舉辦「光：台灣文化的啟蒙與自覺」展覽（「光」展），在籌劃的過程中，黃土水失蹤近半世紀的雕刻〈甘露水〉奇蹟式重現人間，成為「光」展的亮點。〈甘露水〉是黃土水入選帝國美術院第三回美術展覽會（帝展）的雕刻作品，入選作品展示日期是 1921 年 10 月 14 日至 11 月 20 日，而台灣文化協會在 10 月 17 日成立，可以說是同時發生的大事情。〈甘露水〉是台灣近代藝術的瑰寶，其出現彷如「平地起高山」，令人驚歎！即使今天來看，仍然是不世出的瑰寶。我有美術家前輩朋友，看了雕像說：「今馬嘛無這款物。」（到現在也沒有這樣的東西）但〈甘露水〉在戰後的命運，就如同台灣人的命運，非常坎坷，甚至可能就化為烏有。

〈甘露水〉在日本時代為台灣總督府所收藏，陳列於台灣教育會館（今二二八國家紀念館）大廳，那是殖民地官方給予的最高肯定。戰後該會館成為中華民國台灣省參議會（後改為台灣省臨時省議會）會址。據悉：這座大理石裸女雕刻

被外來統治當局認為有礙觀瞻，不想保存（當時似已遭人潑墨汁、汙損），因此 1958 年臨時省議會搬遷至台中霧峰時，〈甘露水〉不在移轉清單中，因緣際會被移到台中車站附近張鴻標醫師診所（兼住家）存放。1974 年張醫師將〈甘露水〉封箱密藏於連襟林立生的霧峰工廠，兩年後張醫師過世。〈甘露水〉封箱 47 年後，終於在 2021 年重現人間，12 月在「光」展，以如光的存在和國人見面。〈甘露水〉奇蹟式的再現，也是戰後台灣歷史悲運的縮影——外來統治者將島嶼的珍寶視為垃圾。

藝術珍寶都可以是垃圾，那麼，島嶼優秀的人才呢？二二八大屠殺，殺了很多台灣菁英、年輕人，以及一般民眾。從「三月做大水」（吳新榮語）到清鄉結束的 5 月 15 日，估計台灣人死亡人數在一萬八千至二萬之間。這段血腥歷史，75 年後很多人還是選擇不要瞭解，甚至認為沒發生過，或只死幾百人。我們在這裡無法細述大屠殺本身，每個死亡都牽動死者的父母兄弟姊妹親朋，以及妻子兒女（如果已成家），這些人還必須存活下去，他們往往活得非常辛苦。我是嘉義人，嘉義在 1947 年 3 月 18、23、25 日，在火車站前公開處決三批人，最後是：潘木枝、陳澄波、盧鈵欽、柯麟。這四位都是嘉義市參議員，他們在 3 月 11 日與一群地方領導人士到水上機場和國民黨軍方進行和平談判，結果被捕。柯麟是嘉義「慶昇戲院」的老闆，我小時候慶昇戲院還非常有名。陳澄波不用多提，盧鈵欽是牙醫師，那麼，潘木枝是誰？這是「後人」的問題，在當時嘉義市幾乎沒有人不知道他，他

是「仁醫」，那是台灣社會還有仁醫的時代。作為醫師，潘木枝對病患的仁愛，講也講不完，潘木枝和盧鈵欽是好朋友，我們就引盧醫師的妻子林秀媚的話來略窺一二：「潘木枝為人非常好，非常有醫德，他一天患者約五、六十個，一半免費，對窮人他不收醫藥費；不但不收醫藥費，還拿錢給患者，告訴患者：『這五十元給你，你不要因為我沒收錢，以後就不敢來讓我看病，有病一定來找醫生哦。』做人真好，簡直可以當神來拜，做人如此仁慈的人很少。」[1] 這是為何他被處決後，士兵不准收屍，圍在四周的民眾開始點香祭拜他。那樣的人，被五花大綁，遊街示眾，槍決曝屍！外來政權就是這樣對待台灣人，還管你仁醫不仁醫，還管你是名聞全台灣的大畫家？

　　不管是二二八罹難者或白色恐怖（白恐）受難者的家人，很多人過得很艱辛，有人甚至活不下去。我們嘉義仁醫的兒女呢？潘木枝和妻子許素霞（我們大林人）生有七子二女，二二八時最小的女兒還是嬰兒，但後來成為許素霞活下去的力量。根據我的觀察，事件發生時已經開始「感知」外在世界的少年受到的衝擊會很大。潘英仁是第四個兒子，1935 年生，今年 87 歲。未滿 11 歲的他，目睹父親被處決後躺在三哥英三的懷中，而早在 3 月 15 日他的二哥英哲據說要去營救父親，結果是一具屍體被抬回來——請想像許素霞才死了一個兒子，十天後又要接受丈夫之死。潘英仁說，若不是可愛

1　　盧鈵欽妻子林秀媚訪問紀錄，張炎憲、王逸石、高淑媛、王昭文採訪紀錄，《嘉義驛前二二八》（台北：吳三連台灣史料基金會，1995/2006），頁 248。

的小妹妹，他的母親早就自殺了。他的大姊英雪當時讀嘉義女中，她在作文題目「我的父親」中寫「我的父親為嘉義市民犧牲」，結果被叫到校長室訓話，回來後她把自己關在房間裡，從此不再去上學。在這裡，我們看到校長主動當共犯，集體欺凌罹難者家屬，這也是為何我們一定要進行轉型正義的原因之一，加害集團及其共犯都是要被譴責的，這也明白告訴我們，如果哪一天台灣再度陷入類似的境況，我們不能站到加害者那一邊，我們要同情並合力保護受害人及其家屬。

這還不是結束。許素霞擔心大女兒的安危，早早就將她嫁到埔里。在白恐初期的 1952 年，大兒子英章涉案被抓，英雪也被捕。當時英雪懷孕，快臨盆才被釋放，被關了六個月，英章則從 1 月 23 日關到 12 月 23 日，共十一個月。潘英章終其一生絕口不講這段過去，他死後，他已半百的兒子想要追索這段歷史，都已經沒辦法了。政治犯不願回想過去，不願吐露一言半語，其實很普遍；不要忘記：刑求是白恐的要項。大女兒很慘，潘英仁回憶說：「有一次回來聽說大姊從埔里來台北到我們住的舟山路家裡時，她突然用墨水塗滿整張臉，嚷嚷著說有人要來抓她，她要變裝逃亡。在那之後她就長年靠藥物控制病情。」為何會住到台大附近的舟山路？因為潘英章考上台大畜牧獸醫系，後來當助教，母親也想離開傷心地嘉義，所以就擠身在這個租屋處。潘英仁後來也考上台大畜牧獸醫系，成為大哥的學弟。父親過世後，他們生活很貧困，能夠考上台大，真的很不容易，後來能出國等等，其實是要靠「貴人」相助。大部分二二八和白恐受難者的兒女都

很難「出人頭地」，若要有還算略微成功的人生，「天資＋貴人」，好像缺一不可。而且，在黨國時代，誰能是你的貴人？大概只能是黨國中人了，這就是歷史很反諷的地方。

潘家第三個兒子英三目睹父親被處決，去將他抱在懷裡（英三的口述紀錄，見註2），[2] 潘英仁回憶說：當時潘木枝「眼睛往上吊，下顎脫臼，我三哥先『喀』的一聲，幫父親把下巴闔上，接著在他耳邊不知說了什麼，然後三哥用右手掌輕輕從父親的額頭往下把眼皮闔上，我就一直跪在父親腳邊，目睹整個過程。」這時候英三才 13 歲，在那樣悲慘的時刻，就要做這麼大人的事情，這件事給他帶來非常巨大的衝擊，英仁說在那之後三哥性情大變，經常暴怒，成家後大兒子成為他暴怒的對象。真的是悲劇中的悲劇！潘英仁個性內向，不愛講話，在高中時曾兩度企圖自殺，但他當時並不知道這是父親之死帶來的心理創傷。[3]

寫這麼多，好像很離題。其實沒有。如果你不了解二二八及其後的白恐對台灣人造成的巨大衝擊，你就很難在台灣史的歷史座標中定位這本書。作者屬於日治末期誕生於1930年代的台灣人，他們這個世代，以少年開始能「感知」的心經歷二二八，及其後的白色恐怖（至少感受到那種氛

2　潘英三訪問紀錄，見張炎憲、王逸石、高淑媛、王昭文採訪紀錄，《嘉義驛前二二八》，頁 199-212。

3　潘英仁口述、林瑞珠紀錄，〈父後 60 餘年才有淚 開啓療傷的歷程〉，《上報 Up Media》，2020 年 3 月 26 日，網路連結：https://www.upmedia.mg/news_info.php?Type=2&SerialNo=83830。

圍），他們對台灣的愛和受想行識，與後來接受完整KMT/ROC黨國教育的台灣人很不一樣，後者已經沒有二二八記憶，即使有淡薄印象，也在教育過程中完全被抹除，更可怕的是，在他們的教育中完全沒有台灣史與台灣鄉土；有些人後來努力補學，這也是台灣可以改變的動能之一。1992年台灣自由民主化前後誕生的台灣囝仔，比較幸運，在學校可以開始學習台灣的歷史，但分量很微薄，二二八和白恐大概就是占教科書的幾小段。即使是今天，不要說二二八的苦難，很多台灣人應該知道的人、事、物，絕大多數人都不知道。

那麼，林攀龍是誰？如果我說，他是林獻堂的長公子，應該可以了吧？當然，如果你再問我林獻堂是誰，那真的就沒辦法了。幸好，我想現在大多數的人都知道林獻堂，只是很少人知道他為何要在1949年9月以治病為理由「流亡」日本。說「流亡」不是誇張。他在日本只能居留一年，但他決心不回台灣，後來靠在日本的台獨組織「台灣民主獨立黨」讓他掛顧問，得以用「政治庇護」的方式申請居留。一個摯愛台灣，一生最精華的歲月都奉獻給反殖民運動的全島性人物，就這樣在異國過世（1881/10/22-1956/9/8），而不久前他的二兒子過世他也不回來。如果你知道，在二二八事件中，林獻堂有多少在日本時代一起奮鬥的同志遭殺害或失蹤（等同死亡），你就可以瞭解他為何選擇自我流放於前殖民國。

回頭講林獻堂的兒子林攀龍（1901-1983）。林攀龍非常特別，他6歲入漢學書房讀書，1910年10歲到日本東京讀書，就讀東京大學（讀政治），1925年4月畢業，旋赴英國，

9 月進入牛津大學就讀（宗教、哲學），畢業後於 1928 年 11 月 4 日返台。1930 年 3 月他又到法國、德國遊學（哲學、文學），1932 年 2 月 2 日返回台灣。總共在日本十五年餘，在歐洲五年半。用現在的話來說，他的學歷超「亮麗」的。但他選擇回台灣，而且是在故鄉霧峰進行文化啟蒙與提升工作，如果用現代的概念來說，就是台灣最初的「社區營造工作」。3 月 19 日，也就是他終於學成返台後的第二個月，他糾合族人成立「霧峰一新會」（簡稱一新會）。創這個會是林攀龍的發想，得到父親林獻堂全力支持，可以說這是林獻堂、林攀龍父子兩人共同的文化志業。他的母親楊水心也是重要的支持者和參與者。關於一新會，我個人寫過一篇論文，刊登在《台灣風物》，[4] 有興趣的讀者可以找來看。

關於一新會的特色，可以簡述如下：一新會就是以家族之力辦社會，一個月平均舉辦三、四項活動，加上每週一次的例行演講，日程非常緊湊。活動項目有：婦人茶話會、老人慰安會、球競技會、兒童親愛會、辯論會、文化劇、演劇批評會、通俗演講、留學生懇親會、納涼會、活動寫真等。另外舉辦過三回運動會，參加者很多，等於全庄運動會，以及兩回的夏季講習會，各 12 日、11 日——讓人想起台灣文化協會的夏季學校。一新會每週固定舉辦的活動有：日曜講座、一新義塾、讀書會、詩文會等。一新會創會後第一次演講聽眾就有三、四百人，其後都有百人上下，請記住：這是一個「庄

4　周婉窈，〈「進步由教育　幸福公家造」——林獻堂與霧峰一新會〉，《台灣風物》56：4（2006 年 12 月），頁 39-89。

規模」的活動啊，即使今天要有這麼多人來參加也非常不容易。

　　最值得特別提的是，每週一次的演講後來定名爲「日曜講座」，林獻堂、林攀龍父子非常注重女性的公共角色，相信男女智能平等，鼓勵婦人要走入社會，不要落後於男子。這每週一次的演講會，一定是一男一女，而且女士先講。在七、八十年前很少職業女性，做這樣的安排非常不容易，這是用行動來踐行信念。日曜講座驚人的是，不只每週一次，連續舉辦到二百多回，直到一新會因局勢關係而「無疾而終」。《一新會日曜講座演題目錄》，不管是 150 回，或 200 回版，都令人從心底由衷佩服。[5]

　　我之對林攀龍有興趣，且想進一步瞭解實在是因爲霧峰一新會，也因爲研究一新會，非常佩服他。林攀龍的人格特質深深吸引我，他心性淡泊，可以說「胸無大志」，但他的人生觀是「積極的」、正面的。他喜歡光亮，不喜歡灰暗，因此不欣賞東方式的人世悲慨，在西歐文明中他則崇尚代表陽光的阿波羅（Apollonian）精神，而非悲觀耽樂的酒神（Dionysian）傳統。他相信一個人「自己的向上」，因爲「生命就是自內部發生的這一件事」；他認爲台灣的再建設要從地方開始，「地方的革新先把清新的氣性廣大地散布開來」、

5　以上關於一新會的概述，輯自拙文〈光，遮蔽，及其再現：台灣文化協會創立一百年回顧與省思〉，刊登在北師美術館圖錄《光——台灣文化的啓蒙與自覺》（台北：台北教育大學北師美術館，2022），頁 45-84。

「大眾的心上就是良好的文化的苗床」。因此,「霧峰一新會的誕生決不是偶然。在眞理之光和大眾的期待合而爲一的地方,才產生了這個會。」他的夢想是:「要讓蕃紅花在大地的沙漠上開放。」八、九十年後,我們好像還在期待「清新之氣」(相對於電視節目整天的自我汙染),以及蕃紅花的綻放。

文化向上是一新會的核心價值,藝術則是文化的呈現。林攀龍愛好藝術,林獻堂是藝術贊助家,顏水龍能到法國留學就是靠林獻堂資助,顏水龍和林攀龍則是至交。林攀龍曾引馬修‧阿諾德(Matthew Arnold)的話:

> 優秀なるものを讚美するのはそのものに次いでよい事である。
>
> (台文:呵咾優秀的物件是比彼項物件差一屑屑仔的好的代誌。)
>
> (中譯:讚美優秀的東西是僅次於那件東西的好事情。)

在藝術上,我認爲支持肯定藝術的林攀龍,就是那個第二好的存在。現在還有這樣的阿舍嗎?希望有,但首先,我們要知道過去有過,不然,我們的典範在哪裡?

林攀龍的文學造詣很高,我雖然算是熟悉他的《人生隨筆及其他:林攀龍先生百年誕辰紀念集》,但也是看了蔡教授的書稿,才知道林攀龍寫了〈近代文學の主潮〉(〔歐洲〕近代文學的主要潮流),那時候他才 22 歲,而這篇長達 29

頁的論文，在蔡教授的分析下，眞的是非常優秀的作品。也因爲這樣，我才注意到林攀龍在 1922 年就加入「台灣青年社」，積極參與反殖民運動；過去我可能太注意林獻堂和林呈祿等人，而忽略了林攀龍的角色。他眞的就是一位積極關心公共事務的台灣青年。

這本書可以說是林攀龍著作的一個總介紹和評析。蔡教授指出林攀龍著作的特色：「用多種語文的思維（包括他非常嫻熟的日語），論政治文筆收斂理性，論人生哲學則博引東西洋哲人之名言，論自然抒情詩文則熱情洋溢、展示自由浪漫主義思想，令人喜悅愛讀。其詩文深度，流露一位博學多聞、純粹教育哲學家的品格與智慧。」（頁 327）

林攀龍，如同蔡教授在這本書中呈現的，是台灣第一等人才，是個「奇才」，但是在黨國菁英曾約農眼中，林攀龍是個「庸才」（a nonentity）。這裡牽涉的不是一般對人物的不同評價，而是外來統治者如何集體矮化、「庸才化」被統治者的問題。阿，台灣就是沒有人才，即使今天受到七十餘年KMT/ROC黨國教育深層影響的在位者，都還會有這樣的看法──就算他／她是本地子弟。這和認爲台灣沒有文學，台灣沒有文化，台語就是低俗，其實差不多。在黨國體制下成功往上爬的人，基本上就是最受馴化、吸收最好的人，你怎麼可能要他／她反省讓他／她得以成功的東西？

這就連結到蔡教授在這本書指出的「深層權力結構」的問題。KMT/ROC黨國統治台灣將近半世紀（1945-1992），

打造出中國／中華文化在上，台灣本土文化在下的文化位階，它已經內化到受黨國教育的台灣人的思維和內心深處，非常難打破。由於長期戒嚴，人民思想僵化，加上解嚴後所謂「寧靜革命」又以不變革體制為原則，導致台灣社會最大派是「維持現狀派」（維持現狀再決定＋永遠維持現狀），十幾年來都在六成上下。不要或害怕變動——其實世界就在急遽變動中——造成社會極度欠缺想像力。台灣人不只無法想像未來，對過去也欠缺想像。諸君可能會反問：「過去已經過去了，怎麼能想像？」恰恰要能想像過去，才能想像未來。

你能想像嗎？——如果不是曾約農將台灣第一等人才林攀龍講成「庸才」、不讓他有機會擔任東海大學校長，而是繼他之後某任／某幾任東海大學校長是林攀龍的話，那東海大學會是怎樣的一個情況呢？

你能想像嗎？如果戰後台灣大學校長是杜聰明，台大文學院院長是林茂生，那又會是怎樣一個台灣大學呢？至少還能繼承台北帝國大學的精神和特色吧？你若敢這樣想像，台灣社會整體若敢這樣想像，今天的台大校長哪裡會輪到那些黨國菁英在當？阿，誰才是「a nonentity」？

你能想像嗎？如同我的父母輩的想像——想像戰後台灣第一任總統是林獻堂嗎？你又能想像「台灣學術院」（Academia Taiwanensis）的院士有黃彰輝牧師、宋泉盛牧師嗎？這在在挑戰我們的想像力。接受這樣對過去的想像，我

們才能想像一個真正屬於台灣人的國家。有了自己的國家，才會有「台灣經典」，對於可能是「台灣經典」的人、事、物，您又知道多少呢？這本書將帶領我們認識非常值得台灣人認識的林攀龍，在這同時也體認到戰後台灣「實然」——但萬萬不是「應然」——的坎坷歷程。

親愛的國人，請大膽想像國家吧，想像一個應該存在的台灣人的國家！

（本文作者爲台灣歷史學者。國立台灣大學歷史學系學士、碩士，美國耶魯大學歷史學博士。曾任職中央研究院台灣史研究所，現爲國立台灣大學歷史學系教授。）

目次

作者序

當我看到彩虹，我心躍動（虹を見れば我が心躍る）。
（1923）

——林攀龍（1901-1983）

　　真的事物，要無理止抑，是不可能的。真理有其堅強之
擴展性，就像沒法阻住春花開放、湧泉上溢一樣。

——林攀龍，〈海德公園〉（1954）

　　哲學、宗教、科學，應該融和一致，人們才會刷新精神
力，肅清混沌危機的荊棘，開闢人類光明的坦途。

——林攀龍，〈現代文明之考察〉（1954）

　　只有真理才能使人自由。堅決實行靠真理的自我解放。
這樣，我們台灣同胞才能相稱於美麗島的居民。要拯救台灣
之路，除此之外是沒有的。

——林攀龍，《人生隨筆及其他》

左起林攀龍、林獻堂、林猶龍，1927 年攝於法國尼斯。（林明弘提供）

重新發現台灣知識人
林攀龍（1901-1983）的喜悅

　　受「中國史觀」教育成長的台灣人，對中國作家徐志摩（1897-1931）的〈再別康橋〉、與朱自清（1898-1948）的〈背影〉，耳熟能詳，但是卻很少人知道——誰是林攀龍？什麼〈海德公園（Hyde Park）〉？什麼〈當我看到彩虹，我心躍動〉？什麼〈現代文明之考察〉？……而這些文章非常精彩，應是今日各級學校國文課程可採用的絕佳教材。

　　數年前，筆者翻閱史料，重新發現長久被遺忘的台灣本土作家、教育家林攀龍（1901-1983），是一位值得深入研究的台灣知識菁英。他在 1920 年代到 1950 年代的寫作，匯集於林博正編，《人生隨筆及其他》（傳文文化事業，2000 年，現已絕版）。然而，林攀龍的寫作，令人感到歷久彌新，展現淵博的知識；他的人生哲學充滿智慧，仍然新鮮活潑，令人喜悅愛讀。

　　林攀龍在戰前用日文撰寫的多篇文章，由秦賢次精心收集，二十多年前，請托精通日文的詩人葉笛（1931-2006，葉寄民，文學評論家、翻譯家）翻譯成中文。譯完後，葉笛致函秦賢次，寫道：

　　翻譯這些大作，使我對二十年代的台灣文學開了一個「天窗」。……林攀龍先生的作品，在二十年代的台灣文學理論上，可以說是先覺者，尤其〈近代文學の主潮〉在那個時代

能有這樣詳盡的，可以說沒有，我手頭有一套[中國的]《新青年》複印本，徵之於一九一七年發軔的「文學革命」上的理論，[林攀龍的文章]實在超越同期的任何理論文章，這些文章是「台灣文學史」上的見證，應該整理出版。任其湮沒，可以說是文化上的一種罪過。……非常欽佩這位文學先進的文學的認知。對生活宗教及政治深刻、睿智、透徹的分析，這些作品就是現在還是璀璨的。[1]

詩人、文學評論家葉笛指出，林攀龍的作品，「任其湮沒，可以說是文化上的一種罪過。」筆者深有同感，重新發現台灣先輩文學奇才教育家、哲學家林攀龍，值得吾人慶幸喜悅！

知識人的想望與行徑：
台灣的林攀龍，來自中國的曾約農

在族群相對融合的今日台灣社會，人們容易忘記，1950至1970年代白色恐怖如火如荼時代，強勢的「外省人」與弱勢的「本省人」，族群疏離對立相當普遍。撰寫歷史，還原昔日情景，可望提醒年輕讀者，今日台灣民主自由得來不易，必須珍惜守護，蓋民主自由運動猶如划舟，不進則退。昔日先賢的想望、智慧、與行徑，可供今日新世代之借鏡。「夫

1　林攀龍著、林博正編《人生隨筆及其他》，（台北：傳文化事業，2000年），頁5-6。此書收集葉笛翻譯林攀龍戰前用日文撰寫的多篇文章，以及戰後林攀龍的中文著作《人生隨筆》（台中：中央書局，1954年），也包括秦賢次編，精詳的〈林攀龍（南陽）先生年表〉。

以銅為鏡，可以正衣冠；以古為鏡，可以知興替；以人為鏡，可以明得失。」（唐太宗李世民語）願大家面對歷史，以史為鏡，獲取智慧，促進族群大融合。

本書以兩位二十世紀教育家知識人曾約農與林攀龍為例，論述中國國民黨主席蔣介石總統統治台灣時代，不同族群的知識人各懷不同的想望，互相疏離的情景；因而，往往導致強勢的外來統治政權，埋沒台灣本土人才。

1951 年來自中國大陸的知識人曾約農（1893-1986）是第一代「外省人」，而林攀龍（1901-1983）則是在日治時代台灣出生、從小在日本受教成長、深受日本文化影響的台灣本土知識人。兩人前半生所處歷史地理環境、與生活經驗極大的差異，形塑兩人不同的人生觀與世界觀。戰後，兩人後半生同樣居住在國民黨軍事戒嚴、一黨專制統治下的台灣；同樣是教育界人士，但兩人互相疏離，蓋社會族群背景、意識形態不同，個性、興趣、境遇、為人處世都不相同。

綜觀兩位教育家知識人的想望，最大的差異在於兩人所關注的政治文化價值觀的焦點不同——一位是專注「反共抗俄、反攻大陸」、復興中華文化的「中國文化民族主義者」，熱愛中國的知識人；另一位是憧憬歐美浪漫主義文學、崇尚自由人文主義、心靈價值、關懷人類文明發展、既「普世」亦「本土」、憐愛台灣鄉土的知識人。

林攀龍是台中霧峰林獻堂先生長子，1925 年日本東京帝國大學畢業後，隨即前往歐洲，先後進入英國牛津大學、法

國巴黎大學、德國慕尼黑大學進修文學、哲學與神學。1930年代回台後，在霧峰家鄉偕同其父從事地方文化建設教育工作，戰後擔任私立萊園（初級與高級）中學校長。

曾約農是清末「同治中興」重臣曾國藩的曾孫。年輕時代留學英國倫敦大學讀礦冶，獲得學士後回中國，在湖南長沙興學從事教育工作。曾約農的核心思想是中國儒家文化道統。蔣介石總統心目中的中興英雄就是曾國藩，因而推崇曾國藩為復興中華文化的偶像。故此，曾約農的想望，與蔣介石的志向相當吻合。

1951年來台後，曾約農是國立台灣大學外文系教授，1955至1957年擔任東海大學校長。他真心誠意擁護蔣介石的「黨國體制」（黨國一體，一黨專制）。東海大學校長卸任後，曾約農回台大教書，1966年應聘為總統府國策顧問。他的政治立場跟國民政府一致，對於台灣現代史上最受矚目的政治事件——二二八事變，他完全採信官方說法，跟台灣人民的想法落差極大，因此雙方疏離深遠。

曾約農與林攀龍各有專長，兩位都是傑出的學者與教育家。但是，因為族群背景、政治因素、以及人際關係，曾約農來台後，平步青雲，從台大教授，到東海大學校長，到總統府國策顧問，一身榮耀。

而林攀龍則擔任私立萊園中學校長多年，一直到1960年代，才從事經營企業。1955年有位東海大學董事推薦林攀龍任職東海大學、以備候選第二任東海大學校長，但是此事輕

率地被否決棄置。這一事件，本書將有一章詳細討論。

筆者此書時常夾入英文和日文原文，是為了要與讀者分享原文作者的文筆、心思、與機智；也因為顧慮到筆者笨拙的中譯文，不能完全精準，未能接近「信、達、雅」之翻譯藝術理想，所以懇請讀者親自研讀、雅正。

下面介紹本書各章節。

林攀龍（1901–1983）的生平與文學創作

本書第一章首先介紹林攀龍的家庭背景及求學過程，進而討論其政治文化活動。1920 年代初期，二十二、三歲的林攀龍，抱著一股熱情，在東京積極參與父親林獻堂領導的台灣人政治文化活動，包括發表詩詞及論文。

〈[歐洲]近代文學的主要潮流〉是一篇非常精彩的長文，論述浪漫主義、自然主義、新浪漫主義、以及人道主義濃厚的俄羅斯與挪威、瑞典文學；對一些代表性人物與文藝情勢作出精闢的分析；特別有趣的是，對「希臘主義的肉體的世界和希伯來主義的心靈的世界」之觀察，確實掌握到歷史性歐洲文明演進的特徵。這篇論文展現出林攀龍早熟的思想、豐富的學識、以及穩健理性論述學術的才華。

另一方面，林攀龍的抒情文和詩詞，則表露洋溢的感情。〈當我看到彩虹，我心躍動〉一文，非常精彩，極有創意，

他指出西洋人因喜悅大自然而對神感恩，跟東洋人「諸行無常」的人生觀與自然觀大不相同，他以歌德（Goethe）來對照松尾芭蕉（Matsuo Bashō）。近代主義及浪漫主義的先驅盧梭（Rousseau）呼籲「回歸自然」，托爾斯泰（Tolstoy）響應，年輕的東京帝大學生林攀龍激賞，寫詩呼應。〈在生命的初夏裡〉流露年輕孤單的林攀龍遭到感情的挫折，內心彷徨，猶如歌德《少年維特的煩惱》。然而他熱情洋溢，通過大自然，向耶穌祈求精神的慰藉、心靈的安寧。閱讀林攀龍這些寫作，令人讚嘆這位台灣出生的東京帝國大學才子。

本書第二章討論林攀龍留學歐洲之心得，以及 1932 年返鄉後創設「一新會」，從事文化啟蒙活動，包括邀請學識高深之士來演講。他本人主講的內容頗具深度，他指出，「把生活的科學化向我們顯示，教我們把女性和男性同等看待，催促我們對一切社會問題、政治問題覺醒，把人生的肯定和生命的尊重教給我們的，不是東洋文明，而是產生西歐文化的基督教人生觀、宇宙觀。」[2] 但是，他同時批評現代科技機械文明的弊害，主張吾人必須兼顧人文心靈價值的提升。他強調新台灣的建設要從地方開始。「一新會」的各種活動，到 1937 年七七事件爆發後才結束。

1945 年終戰後，10 月 25 日在台北舉行「台灣光復慶祝大會」，林獻堂擔任主席。1947 年林攀龍夫人曾珠如參與婦

2　林攀龍，〈歐洲文化の優越性〉刊載於《台灣民報》，1929/01/01 和 1929/01/08，收入《人生隨筆及其他》，頁 267-273。

女會活動，獲選為台灣省婦女會理事長，之後，以高票當選為中華民國第一屆國大代表。總之，戰後林獻堂一家，為了保住林家的家產與事業，頻頻對中國國民黨政府表示善意順服。然而，1949 年 9 月 23 日，林獻堂突然搭機赴東京「治療頭眩之宿疾」，從此滯日不歸，過著自我放逐生活。

原來，在戰前思念「祖國」的林獻堂，戰後看到「祖國」的軍隊來台灣之二二八事件大屠殺、軍事戒嚴、白色恐怖，軍隊、警察、情治特務極權統治，比日本殖民統治更殘酷嚴厲——終於令他對「祖國」完全「疏離」（alienated）、幻滅（disenchanted）。林獻堂 1956 年 9 月 8 日，病逝於東京，享年七十六。林攀龍赴日辦理先父喪事，並接運骨灰返台，安葬於霧峰萊園山麓。林攀龍本人留居台灣霧峰家鄉，主持私立萊園中學，默默工作，教育學子。

評論林攀龍著《人生隨筆》（1954）：
論述人類文明與人生價值

1954 年林攀龍撰寫《人生隨筆》，發抒他的人生觀，本書第三章摘錄每一篇隨筆，評論其要義。他一生博覽群書，追求做人之道，擇取東、西洋文化傳統中之精華，加以辯證。他主張把人生看成一所大學，學習做人，自由和謙虛，「為自己生長而努力，為實現人格價值而奮鬥。」人類以科學創造的現代文明，看起來閃耀燦爛，「科學力量，可以征服自然，豐裕人類物質生活。但它有未經駕馭的一件東西依舊存在，這就是人性。現社會的文明人，因知能高度上昇，智慧急劇

下降，馴致知能、智慧，不得均衡，造成現代文明的矛盾及窘題。」[3] 要如何提升社會生活的智慧？林攀龍有精彩的論述。他經常以人類社會文化演進之立場立論。他另一篇隨筆〈海德公園〉（Hyde Park）引述彌爾（John Stuart Mill,1806-1873）所著《論自由》（On Liberty），啟發吾人的至言甚多。這些佳作都是應該編入今日台灣各級學校人文、社會學科課本的絕佳教材。

本書第四章持續摘錄評論《人生隨筆》，論述人類文明與人生價值。林攀龍創辦私立萊園中學，試圖遵照盧梭（Rousseau）和裴斯泰洛齊（Pestalozzi）的教育方式。他寫道：「教育本義，不宜教人想什麼；乃在教人如何想法。學園生活最愉快者，莫過於眼見學生肉體、精神各方面的迅速成長進步。」[4] 林攀龍憧憬歐美自由浪漫主義文學，跟中國道家哲學喜愛自然相吻合。他多處引述歐美詩人以及中國詩人，描述自己平日的生活藝術，遠離爭權奪利的俗世，海闊天空喜愛自然的心境。另有一篇隨筆，林攀龍引述屠格涅夫（Turgenev）一篇非常令人感動的《乞丐》故事，表述他的教育哲學，強調在現代科技文明世界裡，不可忘卻培養精神心靈價值。另外，同樣令人感動的是，在擁抱廣闊的世界主義國際觀的同時，他熱愛台灣，對台灣鄉土做生動的描述。

3　林攀龍，〈現代文明之考察〉，《人生隨筆及其他》，頁 43-60。
4　林攀龍，〈學園生活〉，《人生隨筆及其他》，頁 111-114。

曾約農（1893-1986）的生平行徑，
東海大學遴選校長

　　林攀龍是台灣的「奇才」，但來自中國的曾約農不屑地說他是「庸才」。誰是曾約農？這是第五章要討論的議題。他於 1951 年來自中國湖南省，是清末名臣曾國藩的曾孫，家世非常顯赫。曾約農少年時代留學英國，回國時已是民國時代，在湖南家鄉投入興學教育工作。然而，時代對他並不仁慈。當時軍閥割據，戰禍屢起，學校授課常遭困擾。接著 1937 年中日戰爭爆發後，被迫離開長沙，四處顛沛流離兩年，輾轉抵達香港避難。不料 1941 年底，日軍攻陷香港，逼得他改名變裝爲難民逃脫，返回湖南，加入抗日活動。1945 年二次大戰結束後不久，國共內戰，1949 年再逃難到香港，滯留兩年後轉至台灣，受到蔣介石總統的禮遇，蓋其曾祖曾國藩是蔣介石心目中的中興英雄。

　　本書第六章探討曾約農來台之後，如何成爲東海大學的首任校長。1955 年美國「在華基督教大學聯合董事會」（聯董會）出資來台創立東海大學，有崇高的理想——崇尚自由人文主義價值、以「服務台灣居民」爲目的、以台灣爲主體的國際性大學。但是，在國民黨威權統治下，崇高的理想一步步地被妥協了：「黨國體制」政治干預學術自由，操控遴選東海大學歷任校長，無視程序正義或大學自治。

　　威權統治與自由主義，猶如水火，互不相容。1945 年戰後來台的中國知識分子，大多數和曾約農教授一樣，極易被

國民黨「黨國體制」收編（co-opted），因為他們的自由主義意識相當薄弱。

本書第七章首先討論現代中國知識分子自由主義意識薄弱之歷史淵源，並以曾約農（1893-1986）與徐復觀（1904-1982）為例，說明他們的自由思想也有深淺之別。接著要探討的是：曾約農強烈反對林攀龍任職東海大學，而聯董會秘書長芳衛廉博士（Dr. William Fenn）也對林攀龍興趣缺缺，如何分析此中原因？這件事有何含義？有什麼歷史重要性？也就是說，對於 1950 年代與之後，在國民黨政府統治下的台灣政治、社會與文化方面，它告訴了我們什麼？

「自由人」的想望，
學術文化轉型正義，台灣建國論述

本書第八章結論，綜觀曾約農與林攀龍兩位教育家知識人的想望，最大的差異在於兩人所關注的政治文化價值觀的焦點不同──一位是專注「反共抗俄、反攻大陸」、復興中華文化的「中國文化民族主義者」，熱愛中國的知識人；另一位是憧憬歐美浪漫主義文學、崇尚自由人文主義、心靈價值、關懷人類文明發展、既「普世」亦「本土」、憐愛台灣鄉土的知識人。

這兩位知識人教育家，林攀龍在 1983 年、曾約農在 1986 年逝世，生前皆未能見到他們各別的想望獲得實現。然而，兩人的政治文化思想，持續在挑戰新世代的台灣人──曾約農想望台灣「中國化」、「傳統化」、「保守化」；而

林攀龍則想望台灣「自由化」、「本土化」、「普世化」（肯定普世自由民主人權價值）。1980年代以後，林攀龍想望的自由主義逐漸成為新時代的思潮，推進台灣自由民主化運動。

另一方面，曾約農的「中國文化民族主義」遺緒，至今（2022）仍然健在，吸引部分第二代、第三代「外省人」及其他「統派」人士。究其原因，乃是因為中國國民黨統治台灣長達六十三年（1945-2000，2008-2016）、強力推行以中國為中心的「中國史觀」，宣揚「中國文化民族主義」、以及「黨國一體」思維。以致國民黨政治文化，已然滲透台灣社會各領域（包括政治、經濟、社會、司法、學術、教育、文化）。長期以來，占據各領域權力崗位的人，大部分是「中國史觀」教育培養出來的「菁英」，造成了一個「深層權力結構」。

自從二十一世紀初年，政黨輪替以來，多數台灣人想望「轉型正義」，挑戰「深層權力結構」。但是，過往歷史造就之結構，並不輕易消解。哲學家狄爾泰（Wilhelm Dilthey, 1833-1911）論述「歷史的持續」（historical continuity）有句名言：「人們甩不掉昔日神仙，蓋其幽靈依然縈繞在身邊。」[5] 以學術文化領域為例，「中國史觀」依然縈繞在中央研究院身邊。本書最後第八章，將討論「自由人」的想望，學術文化轉型正義，與台灣建國論述。

5　"What man is, only history tells. In vain others put the past behind them, in order to begin life anew. They cannot shake off the gods of the past, because they become haunting ghosts. The melodies of our day are conditioned by the accompanying voices of the past." － Wilhelm Dilthey (1833-1911).

總之，二十世紀中葉，在國民黨統治台灣、「中國文化民族主義」掛帥、白色恐怖時代，教育哲學家林攀龍著述所想望，既「本土」亦「普世」。他指出一個自由人文主義大方向——「自由人」擁抱國際主義世界觀，想望建立以台灣為主體的自由主義政治文化。林攀龍呼籲：自由人「為自己生長而努力，為實現人格價值而奮鬥。不作任何人的奴隸，也不作任何人的暴主。高擎創造人類文化之號角，吹播太平洋的遠方。」[6]

　　林攀龍是教育家、哲學思想家，也是抒情文及詩詞作家。他著作不多，重質不重量，每次下筆，字字珠璣。這裡只簡短引述幾句、他二十三歲在東京帝大時代一篇用日文書寫的抒情文，〈虹を見れば我が心躍る〉（〈當我看到彩虹，我心躍動〉），請讀者欣賞：

　　　　自然……是上帝的意志之顯現。……丁尼生（Alfred Tennyson,1809-1892）有名的詩句也有：「小花呦，我如果完全明白你是什麼，我就會明白神和人是什麼啦。」還有歌人［日本和歌詩人］所歌詠的「生長於野地裡的花，如果讓它說話，必定也有眼淚，也有詩歌。」必定也是同樣之心意的。……[7]

6　林攀龍，〈人生大學〉，《人生隨筆及其他》，頁 15-23。
7　林攀龍，〈虹を見れば我が心躍る〉，刊於《台灣》第四年第三號，1923/03/10；（戰後，中譯〈當我看到彩虹，我心躍動〉），《人生隨筆及其他》，頁 241-256。

就這麼幾句，展現當時年輕的詩人作家林攀龍喜愛大自然的浪漫主義宗教觀。此文寫於 1923 年（大正 12 年）1 月 9 日東京初雪之夜。本書第一章就要縷述這個故事。

蔡榮芳 於紐約

2022 年 10 月

林攀龍：
林獻堂的長子，
東京帝大才子的文學創作

自然是靈知和感動的通路。哲學的心理起源實在就在「對自然的驚異」。思考碰上「自然的驚異」才有哲學和科學，才有藝術；宗教也始自「對自然的驚異」。

──林攀龍（1923）

　　對於自然之愛，在歌德（Goethe, 1749-1832）的作品中，到處可以發現。就是同樣對自然的愛，他並沒有在松尾芭蕉（Matsuo Bashō, 1644-1694）他們看得見的厭世。

──林攀龍（1923）

　　新理想主義（人道主義）就是近代文學的主流。

──林攀龍（1922）

林攀龍於巴黎。（林明弘提供）

台中霧峰林家族長林獻堂（1881-1956）與板橋林家的林熊徵同輩。林獻堂的父親林文欽（1854-1900）清末光緒年間在台灣中部開墾土地、並經營外銷樟腦而成巨富。林文欽是恩科舉人，地方士紳，築萊園設私塾於霧峰。林獻堂自小在私塾受教，他的堂兄林朝崧（1875-1915）、侄子林幼春（1880-1939）、林仲衡（1877-1940）皆擅長詩詞，共組詩社切磋文學。耳濡目染之下，林獻堂也養成對文學的愛好，及少年老成的穩重性格。[1] 十九歲時喪父，林獻堂乃接掌家族事業。

　　林獻堂是經歷清朝、日治、戰後時期三代的台灣地方領袖。日治時期他主張以和平方式爭取台灣人的權益，在新民會、台灣文化協會、台灣民眾黨、台灣地方自治聯盟等組織皆扮演領導的角色，因之被稱為「台灣議會之父」。從 1962 年多次來台研究林家的歷史學者約翰娜‧梅斯基爾（Johanna Menzel Meskill）譽其為「台灣第一公民」（"the first citizen of Taiwan"）；她說許多台灣人認為：假設戰後 1945 年舉行公民自由選舉，林獻堂將會輕易贏得台灣總統大位。[2]

　　那麼，林攀龍是誰？是林獻堂的長子。父親太有名，導致很少人注意到兒子。其實林攀龍很特別，是當代台灣的奇才、傑出的作家、教育家與哲學思想家。他對父親的影響重

1　廖振富著、路寒袖主編，《追尋時代：領航者林獻堂》（台中市政府文化局，2016 年），頁 175。

2　Johanna Menzel Meskill, *A Chinese Pioneer Family: The Lins of Wu-feng, Taiwan, 1729-1895* (Princeton, N. J: Princeton University Press, 1979), pp.274-275.

大，在戰前台灣文化啓蒙運動中，扮演關鍵的角色，提供父親許多現代西洋新知識、新靈感。戰後，他隱居家鄉霧峰，主持萊園中學，默默教育學子、讀書、寫作、賞花、欣賞交響樂，怡然自得，一直到 1961 年開始，爲了家族生計，毅然挺身而出，經營企業，非常成功，身後留下億萬家產。本書著重林攀龍的教育生涯、他對台灣文化啓蒙運動的貢獻、他的人生觀與世界觀、他對台灣的想望、以及對今日吾人的啓示。讓我們從頭開始，敘說這位台灣知識菁英的故事。

林攀龍（1901-1983）：
林獻堂的長子

　　1901 年（明治 34 年）5 月 2 日，林攀龍誕生於台中霧峰。六歲時入漢書房，隨鹿港施家本學習漢文與四書五經。1910 年（明治 43 年）春，林獻堂率攀龍（十歲）及次子猶龍（九歲）往日本東京求學，寄宿於教育家嘉納治五郎家中。攀龍入東京小日向台町尋常小學校三年級就讀。四年後，林獻堂再率三子雲龍至東京求學。

　　當時（1945 年終戰之前）日本的教育制度「小學校」六年制，「中學校」五年制，「高等學校」三年制，然後「大學」三年制。林攀龍天資聰慧，求學過程非常順利。1914 年（大正 3 年）3 月小學畢業，4 月考入東京高等師範學校附屬中學校。1919 年（大正 8 年）4 月考入熊本第五高等學校，1922 年（大正 11 年）3 月在熊本市的日本基督教會受洗成爲基督徒。同月底高等學校畢業，一個月後考進東京帝國大學法學

部政治科。

二次大戰前的日本教育制度，並非戰後的普及教育，而是菁英教育。戰前，一般人讀小學畢業後，再讀職業學校，之後就出社會謀職。只有少數人考進中學，更少數能進「高等學校」，極少數人進大學。菁英教育重質不重量。譬如說，在戰前「高等學校」學生，就在讀彌爾（J. S. Mill）的《論自由》與康德（Immanuel Kant）的哲學。[3] 總之，戰前的日本菁英教育制度下，「高等學校」及「大學」的素質相當高，而且林攀龍非常用功讀書，樂在其中，稍後我們閱讀他當時的文章就清楚了。

林攀龍三個兄弟和一個妹妹（關關）少年時期，在 1920年代的日本就學成長。大正時代（1912-1926）的日本，是一個相對開放的社會；政治上有所謂「大正デモクラシー」（"Taishō Democracy"）的議會制度，社會上人們模仿歐美自由時尚，追求西洋式的「文明開化」（"Civilization and Enlightenment"）。大正時代相對自由開放的社會風氣，在林攀龍的求學過程中，造成重大的影響，在他的心田，種下了自由理想主義的種子 —— 令他終生憧憬歐美自由主義哲學及浪漫主義文學。

3　黃彰輝（1914-1987）牧師在高等學校時代，就精讀彌爾 (J. S. Mill) 的《論自由》(*On Liberty*)，當時他需常查英和字典。另，記得 1961 年，筆者初到美國，暑假在紐約海邊 (Coney Island Beach) 一家美國餐館 (Pier Restaurant) 洗碗打掃做雜工，有一位來自琉球的工伴，山城さん (Yamashiro-san)，閑聊間，他說在戰前讀「高等學校」時，就讀過康德 (Immanuel Kant) 的哲學。

1920 年代，大正時期相對和平、自由、開放的氛圍，同樣造就了林獻堂和他的同志們一個機會，從事政治、文化運動，試圖領導台灣民眾，爭取自由自治。

東京帝大秀才，參與政治、文化活動

1918 年（大正 7 年）8 月，林獻堂偕秘書施家本赴日，居住東京，開始與台灣留學生接觸。之後多年，林獻堂來往台、日之間，從事政治與文化運動，就學東京的林攀龍自然積極參與其中。1919 年（大正 8 年）底，百餘名台灣留學生在林獻堂和蔡惠如領導下，結成「啓發會」，主要成員有鄭松筠、黃登洲、王敏川、羅萬俥、彭華英、黃呈聰、吳三連、劉明朝及林攀龍等人。未幾，「啓發會」解散，但原班底在 1920 年（大正 9 年）1 月，重新成立「新民會」，以林呈祿、蔡培火、王敏川、鄭松筠、彭華英爲主幹，推舉林獻堂和蔡惠如爲正副會長。當時十九歲的高校生林攀龍參加爲會員，也是「東京台灣青年會」會員。「新民會」發動「台灣議會設置請願運動」，並創辦以啓蒙台灣民族運動爲宗旨的《台灣青年》月刊，由蔡培火擔任編輯兼發行人。[4]

1921 年（大正 10 年）1 月 30 日，首次台灣議會設置請願，向日本帝國議會提出，林獻堂領銜，有 178 人簽署，以後接續提出 15 次，至 1934 年（昭和 9 年）9 月 2 日，台灣總督下

4　秦賢次編〈林攀龍（南陽）先生年表〉，收入林攀龍著、林博正編《人生隨筆及其他》（台北：傳文文化事業，2000 年），頁 301-335。

令停止請願，歷次請願簽署人數，合計達 18,528。[5]1921 年（大正 10 年）10 月 17 日，「台灣文化協會」假台北靜修高等女學校成立，舉林獻堂為總理，蔣渭水與蔡培火為專務理事，從事文化與政治活動爭取台灣人的自由與自治。

1922 年（大正 11 年）4 月，林攀龍考入東京帝國大學法學部政治科，時年二十二歲。他抱著一股熱情，積極參與政治文化運動。當年《台灣青年》月刊，改名為《台灣》繼續出版，林呈祿任編輯，鄭松筠為發行人，林攀龍任學藝部長。5 月 11 日出版的《台灣》雜誌中的「詞林」欄，收有林攀龍（署名「南陽」）的〈平和塔〉一首詩：「標榜平和畫白鳩，燦然俯瞰帝王洲。誰知百尺凌雲塔，不及海邊蜃氣樓。」[6]日文「平和」（heiwa）是和平的意思；「海邊蜃氣樓」即「海市蜃樓」的幻景。此詩寓意，疑慮當時的和平氛圍，是否只是「海市蜃樓」的幻景。

1922 年（大正 11 年）6 月，林攀龍加入「台灣青年社」，為總務部幹事之一，黃呈聰是總務主任。7 月 10 日的《台灣》雜誌，刊出林攀龍的詩〈落櫻〉：「溷旗搖動晚風斜，花謝花飛飛滿沙。江上漁翁時舉網，落紅片片多於蝦。」

林攀龍從六歲時就跟隨父親與父親的秘書施家本學習漢

5　詳見台灣總督府警察沿革誌第二篇、領台以後的治安狀況（中卷）：《台灣社會運動史（1913-1936）》、第二冊政治運動（中譯版）（台北：創造出版社，1989 年），頁 11-113。另，學術著作，周婉窈著《日據時代的台灣議會設置請願運動》（台北：自立報系，1989 年）。

6　秦賢次編〈林攀龍（南陽）先生年表〉，《人生隨筆及其他》，頁 305。

文，造就堅實的漢文根基，充分呈現於其詩文作品，而且他的日文造詣極其深厚。1922 年（大正 11 年）8 月 8 日《台灣》刊登他署名「林南陽」的長篇論文〈近代文學の主潮〉（計二十九頁），約一萬五千餘字。隔年 3 月與 7 月，又分別登載他的兩篇抒情文：〈虹を見れば我が心躍る〉，以及〈生命の初夏に〉。

我們從林攀龍二十二、三歲時的著作可以看出，他在高等學校和大學時代，確實非常用功讀書，博覽人文群書，而且深具創意，用心寫作，樂在其中。所以，稱呼他是東京帝國大學的秀才、早熟的學者作家，一點也不誇張。

〈[歐洲] 近代文學的主要潮流〉（1922）

1922 年（大正 11 年）8 月東京《台灣》雜誌刊登林攀龍著〈近代文學の主潮〉；這是一篇二十九頁長的論文。[7] 一篇期刊論文談論整個歐洲近代文學的流變，必然是概觀論述，不可能詳盡，但它並非僅僅膚淺陳述，而是精闢的論文，對重要人物與文藝情勢作出精闢的分析。

林攀龍寫道：歐洲近代文藝思潮「遠在文藝復興期萌芽，為宗教改革思想所灌溉，為啟蒙期思潮培養起來的。」但由於篇幅有限，且「力所不逮」，他就從十八世紀末到十九世

7　林攀龍，〈近代文學の主潮〉，刊於《台灣》（1922/08/08）第三年第五號；1954 年有中譯文〈近代文學的主要潮流〉，收入林博正編，《人生隨筆及其他：林攀龍先生百年誕辰紀念集》（台北：傳文文化事業，2000 年），頁 211-240。

紀前半的浪漫主義說起。

　　觀其由來，浪漫主義（Romanticism）的興起有好些複雜的社會原因，而法國之自由民主革命思想是其近因。但單從文學潮流來看，直接引發它的，卻是自十七世紀末到十八世紀半，流行於英、法、德古典派文學（或史家稱之為新古典主義 Neo-classicism），其代表作家是法國的高乃依（Pierre Corneille, 1606-1684）、莫里哀（Moliere, 1622-1673），英國的德萊頓（John Dryden, 1631-1700）、波普（Alexander Pope, 1688-1744）等，「他們都外在地模仿著古典文藝特質的均衡調和，……理智的形式，並沒有嶄新的思想或深遠的感情。」浪漫主義就是對這種擬古主義的反動而產生的藝術。擬古主義「忘卻自我，遵守法則，既常識的，安靜而又簡明。」「相反的，浪漫主義是自我表現的，自由解放的，空想的，流動的，並且又是喜愛朦朧的。如果把擬古派文學比喻為小心翼翼的文章和雕刻，浪漫派可以說，就是大膽的文章和音樂。」

　　接著，林攀龍指出：浪漫主義的意義廣大，難以給予限定，不過，它包含五個因素：1. 回歸自然（避免知識文明的繁文縟節，愛好自然純淨）；2. 中古主義（憧憬中古文物）；3. 反動精神（反對向來的道德因襲）；4. 憧憬神秘怪異；5. 主觀的、個人本位的，「自我」的解放。浪漫派藝術可說是「為藝術而藝術」（Arts for arts' sake）。

　　其次，林攀龍說明浪漫主義發達之概況：首先它在德國興起「狂飆突進」運動（Sturm und drang，英譯 Storm and

Stress），呈現德國民族的發展及覺醒。（Friedrich M. von Klinger, Gotthold E. Lessing, 與 Ludwig Uheland 為代表）。但歌德（Johann Wolfgang von Goethe, 1749-1832）、席勒（Friedrich Schiller, 1759-1805）、海涅（Heinrich Heine, 1797-1856）才是德國浪漫派的明星。

英國的浪漫主義始於自由而終於保守。蘇格蘭詩人伯恩斯（Robert Burns, 1759-1796）著有《聖節集市》，英國詩人古柏（William Cowper, 1731-1800）著有〈收到母親的畫像〉，詩人、版畫家畫家布萊克（William Blake, 1757-1827）有詩集《經驗之歌》。等到華茲華斯（William Wordsworth, 1770-1850）、柯爾勒治（Samuel Taylor Coleridge, 1772-1834）、騷塞（Robert Southey, 1774-1842）及雪萊（Percy B. Shelley, 1792-1822）、拜倫（Lord George G. Byron, 1788-1824）、與司各特（Walter Scott, 1771-1832）等出現，英國浪漫派文學達到頂點。

法國浪漫主義的萌芽可追溯到盧梭（Jean Jacques Rousseau, 1712-1788）「回歸自然」的呼喚。隨後浪漫派作家輩出：斯塔爾夫人（Madame de Stael, 1766-1817），夏多布里昂（F. R. de Chateaubriand, 1768-1848），雨果（Victor Hugo, 1802-1885），維尼（Alfred de Vigny, 1797-1863），戈蒂耶（T. Gautier, 1811-1872），繆塞（Alfred de Musset, 1810-1857）。

十八世紀中葉風靡歐洲的浪漫主義，其喜愛神秘、空想熱情、忽視理智靜觀的傾向，走向極端，而引起自然主義

（Naturalism）抬頭。林攀龍細心地指出，關於自然主義和浪漫主義的關係，因學者而有不同的看法：自然主義未必是以打破浪漫主義爲目的而興起；在「自然」這一點上，兩者都相似，但浪漫主義的自然是感情的自然，而自然主義的自然是知識、事實、客觀的自然。前者主要描寫感激、驚異、情緒的世界，後者是以理性的經驗世界爲要點。前者的取材限於對中古的趣味、超自然的情調、異國情調等，而後者卻是日常的、司空見慣的「人生的片段」、甚至描寫人世間的黑暗面。又前者所求的是美，後者所求的是眞。前者是「爲藝術而藝術」，後者則是「爲人生而藝術」（Arts for life's sake）。總之，客觀知識、自然科學的自然主義，替代主觀、情緒的浪漫主義。

林攀龍精準地描述歐洲近代文藝演化的大傾向。他寫道：由於浪漫主義和自然主義都相似，那呼籲「回歸自然」的盧梭就被說是浪漫主義祖師，也是自然主義的先驅。近世科學的發達，引起自然主義勃興。十九世紀後半興起的科學精神影響巨大，在文藝方面，即以自然主義出現，在宗教方面，從無信仰變成懷疑，在哲學方面，唯物論代替了唯心論。

林攀龍接著寫道：文學的寫實主義派（Realism），主張如實地描寫現實生活，代表人物是法國的巴爾扎克（Honore de Balzac, 1799-1850，著有《人間喜劇》 *The Human Comedy* 巨作）、都德（L. Daudet, 1867-1942）以及德國的黑貝爾（J. P. Hebel, 1760-1826）。自然主義者比寫實主義者更好地採用自然科學的精神和方法。法國的自然主義之父就是左拉

（Émile Zola, 1840-1902），他著有《魯貢瑪卡一家人的自然史和社會史》（*Les Rougon-Macquart*）二十卷及其他，所謂「左拉主義」是以科學分析、實驗方法從事創作。他以銳利的筆揭發人生的黑暗面，因為他說「要不是暴露所有的罪惡，改造是不可期求的。」他去世後被祀於國葬堂（pantheon 或譯先賢祠），與英雄豪傑為伍，永遠受國人的尊敬。[8]

對另幾位自然主義作家，林攀龍則做簡短的評論：有人以福樓拜（Gustave Flaubert, 1821-1889）的名著《包法利夫人》（*Madame Bovary*）為自然主義的嚆矢；本來帶有浪漫傾向的他，卻極力冷靜客觀地把事實照實地寫出來，他要寫一本書就要費好多年月做實地調查、收集資料。[9]莫泊桑（Guy de Maupassant, 1850-1893）描寫人間的醜惡，認為人生充斥獸欲。龔古爾兄弟（E. de Goncourt, 1822-1896；J. de Goncourt, 1830-1870）的共同著作，擅長於描寫瑣細事實，享有印象派的自然主義者之名。德國作家霍普特曼（G. Hauptmann, 1862-1946）兼有自然主義與浪漫主義特質。林攀龍一再表示篇幅有限，需要更多稿紙才能詳述。

自然派文學的流行，卻又引發「新浪漫主義」（Neo-romanticism）的勃興。此一傾向，林攀龍解釋如下：自然科學是以「理」來分析，而藝術是訴之以「情」；要把藝術過

8　林攀龍，〈近代文學的主要潮流〉，《人生隨筆及其他》，頁218。

9　例 如，Gustave Flaubert, *Sentimental Education*, translation with introduction by Robert Baldrick (London: Penguin Books, 1964).

分地和科學結合在一起，必會造成弊害，蓋不管自然派作家如何以科學方法客觀地描寫人生，卻有無法觸及重要的核心之嫌；十九世紀末產生的科學萬能思想的衰微，助長新浪漫主義的勃興。這「非物質主義」（non-materialism）出現在哲學方面的，就是詹姆斯（Henry James, 1843-1916）主張的情戀的主觀論；[10] 奧伊肯（Rudolf C. Eucken, 1846-1926）的新理想主義；[11] 和柏格森（Henri-Louis Bergson, 1859-1941）的直觀哲學（解說「直觀主義」intuitionism 是創造的進化）。[12]

接著，林攀龍解釋新舊兩浪漫主義的異同。兩者都同樣重視主觀的、精神的層面，這跟重視客觀的、物質的自然主義相反。不過，新浪漫主義和自然主義同樣把基調放在現實的、科學的精神上。這跟舊浪漫主義不同：

舊浪漫主義動輒偏走於情熱，有游離現實之嫌，但新浪漫主義不愧受過科學精神的洗禮，以深深繫根於現實的理想境為要點。總之，這是新浪漫主義要朝著把希臘主義的肉體的世界和希伯來主義的心靈的世界融化調和起來，朝著所謂第三帝國前進，那是對自然主義的反動，同時也吸取了自然

10　Henry James，1843-1916，美國作家，心理主義小說的先驅，著有《某夫人的畫像》《小說的藝術》等。

11　Rudolf C. Eucken，1846-1926，德國哲學家，著有《生的意義和價值》等，1908 年榮獲諾貝爾文學獎。

12　Henri-Louis Bergson，1859-1941，法國哲學家，著有《創造的進化》《道德和宗教的二源泉》，1927 年獲得諾貝爾文學獎。

主義和舊浪漫主義之長處。[13]

　　林攀龍的分析頗爲精確，他對「希臘主義的肉體的世界和希伯來主義的心靈的世界」之觀察，確實掌握到歷史性歐洲文明演進的特徵。近代歐洲文明主要由兩大傳統所構成：一、「希臘主義」（Hellenism）是指理性的希臘古典文化，它由後繼的羅馬來傳承，而形成希臘、羅馬古典文化傳統（rational Greco-Roman cultural tradition）；此傳統強調入世的、理性的人生觀和宇宙觀，也就是林攀龍所說的「肉體的世界」。二、「希伯來主義」（Hebraism）是指古代希伯來文化傳統，它由後繼的基督教來傳承，而形成猶太、基督教宗教文化傳統（transcendent Judeo-Christian religious tradition）；此傳統強調來生的、超世的人生觀和宇宙觀；也就是林攀龍所說的「心靈的世界」。這兩大傳統的創造性緊張關係（creative tensions）經過歷代的演進乃構成歐洲近代文明，這也呈現於近代文藝傾向的演變。[14]

　　林攀龍寫道：新浪漫主義指的是自然主義沒落以後，以個人爲本位的、非物質傾向的文藝創作。所謂印象主義、神秘主義、象徵主義、享樂主義都具有非物質傾向。印象主義與象徵主義派認爲對事實的描述並不可能純客觀，而是必然

13　林攀龍，〈近代文學的主要潮流〉，《人生隨筆及其他》，頁222。

14　有關希臘主義與希伯來主義之創造性緊張關係，詳見經典著作 Herschel Baker, *The Image of Man: A Study of the Idea of Human Dignity in Classical Antiquity, the Middle Ages, and the Renaissance*（Harvard University Press, 1947；Harper reprint, 1961）.

會通過個人的神經之印象進行，也就是說，於客觀要插入主觀，還要留意表現情調。波特萊爾（Charles Baudelaire, 1821-1867）是象徵派先驅，著有《巴黎的憂鬱》等。而想要從人生的痛苦逃避的享樂主義者，乍見之下像厭世主義者，不過，一方面他們是人生的愛慕者，有其積極的一面。英國作家王爾德（Oscar Wilde, 1854-1900）是近代享樂主義者第一人，通過其著作《莎樂美》《格雷的畫像》，可覺察他是在生活裡實踐了耽美主義的人。

林攀龍以優美的文筆寫道：

> 向來的藝術之花，差不多都是發芽於西歐之土地的。然而，這一塊沃土幾經收穫，因而逐漸變得貧瘦了。……在這個時候，給予全歐洲思想界以一大影響，倏然掌握文藝霸權的，實在就是俄羅斯及北歐（指挪威、瑞典）的文學。代表這些文藝的大思想家，各個都對於自然主義派文藝家把人生極端地視為物質化、機械化，未給予人生任何自由和進步，覺得不以為然，他們在懷疑苦悶中把持著理想。他們的影響感化是巨大的。[15]

人道色彩濃厚的俄國文學令人感動。向來，世界文壇不乏對善良、高尚的人表示敬愛。但，俄國文學卻呈現對精神上或肉體上是病患者給予憐愛。杜斯妥也夫斯基（Fyodor M.

15　林攀龍，〈近代文學的主要潮流〉，《人生隨筆及其他》，頁 224-225。

Dostoevsky, 1821-1881）由於犀利的心理描寫和人道主義的追求給予世界文學強大的影響，著有《白癡》《罪與罰》《被侮辱與被損害的人》《卡拉馬助夫兄弟們》等。他取材自人生的黑暗面，出現在其作品裡的人物，也多為犯罪者和精神病者，亦即被社會欺凌的人們。而他的描寫筆法，比自然派更加犀利，不，倒是在這一點上，自然派被他教育了不少。然而深厚的宗教給他靈感關愛被社會迫害、被欺凌的人們，他的著作顯示人們的靈魂之森嚴而且清淨，以之欲給予他們安慰。林攀龍這一段評論，確實非常精闢。[16]

托爾斯泰（Lev N. Tolstoi, 1828-1910；英文 Leo Tolstoy）同樣把文藝導向宗教傾向，他把藝術當作教化的工具。他「原本在本質上是希臘主義的、自我的，但卻變成解釋神的愛，鼓吹人道主義，他是終其一生和苦悶與懷疑戰鬥的人。他是代表世紀末可貴之努力的偉人。在這一點上，我們和他共鳴之處相當多。」[17]

林攀龍對托爾斯泰的高度認同與高價評論相當有趣，他再次以「希臘主義的肉體的世界」對照「希伯來主義的心靈

---

16 杜思妥也夫斯基 (Dostoevsky) 的人道主義，關懷精神上或肉體上是病患者，他對他們犀利的心理描述──這些都和他本人的生活經驗，有密切的關連。傳記學者指出，杜氏家父擁有農奴，杜氏本人曾是癲癇症病患，也曾參與政治活動而入獄。他對社會上的弱勢者、被欺凌者，給予同情與關懷。但是，他曾發表強烈反猶太人的種族主義言論。見 Gary Saul Morson, "Dostoevsky and His Demons,"*The New York Review of Books*（Vol.LXVIII, No.11, July 1, 2021），pp.45-47.

17 林攀龍，〈近代文學的主要潮流〉，《人生隨筆及其他》，頁 224-225。

的世界」。這一重要議題又在評論易卜生時出現。

　　林攀龍指出：挪威戲劇家、詩人易卜生（Henrik J. Ibsen, 1828-1906）的寫作，由起初的舊浪漫主義派風格轉為自然主義的作風，寫出《玩偶之家》《社會棟梁》等；然後再轉而在《海洋女兒》以後，變得非常象徵神秘。在歐洲各方面的「自覺問題」（宗教問題、社會問題、老年與青年、新舊思想問題、兩性問題）都由他提出來，被解釋。他首先重視個人，尊重個人的人格。他獨特的理想就是靈肉一致的象徵主義，就是「希臘主義的肉體的世界和希伯來主義的心靈的世界融合調和的第三帝國。」總之，林攀龍評定，「易卜生和托爾斯泰一起給予晚近的歐洲最深刻的感化。」

　　法國作家羅曼・羅蘭（Romain Rolland, 1866-1944）景仰托爾斯泰，兩人都是人道主義者。林攀龍指出，羅曼・羅蘭的「真勇主義」（新英雄主義）思想，是從懷疑苦悶脫離出來，要仰望光明的新理想主義的代表：

　　　在這個世界上唯一的真勇就是如實地看著人生去愛它。……為了要使人生更好而要徹底戰鬥。神就是和虛無戰鬥的生命，就是和死戰鬥的生，就是和憎戰鬥的愛，也就是永遠戰鬥的意志。參加這個神的戰鬥而勇敢地戰鬥的人就是真正的英雄。羅曼・羅蘭的《約翰・克利斯朵夫》（著於1904-1912）是描寫他這個理想的。羅曼・羅蘭和托爾斯泰都同樣帶著人道主義的傾向，不過，與後者的無抵抗主義相反，

前者調和了個人主義和愛他主義。[18]

　　上面林攀龍這段引述，令人想起歌德的《浮士德》（*Faust*）。史詩裡的浮士德，雖然一度墮落，然而終究悔悟。他熱愛自由、熱愛人生，抱著戰鬥的意志、不斷力爭，探究人生的真諦，追求真理；因此臨終時刻，天使出現，宣稱上帝賜恩，浮士德得到救贖，靈魂進入天堂。（這一點，留待本書第四章裡《人生隨筆及其他》讀後感，再申論。）浮士德學到了一句「最高的智慧：唯有每日力求爭取的人，始可獲得自由與生命。」（"This is the highest wisdom that I own: freedom and life are earned by those alone who conquer them each day anew."）[19]

　　羅曼・羅蘭敬仰歌德與貝多芬，為他們著書立傳。林攀龍景仰歌德與羅曼・羅蘭。林攀龍寫道：人道主義的精神一直到一次世界大戰都支配著歐洲的文藝，而戰後，這個精神更加被強調。歐洲大戰實在是對泰西文化的血與火的洗禮，文學最能反映時代精神，這個理想主義的傾向是理所當然。羅曼・羅蘭是個反對戰爭的人，對於國家主義，他高唱著世界主義，擁抱著四海同胞的理想。

　　以上，林攀龍論文的概觀論述大多頗為精彩精準，但由於篇幅的限制，他的結尾一段話則是籠統簡略。他說歐洲近

18　林攀龍，〈近代文學的主要潮流〉，《人生隨筆及其他》，頁231。
19　Johann von Goethe, *Faust*.

代文學在其出發點（浪漫主義）僅是「爲藝術而藝術」，對社會應該如何「沒有想法」，而自然主義「描寫出了照實的人生，但沒有理想」。[20] 這兩句話言過其實。林攀龍自己說過，文學最能反映時代精神。那麼怎麼可能文學家對社會現況沒想法、沒理想、沒在言行多少流露社會思想？譬如，法國浪漫主義大師雨果（Victor Hugo）撰寫《悲慘世界》（Les Miserables）與《鐘樓怪人》（Notre-Dame de Paris）批判舊社會，就是發表他公平正義的想法。（或許林攀龍可以這麼說：「爲藝術而藝術」的文藝作品如果走到極端，就會對社會應該如何「沒有想法」。可能這就是他的原意。）

文學反映時代精神，文學作家往往勇於表達政治立場。例如，1789 年法國大革命時代，浪漫主義與政治保守勢力的君王制度及天主教會關係密切，蓋革命思潮代表啓蒙運動的理性主義及懷疑主義，而浪漫主義則質疑理性、重視情感、憧憬中古文物制度（如君王與教皇）。

然而，文學作家與政治社會之關係非常複雜，視個人與政治情況而定。譬如，英人華茲華斯年輕時政治意識激進，讚賞法國革命，但 1807 年之後轉向保守勢力，厭惡革命暴力。[21] 相反的，法人夏多布里昂本來反對革命，贊同 1815 年波旁王朝（Bourbon）復辟，但後來卻轉而支持 1830 年的革

20　林攀龍，〈近代文學的主要潮流〉，《人生隨筆及其他》，頁 233。

21　Kathryn Hughes, "Bliss in That Dawn," reviewing J. Bate's *Radical Wordsworth: The Poet Who Changed the World*, et al., in *The New York Review of Books*, (9/24/2020, Vol. LXVII, No. 14), pp.51-53.

命運動。原本是支持波旁王朝的浪漫主義大師雨果也有同樣的轉變，他宣佈「浪漫主義即是文學的自由主義」。1827 年之後，浪漫派已跟守舊的波旁王朝決裂，轉而加入政治自由陣營。1832 年反抗土耳其統治的希臘獨立革命在歐洲鼓起同情希臘的政治運動，法國和英國浪漫派作家紛紛表態。夏多布里昂宣稱：保衛希臘等同保衛自由與基督教。而英國浪漫詩人拜倫（Lord Byron）則親身參與希臘革命而身亡沙場。

浪漫主義作家對政治社會是很有想法的。1830-1840 年代，浪漫主義與社會改革思想互相結合，而形成一種「社會浪漫主義」（Social Romanticism），助長社會革命風潮，導致 1848 年法國的「二月革命」（the February Revolution），建立「第二共和」（1848-1852），並再次激發歐洲各地的 1848 年革命運動。當時法國的社會浪漫主義作家，包括 Victor Hugo、La Mennais、Lamartine、George Sand 等人。

大致上英、法浪漫主義強調個人自由。然而，在政治尚未統一的德意志，傑出的浪漫主義作家則投入鼓動日耳曼文化民族主義（cultural nationalism）運動，Johann G. von Herder（1744-1803），Friedrich von Schlegel（1772-1820），與 Johann G. Fichte（1762-1814）都積極參與。

林攀龍在論文裡寫道：自然主義「描寫出了照實的人生，但沒有理想」。[22] 其實，照實描寫人生的目的，往往就在發表

22　林攀龍，〈近代文學的主要潮流〉，《人生隨筆及其他》，頁 233。

作家的理想。例如，福樓拜（Gustave Flaubert）的自然主義名著《情感教育》（*Sentimental Education*）以法國 1848 年的革命與第二帝國時代（Second Empire, 1852-1870）為背景，對當時政治與社會多所批評。革命黨人高喊：「當執政者未能實現社會契約的承諾時，正義要求將他推翻。」（"When the sovereign fails to fulfil his part of the social contract, justice demands that he be overthrown."）；「我為打破既存秩序乾杯——亦即是打破所有特權、壟斷、控制、階層制度、權威、政權。」[23]

又如：左拉（Émile Zola）的自然主義小說 *Germinal*（1885）生動地描寫 1860 年代法國北部礦工的窮困狀況、勞工運動與罷工行動，充分表現作者同情勞工階級對抗資本家的剝削，表達社會主義理想，「真理與正義終將覺醒」（"truth and justice would awake!"）。[24]

左拉從事政治社會活動，為了社會公義，他勇敢地揭發法國一大政治司法弊案。林攀龍自己在論文裡提到左拉在 1898 年為猶太血統的軍官德雷福斯（Dreyfus）伸冤，寫了《我控訴！》給共和國總統的公開信。[25] 主張司法獨立以維護社會的公平正義就是左拉的理想，因此林攀龍引用左拉的話：「要

---

23 Gustave Flaubert, *Sentimental Education*, translation with introduction by Robert Baldrick (London: Penguin Books, 1964), pp.144-145; 240.

24 Émile Zola, *Germinal*, translated with an introduction by Leonard Tancock (Penguin Books, 1954), pp.497-498.

25 林攀龍，〈近代文學的主要潮流〉，《人生隨筆及其他》，頁 237。

不是暴露所有的罪惡，改造是不可期求的。」[26]

　　總之，林攀龍說自然主義「沒有理想」那句話，是無心之過，只因爲他在論文結尾的一段話想要用自然主義文學來對照 1920 年代俄國革命文學之強烈政治性。林攀龍寫道：

　　[上述俄國與北歐的人道主義文學高唱「爲人生的文藝」]經過世界大戰，在今天已然和社會主義思想發生了關係，藝術家的頭腦裡面流進了階級鬥爭的思想，[產]生了……「普羅文學」。連在……日本，標榜著要「撲滅布爾喬亞[bourgeois]文化」的雜誌等都像雨後春筍一般地出現著，想來發源地的蘇聯就更旺盛吧。聽說蘇聯就大規模地進行著宣傳。階級文藝的屬性就是鬥爭性、主義的傾向，普羅列塔利亞[proletariat]的生活感情，強烈的同胞意識，伴隨著愛的憤怒，非技巧的直接簡明的有力的表現形式等，總之，它還在過渡期，要從現在的階級文學求得典型的東西是不可能的。[27]

　　文學家對社會是很有想法、很有理想的。文學表現思想，思想深化文學，兩者互相支援，充實人文心靈生活，提升人類精神文明。我們在下面幾章會談到，人文心靈價值、人類精神文明，就是林攀龍此後一再強調的論述主題。

　　以上是 1922 年（大正 11 年）當時二十二歲東京帝大一

26　林攀龍，〈近代文學的主要潮流〉，《人生隨筆及其他》，頁218。
27　林攀龍，〈近代文學的主要潮流〉，《人生隨筆及其他》，頁234。

年級學生林攀龍的論文；多麼令人驚艷！林攀龍早熟的思想、豐富的學識、優秀的文筆、以及穩健學術論述的才華，令人敬畏！

另一方面，林攀龍的抒情文和詩詞，則流露出洋溢的感情。

〈當我看到彩虹，我心躍動〉（1923）：人、自然與神，情感連接

1923 年（大正 12 年）1 月 9 日東京初雪之夜，林攀龍完成了一篇〈虹を見れば我が心躍る〉（刊於《台灣》第四年第三號，1923 年 3 月 10 日）。這篇抒情文展現他的浪漫主義宗教觀，摘錄如下，並加上筆者的評論：

自然……是上帝的意志之顯現。……丁尼生（Alfred Tennyson, 1809-1892）有名的詩句也有：「小花呦，我如果完全明白你是什麼，我就會明白神和人是什麼啦。」還有歌人[日本和歌詩人]所歌詠的「生長於野地裡的花，如果讓它說話，必定也有眼淚，也有詩歌。」必定也是同樣之心意的。

確實地，我們相信：讓我現在存在的神聖之手，也就是作用於那鳥、那花的神聖之手。……

我們在野地裡的百合花上想到神深厚的恩惠，在天上的鳥身上感到神深深的愛。舊約詩人如是地歌唱著：「耶和華啊，你所造的何其多！都是你用智慧造成的：……願耶和華的榮

耀存到永遠！願耶和華喜悅自己所造的！」（《詩篇 造主頌
第 104 篇》）……

　　自然給予人類以豐贍的恩惠。給人類開了心眼。……自
然是我們慈藹深厚的慈母，自然當了我們情深的奶媽。……
「在會感化人心的東西裡面，最早來而又最重大的，就是自
然的感化，」愛默生（Ralph Waldo Emerson, 1803-1882）如
此說。……大自然會很高興地把它的秘密向幼兒或不失幼兒
之心的人說出來，卻對於小聰明的人們隱藏它的。「自然雖
然厭惡沒有辨別自然的力量的人，但對於有其力量的人是會
打開心窗說出秘密的，」歌德這麼說。華茲華斯等也相信：
幼時及老年是最接近天國的。……

　　誠然，對於心靈清純的人，自然就是「綠野」，……每
當我們回歸到那裡，就會得到新的力量。雲的流動、山的容
貌、花的顏色、鳥的姿影——萬象無一不是表示神之愛的象
形文字。就是抱著悲哀之心胸的時候，如果站在自然之前，
歡悅就會自然而然地涌上來的。如果你想要防止心靈的衰弱，
想要防止靈魂的睡眠，就走向森林丘陵去吧。……[28]

　　上述林攀龍文章裡，人、自然與神三者之間的情感連接，
巧妙地道出浪漫主義文藝的一大特徵。這恰好是夏多布里昂

---

[28] 林攀龍，〈虹を見れば我が心躍る〉，刊於《台灣》第四年第三號，
　　 1923/03/10，（戰後，中譯〈當我看到彩虹，我心躍動〉），《人生隨筆及其
　　 他》，頁 241-256。

（Chateaubriand）名著 *Genius of Christianity*（1802）的主題；走入大自然的懷抱之喜悅，對上帝造物主感恩情深，不禁流下「宗教的眼淚」（religious tears）。[29] 後來，林攀龍在 1925 至 1928 年間留學牛津大學歲月，星期日下午漫步溜達倫敦海德公園（Hyde Park），「正是嚴冬悄離、東風解凍的季節，偶見公園大樹下，嬌弱鮮花帶來春訊，眼眶不禁掉下幾滴熱淚。」[30] 林攀龍喜愛夏多布里昂的詩歌，在其他多篇文章裡時常提起。夏多布里昂是天主教徒，林攀龍是長老教會喀爾文教信徒；無妨，他們信仰同一個上帝。喀爾文新教雖然跟天主教神學釋義相異，但兩者同樣讚美上帝創造美麗的大自然，同樣感恩。

林攀龍指出，西洋人因喜悅大自然而對神感恩，跟東洋人有所不同，那是由於各有不同的宇宙觀與人生觀。他寫道：

也許東洋都受到印度思想的影響吧。東洋詩人大體上都享受自然，而殊少感受其恩惠，其大多數都是於菩提樹 [娑羅雙樹] 的花色裡感受著盛者必衰之理的人們。多為「天有不測風雲，人有旦夕禍福」這種詞句。

通過日本的歷史來看，由於太愛自然，而投身雲水之間，漂泊的詩人，可以舉出三個人。……宗祇（Sōgi，1421-

29　George L. Mosse, *The Culture of Western Europe the Nineteenth and Twentieth Centuries* (Rand McNally & Co., 1962), pp.20-21.

30　林攀龍，〈海德公園〉，《人生隨筆及其他》，頁 88-91。

1502，日本室町末期的連歌師，編《竹林抄》《萱草》）……
西行（Saigyō，1118-1190，日本平安時代末，鐮倉時代初的
歌僧，二十三歲時感到人生無常而剃髮爲僧，擅長和歌，著
有《山家集》）……芭蕉（松尾芭蕉 Matsuo Bashō，1644-
1694，江戶前期的俳句詩人，創立俳風，心儀杜甫，流浪各地，
著有《奧之細道》《嵯峨日記》等）。不過，他們的態度動
輒有疏遠人世的傾向，而決不是那種從自然不斷地接受新的
恩惠，走向無限的生命之路的方式。

　　上述的這種傾向在中國古典詩上也看得出來。寄託眼前
的（乃至是想像的）景物，傾訴自己的哀情，這種手法是中
國古典詩特別多採用的形式……與其說他們在真正的意義上
享受著自然，倒是可以說是藉著自然來暗示他們所懷抱的盛
者必衰之理，才是接近真相的。這是他們的宇宙觀和人生觀，
有以使然的吧。在中國古典詩上：「花發多風雨，人生足別
離」「明月明年何處看」諸如此類的詩句，是到處可以看到
的，但能給我們以無上之寧靜的詩─例如像下面所舉的白朗
寧（Robert Browning）之詩，是難得一見的：

　　　年月運轉，春天來了
　　　日子運轉，早晨來了
　　　現在是早上七點
　　　山邊珍珠之露閃爍
　　　雲雀翱翔在藍天
　　　蝸牛爬在荊棘上

神在天上
這世界一切都好好的。[31]

　　在此，我們先來討論林攀龍所說「盛者必衰」的人生觀，是中、日文學的一個主調。誠然，道家哲學強調「物極必反」，佛教教導「諸行無常」。日本自古以來佛教盛行，因此「盛者必衰」自然成為日本文學一主調了。一位無名禪師一首詩，描述古今人世間生死猶如舞台上一場木偶戲，人生最終只見殘留碎片。請讀者欣賞簡潔英譯如下：

Life and death, past and present—
Marionettes on a toy stage.
When the strings are broken,
Behold the broken pieces. [32]

　　十二世紀末，平安時代（794-1185）末期的歷史小說《平家物語》（*Heike Monogatari*）敘述武士統領平清盛（Taira Kiyomori, 1118-1181）的生涯盛極一時，但終歸崩潰，被源賴朝（Minamoto Yoritomo, 1147-1199）所取代；平家艦隊在

31　林攀龍，〈虹を見れば我が心躍る〉（中譯文〈當我看到彩虹，我心躍動〉），《人生隨筆及其他》，頁 245-246。
32　Ryusaku Tsunoda, WM. Theodore De Bary, and Donald Keene, comp., *Sources of Japanese Tradition*, Vol. I, New York: Columbia University Press, 1958, p.285. Donald Keene, compiled and edited, *Anthology of Japanese Literature* (New York: Grove Press, Inc., 1955), p.259.

1185 年 3 月 24 日「壇ノ浦」之役完全潰敗。請看《平家物語》表述人生觀的幾句文本（其中有漢字，中文讀者可知其意）和英譯如下，英譯文同樣文字優美，意境深奧，跟讀者共欣賞：

祇園精舎の鐘の声、諸行無常の響きあり。娑羅双樹の花の色、盛者必衰の理をあらはす。奢れる人も久しからず、ただ春の夜の夢のごとし。猛き者もつひにはほろびぬ、ひとへに風の前の塵に同じ。

（"In the sound of the bell of the Gion Temple echoes the impermanence of all things.The pale hue of the flowers of the teak-tree shows the truth that they who prosper must fall. The proud ones do not last long, but vanish like a spring night's dream. And the mighty ones too will perish in the end, like dust before the wind.") [33]

《平家物語》反映曠野武士重視英勇劍道的價值觀，而《源氏物語》（*Genji Monogatari*）則反映宮廷貴族，崇尚優雅詩文、筆墨之價值觀。然而，兩部小說同樣呈現「盛者必衰」的人生觀，曠野武士與宮廷貴族紳士女史，一樣感嘆「人生無常」。

《源氏物語》是平安時代中期，十一世紀初，皇宮裡的

---

33 Ryusaku Tsunoda, WM. Theodore De Bary, and Donald Keene, comp., *Sources of Japanese Tradition,* Vol. I, p.277.

女作家紫式部（Murasaki Shikibu, 970?-1019?）的文學傑作。[34]
崇尚優雅的貴族文人，喜悅優美的大自然，但同時哀嘆「諸
行無常」、人生短暫，猶如曇花一現。這樣觀賞自然與人生
的審美觀，可用「雅び」（「miyabi」）和「哀れ」（「aware」）
兩字來形容。這就是歷代日本文人傳承之主要文藝傳統。[35]

　　日本民族沉溺於「優雅、哀傷」的審美觀，經過千百年，
歷久彌新，仍然顯現於現代日本文藝世界。例如，小津安二
郎（Ozu Yasujirō, 1903-1963）的影片所展現的人生觀，幾乎
每一部都給人「優雅、哀傷」的感受。[36] 又如，許多日本童歌、
民謠和流行歌曲，大多令人感傷。甚至於，你注意到嗎？——
應該歡樂的聖誕歌曲（Jingle Bell，ジングルベル），緩慢的
日語歌調，仍然流露哀傷之情。更不用說，大家都耳熟能詳
的名曲〈荒城之月〉了。這首明治時代創作的「寂寞的荒城、
蒼涼的月色」，流行至今，家喻戶曉；曲調低沉悲涼，哀怨
淒婉，引人沉思人生究竟，令人邊唱邊掉淚！

　　總之，林攀龍觀察到「人生無常」「盛者必衰」是日本
文學的主調，語出《平家物語》「盛者必衰」一詞。他以此

---

34 當時還有其他傑出的女作家，包括清少納言 (Sei Shōnagon, 966-1017)，詳
　　見 Ivan Morris, *The World of the Shining Prince: Court Life in Ancient Japan*
　　(Baltimore, Maryland: Penguin Books, 1969), pp.211-300.
35 Ryusaku Tsunoda, WM. Theodore De Bary, and Donald Keene, comp., *Sources of
　　Japanese Tradition,* Vol. I, pp.277-278.
36 Donald Richie, *Ozu: His Life and Films* (Berkeley and Los Angeles: University
　　of California Press, 1974)；和David Bordwell, *Ozu and the Poetics of Cinema*
　　(Princeton University Press, 1988) 是研究小津安二郎的佳作。

對照西洋文學的自然觀，以歌德（Goethe）來對照松尾芭蕉：

　　對於自然之愛，在歌德的作品中，到處可以發現。就是
同樣對自然的愛，他並沒有在芭蕉他們看得見的厭世。他如
同愛自然一樣，也愛人生。自然對於他來說，是他無限的創
造力的源泉。不管狂飆突進時代的年輕的浪漫主義者有好多
人夭折，而歌德竟能得以大成，畢竟就因爲受到自然之恩惠
的緣故吧。他寫著《少年維特的煩惱》（*The Sorrows of Young
Werther*），而得以從維特的悲哀逃脫出來。他曾計劃過幾次
自殺，但「向自然避難」使他得以從自殺逃開，終於讓他走
出洋洋的藝術大海。如果把丁尼生（Tennyson）的詩句在此
轉用，我們可以說歌德就是經過沙洲在眼前看到領航者的。[37]

　　接著，林攀龍評論華茲華斯（William Wordsworth）的詩
歌，讚賞其連接自然與宗教的意境：

　　啊，他清高的詩呦！它把我們引導到聖潔的別天地。他
對自然的愛是宗教的。他不但歌唱自然現象，還深深地觸及
其內部生命。對他來說，在一草一木中都能認識到永恆的生
命之流。他和自然同化、融和的時候，感覺到無上的心醉神
迷。……他的代表作〈*Intimations of Immortality*〉，愛默生（R.
W. Emerson）激賞爲「在十九世紀英國思想的最高潮」，通
過它能很好地窺見華茲華斯的自然觀。……下面舉出他著名

37　林攀龍，〈當我看到彩虹，我心躍動〉，《人生隨筆及其他》，頁248-249。

的短詩：

> 我心歡躍，當我看到
> 彩虹掛在天上
> 幼小時如此
> 變成大人的現在也如此
> 但願年老時也如此
> 要不然倒不如死！
> 小孩子就是大人的父親
> 但願我今後的每一個日子
> 貫穿著對自然的敬畏之念！[38]

　　近代主義及浪漫主義的先驅盧梭呼籲「回歸自然」，托爾斯泰響應，年輕的東京帝大學生林攀龍激賞，寫詩呼應。來自台灣首富家庭的他，經濟富裕，毫無生計憂慮，不像其他留學生需要半工半讀。他個性溫文，感情豐富，喜愛獨處。他博覽群書，每天都在看書，整天在讀書和思考。但他反思：有何益處？是應該拋開書本，奔向大自然的時候了。他寫了一首詩來結束這篇抒情文：

> 書籍！那是沒完沒了的勞苦而已，
> 來，聽森林裡的紅雀吧，
> 那奏樂的美妙呦！誠然，

38　林攀龍，〈當我看到彩虹，我心躍動〉，《人生隨筆及其他》，頁249-250。
　　書裡此段中的英文字「Immortality」錯印成「Immorality」。

有比書籍還多的智慧在那裡。

聽呀！鶇鳥之歌的爽朗！
牠也是可貴的教誨者。
出來，看萬物的光輝呀，
讓自然成為你的老師。

唯有春天的森林之一瞥，
關於人，關於善與惡，
教示你的，
將勝過聖者所教的一切。

讚美是適合於心地正直者的。
啊，但願讓我日日讚美自然吧！
　　　　一九二三年一月九日 寫於東京初雪之夜。[39]

　　詩人教育家林攀龍年輕時代，這篇抒情文及詩詞〈當我看到彩虹，我心躍動〉，是應該編入台灣各級學校，從中學到大學必修課目「國文」的絕佳教材。

〈在生命的初夏裡〉：
於寂寞的東京之寓所（1923）

　　猶如愉快的日本民歌〈春が来た〉（春天來了），林攀

39　林攀龍，〈當我看到彩虹，我心躍動〉，《人生隨筆及其他》，頁253-254。

龍寫〈生命の初夏に〉迎接夏天的到來，歌頌生命的喜悅，通過自然看到神的虔誠，感恩耶穌的愛：

夏天來了！充滿彩色和芳香的陽光的夏天來了！來到野原裡，來到山裡，——也來到我心上！

啊，我打開心扉迎接初夏的來訪。而我將在生命之書頁上抒寫那讚美！

我所愛的人喲！您為什麼低著頭呢？現在正是所有有生命的都要讚美神的光榮的時候。自然是美麗的！而洋溢著信仰和希望和愛的人不知怎樣地美麗呢。然而，您卻為什麼要悲嘆呢？

歌唱過如蜜一般甜美的戀歌的海涅（Heinrich Heine，1797-1856，德國詩人、評論家，著有《歌集》《德國宗教和哲學的歷史》等），在另一方面，他卻描寫了如艾蒿一般的苦澀的生之煩惱。那種煩惱，我也有過的。於悠久的天地裡寄託短促生命的可憐的我身影——理想和現實——來自欲求和能力的矛盾所產生的自我分裂的觀念——緣由罪惡深沉的自我厭惡——我咀嚼盡要活下去是多麼地痛苦。不過，那是沒有接觸神之愛的時候。現在的我是無法不唱生命之喜悅的。

我底喜悅，我底希望，
我底生命的你，
白天讚美夜晚歌唱
我仍覺得不夠的。[40]

顯然，年輕的林攀龍遭到感情的挫折，恰似歌德《少年維特的煩惱》。筆者心想，歌德這部浪漫主義著作之所以偉大，吸引普世喜愛文學的讀者，就是因為它觸及每個人內心感情的痛處；試問世間有幾個人一生不曾遭受情感挫折？據說拿破崙（Napoleon Bonaparte, 1769-1821）閱讀過三次，每次熱淚縱橫。

　　談到拿破崙，不禁令人感到他是浪漫主義的化身：精力充沛、欲望強烈、對其時代使命感充滿自信；感情豐富、但用情不專，一生有過多位情婦。他的首位夫人是大他六歲的美麗約瑟芬（Josephine de Beauharniais），她擁有九百多件華麗的衣裳。拿破崙熱愛她，但又移情別戀一位二十歲漂亮的波蘭情婦瑪麗亞伯爵夫人（Countess Marie Walewska）；她真心愛他，為他生了一個私生子。可是拿破崙希望有個合法的兒子繼承皇位，乃於 1810 年娶了奧地利公主路易莎（Maria Luise，婚後改名 Marie Louise）為皇妃，終於生了一個太子。但是，1814 年 3 月，同盟國聯軍擊敗法軍之後，將拿破崙放逐外島厄爾巴（Elba），而皇妃路易莎則携子返回奧地利，從此跟他永別。然而，就在拿破崙落魄流放外島時，情婦瑪麗亞帶私生子來探望。1815 年 2 月，拿破崙逃出厄爾巴島返回法國，但是 6 月 18 日在比利時滑鐵盧戰役中、拿破崙全軍覆沒，被流放到遙遠的聖赫勒拿島（St. Helena），直至 1821

40　林攀龍，〈生命の初夏に〉，刊於《台灣》第四年第七號，1923/07/10，（中譯文〈在生命的初夏裡〉），《人生隨筆及其他》，頁 257-266。

年去世，結束他大風大浪、傳奇性浪漫的一生。[41]

稍前說過，林攀龍筆下的歌德竟能得以大成，畢竟就因爲受到大自然之恩惠的緣故。他得以從維特的悲哀逃脫出來，「向自然避難」終於讓他走出洋洋的藝術大海。

林攀龍寫道：人類從大自然獲取無盡的靈感，它是「靈知和感動的通路」。哲學的心理起源就在「對自然的驚異」，科學與藝術同樣來自「對自然的驚異」，宗教感情由於「對自然的驚異」而發揮出來。「通過自然看到神的是虔誠的人」。托爾斯泰說，「人只有在要服侍宇宙之生命這個條件才被授予生命的。」托爾斯泰熱愛人生，歌德亦然，林攀龍崇仰托爾斯泰和歌德，經常引用兩人的名言。

人通過自然來憧憬神，固然容易墮入自然神教或泛神論，但林攀龍是從耶穌那裡直觀到神，接觸到神的愛。他的文筆充滿宗教熱情：

啊，耶穌之愛！那是沒有任何東西可以相比的，至上的，是無窮盡之泉。我即使喪失在地上的一切東西，也會在耶穌的愛裡獲得滿足吧。……不懂耶穌之愛的時候，我不能知道眞的生命，因而未曾擁有它。……我相信由於耶穌的愛就能完全得救。……耶穌實在就是恩惠和眞理之源，是世界之光，是我的生命。……

41　參看精簡的學術著作 David A. Bell, *Napoleon: A Concise Biography* (Oxford University Press, 2015)。

「不知神，而又不探求摸索神的人是最暗淡的，」有一個文豪這麼說過，確實不錯。由這種人構成的社會實在是可悲的。……

接著，林攀龍指出：在我們社會裡，人格崇拜相當盛行。孔子崇拜，釋迦摩尼崇拜，柏拉圖崇拜，歌德崇拜，拿破崙崇拜，馬克思崇拜，列寧崇拜等，不勝枚舉。當然，這些人格崇拜比之名譽崇拜和金錢崇拜是更有價值的。但它動輒會妨礙我們接近神。「從神眼光看起來，這些所謂人格是多麼渺小而又醜陋！」我們能夠愛他們的靈魂，可是卻不能在他們的人格上得到真正的安慰，更何況寄望獲得拯救？「完美的人格是在耶穌身上才看得到的」。

至於「被主之愛鼓勵的保羅（Paulos），熱烈的信仰之人路德（Martin Luther），不停地追求神之國及其義的托爾斯泰（Tolstoy）——啊，……他們的體驗給予我們多麼大的魅力！……然而，那不是有耶穌才有他們嗎？」我們必須超越他們直接接觸耶穌。[42]

隻身在東京求學、二十三歲孤單的青年林攀龍，內心彷徨，有如歌德《少年維特的煩惱》。然而他熱情洋溢，通過大自然，向耶穌祈求精神的慰濟、心靈的安寧：

42　林攀龍，〈生命の初夏に〉（〈在生命的初夏裡〉），《人生隨筆及其他》，頁262-263。

春天的野地上遊絲混亂地昇騰著！堪與它比擬的我靈魂的不安——爲什麼不來在耶穌的愛裡獲得安慰呢？流水碰上岩石飛濺四方！我心裡的煩惱仿佛就像那景象——爲什麼不來在耶穌的愛裡求取休憩呢？……

　　夏天一來，萬象嶄新地蘇醒。生之力量躍動在我身體內。我張開心眼，再一次重新看了看我居住的世界。我超越哲學者的宇宙觀和科學者的人生觀直觀著神。我在生活的自覺上認識神。……於是，我沉浸於神的愛裡。啊，神的愛！包容一切的神之愛！……[43]

　　林攀龍深受歌德的影響。歌德的浮士德（Faust）精通天文、地理、歷史、法學、科學、醫學、哲學與神學，但心靈仍然空虛。他不斷地力爭探求真理，最後直接面對神，由神賜恩，靈魂獲得救贖。林攀龍想望的，是一種超越哲學與科學的救贖，這似乎是浮士德式的救贖。林攀龍自述，「我張開心眼，……我超越哲學者的宇宙觀和科學者的人生觀直觀著神。我在生活的自覺上認識神。」「直接接觸耶穌」，「於是，我沉浸於神的愛裡」。

　　林攀龍這段話特別有趣。他還將保羅（St. Paul）、馬丁‧路德（Martin Luther）和托爾斯泰連接起來，頗有創意。這一點留待本書第四章結語《人生隨筆及其他》讀後感，再

43　林攀龍，〈生命の初夏に〉（〈在生命的初夏裡〉），《人生隨筆及其他》，頁262-263。

申論。

　　林攀龍的文章有兩大特徵：他博覽群書，博引古今名人著作，此其一；散文當中參入詩詞，此其二。散文（prose）與詩（poem）兩者有所不同。法國作家 Paul Valery（1871-1945）作比喻，如果說散文是走路（walking），那麼詩是跳舞（dancing），有韻調及音樂。[44] 任何語文的詩詞皆然。舉個例：俳句詩人松尾芭蕉聞名的一首詩：

　　古池や　蛙飛び込む　水の音
　　（*furuike ya, kawazu tobikomu mizu no oto*）

　　讀者會想像看到和聽到，在幽靜的池畔，一隻青蛙突然跳入水中，「咚」的一聲！

　　那麼，讓我們看看二十三歲時，寂寞、彷徨的青年林攀龍〈在生命的初夏裡〉的最後一段散文和詩，如何結尾：

　　啊，神喲！如同鹿戀慕著溪水在喘哮，我的靈魂也戀慕著你在喘哮。與神同在時心靈的平安！離開神時，異常缺乏的觀念！我再也不能從神離開。

　　原野和田地都閃耀著露珠！

44　Claire Messud, "The Dream of Pure Expression, a review of *The Idea of Perfection: The Poetry and Prose of Paul Valery*, (published by Farrar, Straus and Giroux), *The New York Review of Books* (December 3, 2020, Vol. LXVII, No. 19), pp.26-28.

草和樹木也都綴滿珍珠！

經過草木繁茂處風在踱著！

休浴著明亮的陽光小鳥在高昂地歌唱著！

啊，美麗的初夏的天空！生命的豐饒！啊，我所愛的人喲！只是意識著活在這樣的自然之下，也就是無上的喜悅了。而且我們的心融進神裡面，更是一件美麗而又欣喜的事！

啊，歡喜！生命的歡喜！我要高唱生之喜悅。而我要以那歌的調子，讓我居住的世界的空氣變得芳香，在這個光輝的初夏的日子裡！

眺望著雲，於寂寞的東京之寓所。[45]

這就是 1923 年（大正 12 年）當時二十三歲台灣人留學生、東京帝大才子、早熟的學者作家 —— 林攀龍。他對近代歐洲文學潮流、做出深刻的分析與論述令人敬佩。他充滿宗教哲學內涵的抒情詩文，歷久彌新，一百年後的今天，仍然燦爛鮮艷！

45　林攀龍，〈生命の初夏に〉（〈在生命的初夏裡〉），《人生隨筆及其他》，頁 265。

留學歐洲心得，「一新會」，
感情世界，及戰後的林家

把生活的科學化向我們顯示，教我們把女性和男性同等看待，催促我們對一切社會問題、政治問題覺醒。把人生的肯定和生命的尊重教給我們的，不是東洋文明，而是產生西歐文化的基督教人生觀、宇宙觀。

——林攀龍（1929）

　　那雙眼毫無保留地表現出對一切擁有興趣，[那]模特兒之少女，如果面對自己的肖像，一定會大大地吃驚於自己心理之秘密，毫無保留地被揭露出來。

——林攀龍（評論顏水龍一幅畫，1931）

　　台灣者，危邦、亂邦也，豈可入乎、居乎。非僅危亂而已，概無法律，一任蔣氏之生殺與奪，我若歸去，無異籠中之雞也。

——林獻堂日記（1955）

1932年霧峰頂厝林家合影。後排左起林雲龍、林攀龍、林猶龍。
前排左一林關關、左二林楊水心、左三林獻堂，右一林藤井愛子。（林明弘提供）

留學英國（1925-1928）、
法國、德國（1930-1932）

　　1925 年（大正 14 年）3 月林攀龍從東京帝大畢業，時二十五歲，4 月下旬由東京搭船前往英國留學，9 月入牛津大學（Oxford University）研究宗教與哲學。然而，林攀龍曾請假九個月（1927 年 6 月至 1928 年 3 月）陪同父親林獻堂及二弟猶龍（日本商科大學即今一橋大學畢業）遊歷歐洲考察各國政治社會民情。而後，回牛津繼續學業，至 1928 年畢業，11 月歸抵台灣，時二十八歲。

　　1929 年（昭和 4 年）1 月，林攀龍將其旅歐見聞，撰文〈歐洲文化の優越性〉刊登於《台灣民報》，讚美歐洲文化：

　　把生活的科學化向我們顯示，……教我們把女性和男性同等看待，……催促我們對一切社會問題、政治問題覺醒。……把人生的肯定和生命的尊重教給我們的，不是東洋文明，而是產生西歐文化的基督教人生觀、宇宙觀。……我們在譴責歐洲機械文明的短處之前，非先考察，檢點產生其文明的歐洲人的人生觀、宇宙觀不可。

　　他引用法國哲學家、神學家史懷哲（Albert Schweitzer, 1875-1965）的話：「人類社會的浮沉是依照人類所懷抱的人生觀、宇宙觀的價值決定的。」[1] 有關歐美機械文明與心靈價值議題，林攀龍往後尚多著墨，筆者稍後會再評論。

憧憬歐洲文化，單身未婚的林攀龍，懷念過往三年在英國進修得益的愉快日子，非常希望再往歐洲留學，乃於 1929 年（昭和 4 年）2 月，懇請父母許可，因父母不允，力請至於泣下。最後，父母同意待明年再去，給學費一萬圓。

青年時代的林攀龍留學獲得西方語言文化之新知識，對其父林獻堂所從事文化啓蒙運動，頗多助益。其父執輩的台灣知識人，對歐美新文明並無深刻的認識，1930 年代，林攀龍留學返鄉之後，將給台灣新文化啓蒙運動注入新力量。就在 1930 年再出國留學之前，他就協助父親對國際社會，表達反對日人總督府在台發給吸鴉片者特許牌的政策。

日本官方曾於 1928 年（昭和 3 年）頒佈「台灣新鴉片令」，由總督特許施行前有鴉片癮者准許吸食。吸鴉片的惡習傷身害命腐化社會。1930 年 1 月 2 日民眾黨蔣渭水等人，致電日內瓦國際聯盟本部，控訴台灣總督府發煙牌違背國際條約。該聯盟乃派遣三位委員 2 月 19 日抵達台灣調查，當局大加警戒，深怕人民與他們接觸。[2] 總督府警務部長試圖勸阻林獻堂勿見國際聯盟委員。[3]

不顧勸阻，3 月 1 日林獻堂、蔣渭水、蔡式穀等代表台

1　林攀龍，〈歐洲文化の優越性〉刊載於《台灣民報》，1929/01/01 和 1929/01/08，收入《人生隨筆及其他》，頁 267-273。

2　蔡培火日記，1929/12/22；1930/1/8；1930/2/19，《蔡培火全集》第一冊〈家世生平與交友〉，張漢裕主編、張炎憲總編輯，（台北：吳三連台灣史料基金會出版，2000 年），頁 110-111；115-116；121-122。

3　廖振富著、路寒袖主編，《追尋時代：領航者林獻堂》（台中市政府文化局，2016 年），頁 47-53；113。

灣民眾黨，由林攀龍陪同，跟國聯委員會晤。林獻堂為主談者，林攀龍負責口譯。會後，新民會出版《台灣阿片問題》一小冊，但遭台灣總督府查禁。[4]

《台灣通史》的作者連橫（連雅堂，1878-1936），撰文維護總督府鴉片特許政策，引起極大的爭議。林獻堂對連橫附和總督府的言論非常憤怒，蓋連橫為了巴結日本人、變相鼓勵大家吸鴉片。林獻堂於是偕同林幼春（1880-1939）等人請櫟社社長傅錫祺召開會議決定，開除連橫的櫟社社員資格。[5]

1930年（昭和5年）3月5日，林攀龍再度啟程赴歐留學，先到巴黎大學（Paris University）就讀，而後轉學德國慕尼黑大學（Ludwig Maximilian University of Munich），主修哲學與文學，一直到1932年（昭和7年）2月2日自德返台。此次留歐幾近兩年。林攀龍總共留歐進修五年，獲益頗多，乃撰文發表文藝心得。

讚賞顏水龍繪畫及歐美文藝，表現細膩的審美觀（Aesthetics）（1931）

林攀龍在1931年11月《台灣新民報》刊登〈顏水龍的畫入選巴黎秋季美術沙龍展〉一文，寫道：各國畫家精心作品被搬入香榭麗舍大道（Avenue des Champs-Élysées）大皇宮

4　秦賢次編，〈林攀龍（南陽）先生年表〉，《人生隨筆及其他》，頁311。
5　廖振富著、路寒袖主編，《追尋時代：領航者林獻堂》，頁47-53。

裡的美術沙龍展，讓人覺得雨果（Victor Hugo, 1802-1885）讚美的「光明的巴黎」像是集中在那裡。

　　林攀龍對這次巴黎沙龍特別感到深切的懷念，因為來自台灣的友人顏水龍（1903-1997）的兩張傑作入選展覽。他曾於大學城市拜訪顏君，兩人「一起逍遙著蒙蘇利公園，邊欣賞著秋色談著故鄉的事情。每當汽車（kisha，華語稱火車）經過公園的崖下，就冒氣起一團 [水蒸氣] 白烟……讓人想起日本的溫泉鄉。……」

　　對於顏水龍的作品〈一個少女的肖像〉，林攀龍作了細膩生動的評論：

　　那雙眼毫無保留地表現出對一切擁有興趣、卻還沒有對任何事物感覺著強烈的執著之時期的少女之心理。……[那] 模特兒之少女，如果面對擺在大皇宮裡的自己的肖像，想來：一定會大大地吃驚於自己一直一點也未曾覺察過的心理之秘密，毫無保留地被揭露出來的。

　　另一入選作品〈蒙蘇利公園〉「是理智的要素更勝一籌的畫。遠近法、人物和自然的配合、色彩的調和等，……都是無懈可擊的、完美的。」

　　林攀龍亦讚賞另一留學巴黎的台灣青年畫家陳清汾（1910-1987）「擁有描畫建築物群非常高超的手」；他引用英國批評家、詩人馬修・阿諾德（Matthew Arnold, 1822-

1888）的話，來說明自己的心情：「讚美優秀的東西是僅次於那件東西的好事情。」[6]

台南下營人顏水龍是傑出的畫家、美術家。1920 年赴日學習美術，半工半讀，兩年內考進東京美術學校，受教於藤島武二（1867-1943）與岡田三郎助（1869-1939）。1927 年畢業後，跟陳澄波、楊三郎、廖繼春等十三人組織「赤島社」畫會。1929 年林獻堂資助他留學法國。1931 年林攀龍看到好友顏君兩張作品入選巴黎畫展，感到「歡樂極兮哀情多」。

顏水龍工作專注，多才多藝，由繪畫進而推展美術工藝，利用台灣本土特產的材料配合現代生活的需求，製造實用性及裝飾性的工藝品。他當年在東京美術學校的老同學王白淵（1902-1965）得知，便躍躍欲試，以半專家身分找顏水龍合作。兩人相約在台北火車站旁邊一旅行社客廳商討手工藝推展的事，連續談過幾回後顏水龍煩了，氣話也說了出來：「你只知道談，若是和你一起作事，我會被你活活氣死！」[7] 天真的詩人王白淵所擅長，並非工藝，而是文學寫作，以人道主義的關懷及左翼精神著稱。他們這一世代的台灣人，各方面人才濟濟。

6　林攀龍，〈顏水龍的畫入選巴黎秋季美術沙龍展〉刊於 1931/11/21 ，《台灣新民報》，收入《人生隨筆及其他》，頁 274-277。

7　謝里法，《台灣出土人物誌》，前衛出版社，1988 年，頁 164-165。

〈歐羅巴〉
（ヨ－ロッパ）（1932）

　　1932 年（昭和 7 年）2 月林攀龍從德國留學返回台灣。他再發一文〈歐羅巴〉（ヨ－ロッパ，是 Europe 的日語音譯），刊載於《台灣新民報》。林呈祿與林雲龍是該報編輯，林攀龍、賴和、陳滿盈（虛谷）、謝星樓四人同任編輯客員。

　　憧憬歐洲文化的林攀龍，博覽歐美文學與哲學群書，他寫文章最大特色是廣泛引用歐美文學與哲學名著，充分流露開明寬闊的世界觀。在此篇〈歐羅巴〉，他發表旅歐心思：

　　法國作家洛蒂（Pierre Loti, 1850-1923，著《冰島漁夫》）說，「遍尋陌生的世界，等白髮蒼蒼時才回故鄉，靜靜地在爐邊沉浸於那回想吧。」對未知世界無限的流浪欲望使他將其足跡烙印於全世界。林攀龍指出，現代文壇裡有名氣的作家多為流浪者——如法國作家杜亞美（Georges Duhamel, 1884-1966）與莫朗（Paul Morand, 1888-1976）、德國作家托瑪斯‧曼（Thomas Mann, 1875-1955）；流浪使人廣開眼界，「先入觀念、淺見、曲解等，應該儘量避免。」

　　但是，林攀龍敘說，這次在 1932 年歸國途中，和一個中年的日本人同船，這個男人外國語一句也不懂；問他逗留歐洲的感想時，他一直說「真叫人氣憤，……不錯，瑞士也好、巴黎也好、都是美麗的，可是它不是日本的，一想到它是洋鬼子的，就叫人氣憤。」顯然，國外旅遊，並未打開這個日

本男人的心胸。林攀龍引述有個哲人說：「旅行不一定能助人賢明；是使賢明愈賢明，愚笨愈愚笨。」[8]

林攀龍指出：杜亞美非難美國的物質文明，「爲的是疑懼其形式化、標準化會使生命的自由性、多樣性窒息之故。……這樣子，以自由奔放爲生命的藝術家無法忍受是理所當然的。」杜亞美「發現文明標準化的觸角比較沒有伸到的荷蘭、希臘、芬蘭各國存在著心靈的樂土，也是難怪的。」林攀龍同情這想法：不宜讓物質文明損及心靈價值。

「東洋人雜在歐洲人裡面，就像萬綠叢中一點紅，誰都會看出來。」「在歐洲日本人常被誤以爲是中國人而生氣，……試想：東洋文明的淵源在哪裡？」就如今天的歐洲文明之寶庫裡，和基督教一起有希臘、羅馬之遺產，今日東洋文明有中國之遺產。

眞的，中國的光榮就是東洋的光榮，東洋的偉大，也就是中國的偉大。不過，雖說是中國人也必須承認近世的日本直接、間接對東洋做過一些貢獻，要好好感謝他們。……

建築萬里長城，自以爲得以防禦了外敵的中國人，不知何時於香港給予歐洲文明東侵的立足點。對抗這個西方的敵人站起來的日本人，其動機即使是自利的，其必然的結果，總之，是拯救了全體東洋的一大危機。[9]

8　林攀龍，〈人間到處有青山〉，《人生隨筆及其他》，頁 30-35。
9　林攀龍，〈歐羅巴〉，《人生隨筆及其他》，頁 286-295。

林攀龍贊同杜亞美（Duhamel）的想法：不宜讓物質文明損及心靈價值。這是文藝界頂重要的議題。林攀龍在上面提到的德國作家托瑪斯‧曼（Thomas Mann，1929 年諾貝爾文學獎得主）也有獨到想法：「文明」（civilization）代表理智、質疑、民主、人道、進步；「文化」（culture）則是原始的（primordial）人性（human nature）的表現，流露深沉的情感，因此產生更偉大的藝術。[10] 托瑪斯‧曼頗受叔本華（Schopenhauer）、華格納（Wagner）、與尼采（Nietzsche）的影響，這些人也是林攀龍時常引述的哲學家。

〈要正確認識人生的目的〉：
知識必須伴隨智慧增長（1932）

　　林攀龍在留學歐洲期間，見證工業革命後機械文明快速發展，國際局勢緊張，對人類造成空前的威脅。第一次世界大戰結束後沒幾年，他好像預感人類又將遭遇二次大戰的危機。此篇論文〈要正確認識人生的目的〉也是 1932 年林攀龍由德國返台後所寫。

　　這僅僅三頁的文章，是一篇重要論文，它大致表達了林攀龍深思熟慮的自由人文主義（liberal humanism）哲學思想。有別於上述數篇抒情文，此篇主要以論文寫法、加上抒情文筆呈現，用詞精密，字字珠璣，茲先將原文摘錄如下：

10　Mark Lilla, "The Writer Apart", *The New York Review of Books* (Vol. LXVIII, No. 8, May 13, 2021), pp.18-21.

既然無法否定在產業革命後勃興的機械文明今後的存續，人會就這件事煩惱透頂是理所當然的。而世界的重建實在只有依靠這個煩惱的洗禮才能完成。在上世紀末（十九世紀末）柏格森（Henri Bergson, 1859-1941）早已預言過：機械可以說，就是人的四肢的延長。要是隨著這個，可憐的靈魂不擴充起來的話，人不久就會招來一大災禍。

　　近代文明無限地創造出新的機械，但與此同時，也無限地增長了對於不必要的或者有害的東西的人之慾望。在所有的產業的各部門都叫喊著生產過剩的今天，據說只有彈藥和大炮總是不夠的。文明的一大缺陷就在這裡。

　　近代文明雖然在其大遊行上把飛機、飛船、汽車，甚至電視都引出來了，但卻沒有給予人綜合那些東西，掌握它的力量。人不去想就這些東西和自己的生命的關係，加以深刻的審察。不但如此，近代機械文明從人的勞動奪走了喜悅的詩，把人的靈魂分割成細碎的。波蘭（Poland）的分割雖然得以還原為原來的樣子，靈魂卻不像那麼簡單。[11]「哲學家只是做了各種解釋而已，可是，重要的是要改變世界的事情。」這雖然是馬克思（Karl Marx, 1818-1883）在《關於費爾巴哈的綱領》裡說的，但從哲學的領域轉移到科學上，也可以說同樣的事情。

11　波蘭（Poland）四次被鄰國瓜分：1772、1793、1795，以及 1815 年。

誠然！在今天的世界裡缺少的就是最初的而又最後的東西，就是要改變，再造世界的力量。理論已聽膩了。……我們應該站起來，再一次深深呼吸外面新鮮的空氣。

　　要活於生活！……即使讀破萬卷書，有著像百科詞典的知識，那也只是研究了生活，卻不是生活本身。渾身浴著塵埃狂奔於名利之輩，只是追逐著生活的幻影而已，生活本身是絲毫也沒有觸及的。

　　生活就是生活。……生活的把握是只有強調全人格的生活才能做到的。「生活的目的就是生活本身。」歌德（Goethe）這麼一語道破過的。生活就是燃燒於永遠的現在的生命感。那是在山丘上閃亮的草，是在樹蔭下嗚咽的泉水。是閃爍於夜空的星星，是濡濕著人的眼睛之淚。

　　收音機也好，爵士音樂也好，電視也無妨，飛船也可以。不過比什麼都重要的，第一就是要再一次搶回對於人的生活的感激！而在這個感激上要建立擁抱，綜合和掌握多元的機械文明的各部分的生活！

　　超越布爾喬亞和無產階級，飛躍於新社會派和新心理主義之上，而又擁抱那一切才會有生活。

　　誠然！人生的革新是該由尊重人生的人才做得來的！

　　羅素（Bertrand Russell, 1872-1970）在其最近的作品《科學展望》上說：「人向來被訓練成要隸屬於自然。一次從這個隸屬把自己一解放，就落得暴露出從奴隸一搖身而為主人

之人的缺點。要拿對於在人內心裡最善的東西之尊敬來替代隸屬於自然力的新道德觀是要緊的。」他論說著：「是以爲了要使科學文明成爲美好的文明，知識的增加非伴隨著智慧的增加而增加不可。」他並且解釋著所謂智慧就是對人生真正的認識，科學自身是無法提供的。

所謂正確認識人生的目的，尊敬存在於人底內心裡的最善的這一件事，也就是非把生活做爲生活而活下去不可的。[12]

上面這一短篇論文針對現代科技文明的利弊，提出深刻的反省。其大意是：「知識」（knowledge）與「智慧」（wisdom）有別；近代機械文明的發展，固然創造新產業及增進物質成長，但卻造成人的疏離感（alienation，人跟人、跟自然界、跟社會、和階級之間的疏離）、甚至帶來人類的生存危機。故此，吾人必須兼顧強調人文心靈價值的提升；人生最重要的，是人文心靈的價值觀。

論文裡，林攀龍提到的法國學者柏格森（Henri Bergson），是十九世紀末、二十世紀初頗負盛名的思想家，1927 年諾貝爾文學獎得主。在其求知的初期，柏格森原本是孔德（Auguste Comte, 1798-1857）學說的信奉者，相信科學實證主義（positivism）；但後來在巴斯噶（Pascal）和盧梭（Rousseau）的影響下，他發現科學與抽象的理性主義（science and abstract rationalism）有其局限，不足於解釋事物的實質；更重要的是「直

---

12 林攀龍，〈要正確認識人生的目的〉，《人生隨筆及其他》，頁 278-281。

覺的經驗」（intuition and immediate experience）。柏格森認爲科學與理智只能解釋物質生活的存在，但直覺的經驗才能通往精神生活世界（spiritual existence）。可是，柏格森的論述到後來竟走入神秘主義（mysticism），可說是由「物質的專制」（the tyranny of matter）脫逃出來，但終究陷入「精神的專制」（the tyranny of the spirit）。[13]

不過，林攀龍引述柏格森對現代科技文明的批評、預言科技文明「會招來一大災禍」，的確相當明智實切。十九世紀末，尼采（Nietzsche）亦做同樣的預料。果然，隨著科技、物質文明的發展，1914 年爆發世界大戰，連續四年多，人類互相殘殺，接著是蘇俄的革命內戰紅色恐怖、意大利的法西斯、世界經濟大恐慌、德國的納粹等等。[14]

再者，林攀龍引述馬克思在《關於費爾巴哈的綱領》裡說的，哲學家「要改變世界」那句話，也須在此稍作說明：

費爾巴哈（Ludwig Feuerbach, 1804-1872），原本是黑格爾（Fredrick Hegel, 1770-1831）信徒，即所謂「年輕的黑格爾主義者」（Young Hegelian），後來他將黑格爾的理想主義（idealism）顛倒過來，而成爲物質主義者（materialist）。他的物質主義論述其實稍嫌粗糙，說出 "Man is what he eats"（人

13　Willson H. Coates and Hayden V. White, *The Ordeal of Liberal Humanism: An Intellectual History of Western Europe,Vol. II, since the French Revolution* (New York: McGraw-Hill Book Co., 1970), pp.277.

14　見蔡榮芳《從宗教到政治：黃彰輝牧師普世神學的實踐》（台北：玉山社，2020 年），頁 102-103。

是食物所造成）之名言，但他卻對馬克思造成重要影響。

馬克思從黑格爾哲學擇取辯證法（Dialectic），再加上費爾巴哈的物質主義論、英國古典自由主義（classical liberalism: Adam Smith, Thomas Malthus, David Ricardo, J.S. Mill, etc.）、以及法國烏托邦社會主義（Utopian socialism: Saint-Simon, Charles Fourier, Louis Blanc）諸多主義，綜合整理發明「辯證物質主義」（dialectical materialism），從事社會主義政治論述——旨在推動革命，改變不公不義的資本主義社會。但，費爾巴哈對社會主義政治問題，興趣缺缺，他只停留在哲學思想研究。馬克思對此深不以為然，故此嚴厲指責他，指出從事哲學研究「重要的是要改變世界的事情」。[15]馬克思寫道：「哲學家只對世界做出各種解釋，但重點是要改變這世界。」[16]

至於羅素（Bertrand Russell）對於現代科技文明的批判，林攀龍表示讚賞。

值得我們注意的是：目前科技、產業、學術界流行的所謂 Artificial Intelligence（AI），經常被翻譯成「人工智慧」。這是錯誤的譯法，應該譯成「人工智力」（或「人工智能」）。"Intelligence" 是「智力」（「智能」），"Wisdom" 才是「智慧」。兩者有極大的差別。「智慧」來自倫理哲學、自由人文主義、

15　Isaiah Berlin, *Karl Marx: His Life and Environment* (N.Y: Oxford University Press, third edition, 1963), 對馬克思思想的形成，有精闢的分析。

16　Karl Marx, "Theses on Feuerbach," in Lewis S. Feueer, ed., *Marx and Engels: Basic Writings on Politics and Philosophy* (Anchor Books edition, 1959), pp.242-245.

和精神心靈價值（human spiritual values）。「人工智力」（Artificial Intelligence, AI）只是應用科學（applied science）的技術，只能說是「技巧」（technique）而已，還不算是有理論基礎的系統性探討事物原理的「科學知識」（scientific knowledge）。正如林攀龍引述羅素解釋說，「智慧就是對人生真正的認識，科學自身是無法提供的。」

科技、產業界，專注科技效率與功能，用以發展各類正面、負面的產業（包括製造負面的殺人武器與侵害人權的監視器等等）。罔顧人文心靈價值不是「智慧」（wisdom），而是「反智慧」（anti-wisdom）。利用人工「智慧」製造恐怖、精準的核子彈及化學毒器殺人，不是矛盾嗎？那是「人工反智慧」（Artificial anti-wisdom）。

總之，把 Artificial Intelligence（AI）翻譯成「人工智慧」是嚴重的錯誤用詞（a misnomer）、矛盾名詞（a contradiction in term）；應該譯成「人工智力」或「人工智能」。

從事研究三者（知識智慧、科學知識、應用科學技術）的人員，分別是「哲學家」、「科學家」、與「科技師」。

林攀龍 1932 年上述這篇論文，目的就在分辨「智慧」與「智能」之別，他尖銳地指出：現社會的文明人，因「知能」（intelligence）高度上昇，「智慧」（wisdom）急劇下降，造成現代文明的矛盾及窘題。這是攸關人類生死存亡、極其重要的議題 —— 它正在嚴峻地考驗二十一世紀人類的

智慧。[17]

〈新台灣的建設要從地方開始〉（1932）

這是林攀龍由歐洲返台後撰寫的另一文章，充滿熱情，意圖從事啓蒙文化運動建設新台灣。

「歐美文化要好好地咀嚼它來吸取其精粹。」林攀龍說過：產生西歐文化的基督教人生觀、宇宙觀教人肯定人生、尊重生命；要把生活的科學化，要把女性和男性同等看待；要對一切社會問題、政治問題覺醒。他呼籲「台灣新文化的建設，現在正是時候了。」要在大眾心靈的土地上播下文化的種子，「要讓他們覺醒要活自己的生活！」

林攀龍熱情地呼喚：「敬告台灣全島的四百五十萬同胞。讓我們在眞理熾熱的陽光裡，仰望藍天，腳踏著大地，過著我們的生活！要從沒有太陽，沒有月亮的黃昏的迷路上逃開，正是現在！」「霧峰一新會……站在台灣文化運動的第一線上，做爲實質上的前衛進行著驚人的活動，這是有心人有目共睹的。『清新之氣再造台灣』和『生活至上主義』以及『對大眾無欺騙』是霧峰一新會的指導精神，是其三位一體。霧峰一新會做爲對象的不止於霧峰，而是以台灣全島爲對象，自不待言。」「台灣的春天的到達，只有由四百五十萬同胞

17　有關此重要議題，可參見 Sue Halpern, "The Human Costs of AI," *The New York Review of Books* (Vol. LXVIII, No.16, October 21, 2021), pp.29-31.

一條心深深地培養其萌芽，才能期待！」[18]

這是 1932 年（昭和 7 年）當時三十二歲、剛從德國留學回來、單身未婚的林攀龍，一股熱情，創立「一新會」，偕同父親林獻堂，從事台灣文化啓蒙運動，熱烈的呼喚。關於「霧峰一新會」，我們稍後詳談。

〈要活於創造才能打開解放之路──前輩的努力有這種誤算〉

1920 年代就讀東京帝大時期的林攀龍，曾經積極參與父親林獻堂及其同志領導的政治與文化運動。後來留學歐洲五年、接受現代西洋文明洗禮歸來的林攀龍，撰文指出，拯救台灣同胞之路，不可局限於政治層面，而是應該「讓他們在整個意識上，全人格上覺醒」，也即是應該挑戰傳統價值觀，追求個人自由的解放。

台灣華人社會的傳統，重視追求財富、多子多孫、以及長壽。林攀龍想望台灣同胞，須「甩開阻礙生命成長的一切傳統和因襲」──甩開「偷安苟且」只「追求著所謂財子壽」的自私意識；「自由人」必須超越它，「從日常生活來革新」「要從尊重人生出發」，創造「眞善美的生活」。

林攀龍是個熱情的理想主義者。他引用詩人惠特曼（Whitman）和法國哲人與詩人居友（Guyau），來支持他想

---

18 林攀龍，〈新台灣的建設要從地方開始〉，《人生隨筆及其他》，頁 282-285。

望。節錄如下：

　　有沒有拯救台灣之路？

　　我們的關心向來過於局限於政治。⋯⋯

　　讓大眾只覺醒於政治，而沒有讓他們在整個意識上，全人格上覺醒的話，就免不了要惹起多餘的麻煩了。⋯⋯

　　解放台灣大眾的目標，⋯⋯就是真善美的生活。⋯⋯那是要從尊重人生出發的創造生活。⋯⋯

　　惠特曼（Walt Whitman）歌唱著：

　　他們前進著！他們前進著！

　　我知道他們在前進著，

　　可是，不知道他們要前進到何處？

　　只是我知道他們朝著最高的——

　　朝著什麼偉大的東西在前進著。

　　哲學家居友（Jean-Marie Guyau, 1854-1888，他處音譯基約）把追求人的真理的〔活〕悅，在題為〈甘美之死〉的詩裡巧妙地道盡了。一滴朝露在幽暗裡，沒有顏色、沒有光澤。盼望著陽光把它照耀得多彩。然而，陽光一旦觸及朝露時，它就會一下子消失的吧。像這樣地，我們會尋求真理之光，而當我們面對真理時，也許也會要求我們之死的。如果那樣

就那樣吧。我的眼睛喲，不用害怕，睜開起來，逼視真理啊。

堅強地肯定人生，尊重生活，努力於追求真善美的創造時，我們就是闊步於天下之道的人，任何人都阻礙不了我們的。我們就是從外面沒有得到什麼解放，我們現在就是自由人。

只有真理才能使人自由。像政治的解放是外在的，我們首先現在就要堅決實行靠真理的自我解放。這樣，我們台灣同胞才能相稱於美麗島的居民，才能成為有品格的人，才能不畏懼任何人，不憎恨，反而要把他們作為朋友，給他們宣揚真理之光吧。

要拯救台灣之路，除此之外是沒有的。

那麼，同胞們喲，我們非從日常生活來革新不可。既然領悟；……最可貴而唯一的就是從尊重生活開始，追求真善美的生活，我們就非甩開阻礙生命成長的一切傳統和因襲不可。……

我們向來以偷安苟且為事，對真理過著甚為無緣的生活。只要看一下，我們的生活理想徹徹底底追求著所謂財子壽就會明白的。……這種把外在的形而下的東西做為生活的理想的人，只要一加上外在的桎梏，總是再也站不起來的。那裡只有深刻化的失望，沉滯和崩毀而已。

對著外在的桎梏，我們就要想辦法內在的解放。

我們應該重新評估一切，要在植根於尊重生活追求真善美的大盤石上建設文化殿堂。為了這個，我們要把手廣大地伸出去，把希望帶給同胞。給予勇氣，非教給他們尊重生活不可。[19]

　　林攀龍挑戰傳統價值觀，呼籲台灣同胞「甩開阻礙生命成長的一切傳統和因襲」，猶如尼采的呼喚：「重新評估一切價值」（"Revaluation of all values"）。

　　東洋與西洋的人生哲學，時有巧合之處。孔子簡單的一句「朝聞道夕死可矣」，經過林攀龍引述居友的詩〈甘美之死〉，而更加生動，更令人感動：

　　一滴朝露在幽暗裡，沒有顏色、沒有光澤。盼望著陽光把它照耀得多彩。然而，陽光一旦觸及朝露時，它就會一下子消失的吧。像這樣地，我們會尋求真理之光，而當我們面對真理時，也許也會要求我們之死的。如果那樣就那樣吧。我的眼睛喲，不用害怕，睜開起來，逼視真理啊。

　　堅強地肯定人生，尊重生活，努力於追求真善美的創造時，我們就是闊步於天下之道的人，任何人都阻礙不了我們的。我們就是從外面沒有得到什麼解放，我們現在就是自由

19　林攀龍，〈要活於創造才能打開解放之路——前輩的努力有這種誤算〉，《人生隨筆及其他》，頁 296-300。

人。[20]

　　強調追求「眞、善、美」做「自由人」的林攀龍，是一位高度理想主義者、熱情的浪漫主義作家、自由人文主義哲人、以及穩健的社會文化教育家。「霧峰一新會」就是由他創立、和父親林獻堂共同主持。

霧峰一新會（1932-1937）

　　1932 年（昭和 7 年）2 月 2 日，林攀龍從德國學成返抵台灣，即刻投入社會教育文化活動。2 月 15 日，在台中「婦女親睦會」，演講歐洲事情。[21] 2 月 24 日在霧峰籌備創設「一新會」，旨在「促進農村文化，廣佈自治精神，以助建設新台灣」；以「清新之氣，再造台灣」，「一新眾人的生活」。3 月 19 日，霧峰一新會正式成立，林獻堂任議長。委員三十人，由委員互選，林攀龍擔任委員長，下設調查、衛生、社會、學藝、體育、產業、庶務、財務等八部；另由長輩林獻堂、蔡培火、林其賢等擔任顧問。會址設於萊園內。蔡培火作詞作曲〈一新會會歌〉。[22]

　　一新會以林家成員與霧峰庄及附近庄民爲主要會員。

20　林攀龍，〈要活於創造才能打開解放之路──前輩的努力有這種誤算〉，《人生隨筆及其他》，頁 296-300。

21　此演講題目令人想起日本思想家福澤諭吉（1835-1901）名著《西洋事情》，介紹歐美狀況。

22　秦賢次編，〈林攀龍（南陽）先生年表〉，《人生隨筆及其他》，頁 312-316。

1932 年成立之初，會員約 300 名，1933 年 468 名，1934 年
503 名。一新會財源來自捐款，主要由林家頂厝捐贈，如林獻
堂、林階堂、林紀堂妻、林澄堂妻都時有捐款。[23] 一新會以提
升農村文化爲目的。宗旨是「促進霧峰庄內之文化而廣佈清
新之氣於外，使漸即自治之精神，以期新台灣文化之建設。」
亦即是從霧峰庄做起，一新眾人的生活，再將此清新氣息廣
佈於外，以建設新台灣。

　　林獻堂領導文化啓蒙運動，影響深遠，許多人受其感召。
譬如，巫永福（1913-2008）年輕時，和台中市中央書局的好
朋友一起拜訪林獻堂先生，與他們伉儷在霧峰家門前合影照
相。1929 年巫永福由台中一中轉學到日本求學，1935 年才回
台灣，當時「一新會」仍然活躍進行活動。巫永福的岳父彰
化人許嘉種（1883-1954）受林獻堂影響甚多。許嘉種年輕時
曾任台中廳高薪的通譯官，認識林獻堂先生之後，才驚覺受
日本政府蒙騙。於 1921 年辭官全家搬回彰化老家，加入「台
灣文化協會」，積極參與台灣社會運動，成爲「台灣民眾黨」
幹部，1935 年當選彰化市民選第一屆市會議員。（2022 年夏，
巫永福文化基金會董事長巫宜蕙女士給筆者提供此段資訊。）
文化傳承一代接一代，許嘉種的長子許乃昌以及乃昌的侄子
許世楷，皆是社會政治文化活動健將。

　　1930 年代「一新會」活動非常頻繁，主要文化活動，包

23　周婉窈，〈「進步由教育　幸福公家造」——林獻堂與霧峰一新會〉，《台
　　灣風物》56 卷 4 期，2006 年，頁 48-49。

括演講會、土曜講座（後改爲日曜講座）、辯論會、書畫展覽會、演劇會、象棋研究會、讀書會；1933 年 5 月「一新義塾」成立（林攀龍任塾長），教授漢文、日文，四年制，第一屆學生共 126 人，其中女生 70 餘人。在社會活動方面，有老人慰安會、兒童親愛會、青年座談會、婦女會、婦人茶話會、婦人親睦會等，並且舉辦各種體育活動。[24]運動競技之外，還有化妝遊行，參加者有 1,500 至 1,600 人之盛況。又如 1934 年 3 月 19 日二周年紀念會，舉行書畫手工藝品展覽會、提燈遊行、在大花廳放電影、次日又有音樂跳舞會，觀眾 700 至 800 人。一新會的各種活動，持續五年又六個月，光是演講會就辦了 200 餘場。但是，到了 1937 年七七事件爆發後，在日本殖民政府脅迫下，一新會之活動宣告結束。[25]

1930 年代，李崑玉（1880-1948）和長子李嘉嵩（1914-1978），跟林獻堂一家有密切的交往。日後李嘉嵩牧師在回憶錄裡，對林攀龍的爲人和一新會，有一段實切生動的描述：

我們家人在霧峰受到林獻堂先生以及其哲嗣攀龍先生及經常在林家出入的蔡培火先生（1889-1983）有形無形的幫助指導甚多。當時林攀龍先生……年已卅四、五歲，一頭黝髮已經差不多禿光了，但是尚未結成家。他雖然滿腹才華，但爲人頗爲謙虛，不求名利，人格崇高。一回國來，就倡議

24　中央研究院台史所台灣史檔案資源系統。

25　詳見周婉窈，〈「進步由教育　幸福公家造」──林獻堂與霧峰一新會〉，《台灣風物》56 卷 4 期，2006 年，頁 40-89。

提高故鄉之文化水準，並發動組織一個文化團體叫做「一新會」，同時籌設一新義塾，舉辦「土曜講座」。……演講多半由他本人主講，同時也請外地學識高深之士前來演講。記憶中如楊肇嘉先生（1892-1976）、蔡培火先生與甫從台大歷史系退休的楊雲萍教授（1906-2000）這些人……。

林攀龍先生年輕時，曾經有過思想上、精神上的深思苦悶，最後入信領洗做一基督徒，並且擔任過長老。……記得當時與父親[李崑玉]有莫逆之交的一位佈道家劉天來長老，曾經應邀到父親所牧養的霧峰教會主講佈道會，並擔任土曜講座的講員。劉長老未入信之前，曾任林家的傭人，那時是一位放蕩形骸的浪子，豈料久別相逢，往時的家僕如今已成為大佈道家。以他諧謔幽默的比喻講起破除迷信方面的講章，的確引人入勝，感人至深而能引人入信，這中間有好幾次林攀龍先生也登台做佈道式的演講。

林先生不僅學問淵博，而且人格修養也頗令人欽佩，尤其對人生問題更能詳盡的探討洞察，足以使陷於人生迷津的人獲得指引。但是聽眾對林先生的演講，其反應反不及對劉長老來的熱烈。大概只有我一個人是聽眾中最特殊的。劉長老演講時，當然也跟著聽眾嘻嘻哈哈，感到饒有興趣，而拍幾下手與大家相附和。但林先生講演時，我卻不能不句句動心，句句贊同，深深感佩而給予熱烈的鼓掌。[26]

---

26 李嘉嵩著，李弘祺編，陳淑容校注，《一百年來：事奉與服務的人生》（新竹：大揚印刷公司，2009 年），頁 52-55。筆者感謝李弘祺教授贈送此書。

多年前，1922 年，林攀龍在日本就讀高等學校時代，即已受洗爲基督徒。後來，留學歐洲回台後，1933 年他經由劉忠堅牧師（Rev. Duncan MacLeod, 1872-1957）推薦，成爲霧峰基督長老教會會員，並當選爲長老。[27]

　　關於霧峰一新會的社會教育文化活動，已經有多位學者研究，成績斐然。首先，許雪姬，〈霧峰一新會的成立及其意義〉，對一新會的創辦緣由及各項活動內容有詳細生動的描述。[28] 周婉窈，〈「進步由教育幸福公家造」──林獻堂與霧峰一新會〉，論述林獻堂與林攀龍父子追求西方先進文明，認眞從事地方文化啓蒙運動的精神和眼界，即使在今天仍難企及；林獻堂品性高超，在其兄弟當中只有他一人沒納妾，他主張提高婦女地位；而林攀龍是當時台灣學歷最高、最具國際觀的知識人。「一新會代表台灣曾有過健康的、向上的、陽光般的社群自新運動。」[29]周婉窈這篇五十頁的長文，內容豐富，生動有趣，是一篇深思的佳作。

　　另外還有鄭麗榕詳述〈地域社會中的文化運動：霧峰一新會讀書會個案分析（1934-1936）〉。[30] 李弘祺，〈林獻堂、

27　謝仁芳，〈霧峰林家的基督徒──林攀龍〉，許雪姬主編，《日記與台灣史研究：林獻堂先生逝世 50 週年紀念論文集》（台北：中研院台灣史研究所，2008 年 6 月）。

28　許雪姬，〈霧峰一新會的成立及其意義〉，台中縣文化局編，《中台灣鄉土文化學術研討會論文集》（台中縣文化局，2005 年），頁 9-16。

29　周婉窈，〈「進步由教育　幸福公家造」──林獻堂與霧峰一新會〉，《台灣風物》，56 卷 4 期（2006 年 12 月），頁 39-89。

30　鄭麗榕，〈地域社會中的文化運動：霧峰一新會讀書會個案分析（1934-

一新會以及台灣的公民社會〉，指出一新會類似現代的非政府組織，是一種「公民社會」的嘗試，但在日本殖民統治下，只能做非批判性的、地方建設性的活動。[31] 李毓嵐，〈林獻堂與婦女教育——以霧峰一新會為例〉，談論林獻堂主導一新會，提供婦女學習進修的場域及參與公眾事務的舞台，例如吳素貞（吳帖）屢次演講，反對納妾惡習（其夫婿林資彬拈花惹草），奠定了她日後成為婦女領袖。[32] 王振勳，〈梁漱溟與林攀龍的鄉村教育工作之比較研究〉，認為梁氏著重鄉村自治、農作改良教育訓練，而林氏重視文化啟蒙、提升鄉民自覺之尊嚴。[33] 上列是筆者注意到的有關「一新會」的學術佳作。

林攀龍滿懷一股熱情，把留學歐洲之心得，帶回台灣霧峰家鄉，1932 年創設「一新會」，希望從地方開始建設新台灣，而獲得父親林獻堂的支持。他提供從歐洲帶回來的新知識與智慧，對父親有重要的影響。早在 1929 年 1 月，從英國留學歸來不久，林攀龍將其旅歐見聞，撰文〈歐洲文化の優越性〉刊登於《台灣民報》，讚美歐洲文化，他寫道：「把生活的科學化向我們顯示，……教我們把女性和男性同等看

　　1936）〉，《中央大學人文學報》，36 期（2008 年 10 月），頁 139-183。

31　李弘祺，〈林獻堂、一新會以及台灣的公民社會〉，《師大台灣史學報》，2 期（2009 年 3 月），頁 215-226。

32　李毓嵐，〈林獻堂與婦女教育——以霧峰一新會為例〉，《台灣學研究》13 期（2012 年 6 月），頁 93-126。

33　王振勳，〈梁漱溟與林攀龍的鄉村教育工作之比較研究〉，《止善》10 期（2011），朝陽科技大學通識教育中心出版。

待，……催促我們對一切社會問題、政治問題覺醒。……把人生的肯定和生命的尊重教給我們的，不是東洋文明，而是產生西歐文化的基督教人生觀、宇宙觀。」[34] 這似乎預先設定「一新會」啟蒙運動的方向。

台南長老教中學在 1932 年 8 月 1 日起，開夏期學校，林攀龍也來做講師，他的演講題是「基督教與社會生活」，聽講生七十餘人。蔡培火日記裡記載：林攀龍「所講的內容真可佩服，他那樣久不在台灣生活，但他的台灣話講了很好，我真意外。」[35]

林獻堂（1881-1956）精通漢學詩詞，也曾受到梁啟超的啟發，周遊世界探求新知識，但他對西洋文明只有膚淺的認識。其實梁啟超（1873-1929）本人亦然，只是間接從日本學者的通俗譯著獲得粗淺的西洋文明知識。就算是後來頗負盛名的胡適（1891-1962）專研杜威（John Dewey）的實證主義（pragmatism）並非深奧的哲學，而他對歐洲哲學與文學並無特別研究。有中研院學者指出，胡適「對歐洲哲學毫無認識，即使當了中央研究院院長，還請托留學歐洲的周德偉開書單給他、幫他上課。」[36]

34　林攀龍，〈歐洲文化の優越性〉刊載於《台灣民報》，1929/01/01 和 1929/01/08，收入《人生隨筆及其他》，頁 267-273。

35　蔡培火日記，1932/08/01，《蔡培火全集》第一冊〈家世生平與交友〉，張漢裕主編、張炎憲總編輯，（台北：吳三連台灣史料基金會出版，2000 年），頁 224。

36　吳乃德，《百年追求：台灣民主運動的故事：卷二，自由的挫敗》（台北：衛城出版，2014 年），頁 195。

相較之下，比胡適年輕十歲的林攀龍（1901-1983）留學日本及歐洲二十年，通曉六國語文，每天手不釋卷，歸國後在霧峰地方默默從事教育工作，隱居讀書，博覽文學哲學群書，對日本文史及歐美文學及哲學有深刻的瞭解，充分展現在他的著作以及「一新會」的啓蒙文化活動。

　　下面這一節探討林攀龍的感情世界、及它所反映日治時代台灣社會的親友人情、男女婚嫁風俗之一二。

林攀龍的感情世界

　　年輕時代林攀龍思想上、精神上的沉思苦悶，跟單身未婚有關。蔡培火日記寫道：「攀龍君是台灣人中一位最有心志、最傑出的人材，我盼望他能爲補救台灣盡力做工，我必須幫助他尋求一位理想的匹配。」於是，蔡培火於 1932 年（昭和7 年）11 月安排跟他到台南相親，會見黃小姐。另又介紹台中的劉小姐，攀龍的父母見了劉姑娘之後，說「如能和這樣姑娘配合，他們就大滿足」，可惜未合攀龍的意。[37] 黃小姐對攀龍頗有情意，12 月 21 日寫信給攀龍示愛，[38] 但攀龍對她並未垂青。

　　1920 至 1930 年代，傳統的台灣社會，人情淳樸，倫理觀念保守，男女有別之習俗深厚，在公眾面前不隨便交往接

37　蔡培火日記，1932/11/03，《蔡培火全集》第一冊〈家世生平與交友〉，頁237。

38　見中研院台史所檔案館數位典藏。

觸，受過新式教育的年輕人亦然。譬如，1929 年 4 月 22 日蔡培火日記寫道：在台南舉辦一個「白話字研究會」，第三期的研究生大約九十人，婦女將近四十人，「在武廟拍紀念照，婦女大部份怕羞，不參加，不知道到何時才能夠引導婦女和男人並立？」[39]

那麼，根據已出版多年的蔡培火日記，這裡詳細引述一則真實的愛情故事，其中涉及的每一個人，從媒人到男女親朋，都非常可愛，非常令人感動：

> 台南黃國棟君來電，報其姪女鶯明日與張海藤舉合婚禮，余心大受擊動，直呼豈有此理！噫！余心誠覺可惜不已，殊感如「兩年來傾心血於琢磨而將完成之美玉，一時失手落地粉碎了！」……

> 林攀龍乃余最信賴之同胞青年也，他現年已卅四，尚未配偶，且此配偶之適否，大有關係將來之活動。……

> 黃鶯女士乃台人所罕見之女中人傑，現將卅歲，當其畢業高等女學校時，其父即強其匹配高商出身之劉某，是乃台南新進土豪之子，鶯拒之，無奈其父決以父權貫徹，鶯遂逃來東京後，得其叔國棟君援助入女醫專，三年前業成歸台。其叔為其婚事焦慮，每有求親者，鶯皆置若罔聞。二年餘前國棟君求余援助，余適為攀龍君物色中，又極感此女之志向，

39 蔡培火日記，1929/04/22，《蔡培火全集》第一冊〈家世生平與交友〉，頁91。

乃居中爲他倆介紹。

余深知攀之性格，他視結婚是極神聖，是要以極純潔而又是自然發生之愛，方爲他希望之結婚，奈何現下台灣之社會狀勢不能應此要求，余爲他苦心，實在此點。攀之父母多年來爲此用心皆不成立，故已死心，不再爲攀之結婚掛心，其父曾對余言攀體弱或者性交不能，他若終身不婚，任其自然可也！

余以極苦心之方法介紹三四人與攀君相識，鶯女士亦其一人。攀君始終冷然如水，鶯女士外皆不能久待而他適，獨鶯一見攀後戀慕日深，對余告白未曾見過此等人品，余深驚其達識。鶯常寄信與攀，除一二外皆不答，鶯亦不失所望。無如其叔爲鶯計，要求其轉向甚急，鶯因此致生憂鬱。……其叔勸其斷念，曾當面告鶯，攀會早死，鶯應曰：「與此人一日之夫婦足矣！」

余由其叔聞此言大受感動，信此女爲攀之最知己者，亦信其必能成立，當余將出發來京數日前，鶯以余所暗示之法果得攀之復函，文雖無涉及何事，然鶯之喜慰莫可言喻。鶯示余彼信再求余之助言，余亦只能以信望愛三字堅其心，並告其所應勞力之事數節而別。

噫！余失檢點、失勞力矣。余此回上京於此事誠不忠也，臨發而不對攀君傳告鶯女士「一日爲夫婦足矣」之言！余深悔之，余深自責！

今雖接鶯女士結婚之報，余不敢爲彼女喜，實知自己無能以成其志，余實覺有辜負她，攀在無意識中之辜負亦非淺小。余歸台時當面責之，鶯有此轉心而又如此之急速，必有其悲絕頂之事也。

嗚呼！余失了余之大藝術品，余失了余之詩歌矣。[40]

苦心的媒人蔡培火自責不已，未對攀君轉告鶯女士悲壯戀慕之言「一日爲夫婦足矣！」，致使攀君在無意識中辜負了鶯女士一片純潔眞情。

上天喜愛戲弄情人，不願天下有情人終成眷屬，令人嘆息！令人惋惜！

然而，1933 年 6 月，攀龍幸會他的族妹林雙吉小姐，兩人一見鍾情。小他十二歲的雙吉是族人林季商（1878-1925）與三夫人郭氏所生之女，自香港聖保羅女中畢業後，返回霧峰探視母親，因此與剛從歐洲回來的攀龍相識，觸動情意，才子佳人，心心相愛，相約結婚成親爲夫妻。

可是，好事多磨，攀龍的父母非常反對同姓近親結婚。攀龍苦惱不堪，去信向蔡培火說，他決意以自己作例，破除從來禁止同姓結婚之弊習，惟其父母反對，但無論如何，決

40　蔡培火日記，1934/03/10，《蔡培火全集》第一冊〈家世生平與交友〉，頁290-291。

意必期堅持貫徹。[41]1934 年 3 月 6 日、3 月 11 日、4 月 4 日，因婚姻問題與雙親意見衝突，攀龍屢次致信向蔡培火苦訴哀情。[42]

1934 年 3 月 6 日林獻堂日記云：

> 攀龍請許其結婚之事，因其所愛爲族中之人，余與其母心中如壓以大石苦悶異常，蓋恐其堅執不捨必致家庭破裂，而政治運動社會教化諸事業，則從此已矣。其母招余對祖先祈禱默佑攀龍回心轉意。[43]

1934 年 3 月 7 日，攀龍拜託吳素貞女士（吳帖，即林資彬夫人，「一新會」社會教育革新運動健將，主張男女平權）向林獻堂夫婦請求與雙吉結婚，未果。3 月 8 日，攀龍屈就，向父母謝罪，答應不與雙吉結婚。

爲免夜長夢多，林獻堂決定資助費用，送雙吉往中國大陸求學，並安排攀龍前往東京研究學問，以分隔之。5 月 4 日，攀龍由霧峰動身前往東京。5 月 20 日，雙吉搭船離台前往中國大陸。

那麼，事請就這樣結束了嗎？沒有結束。

41 蔡培火日記，1934/03/13，《蔡培火全集》第一冊〈家世生平與交友〉，頁291。
42 見中研院台史所檔案館數位典藏。
43 秦賢次編，〈林攀龍（南陽）先生年表〉，《人生隨筆及其他》，頁 317。

雙吉到北京的高級中學再讀一年，10 月 21 日，在北京隨學校往天然博物院旅行時，將路上所拾得之紅葉，以及當日拍攝之自身照片，寄東京都中野區上高田林攀龍收。[44] 兩人癡情，藕斷絲連。

　　從青少年時代，陶醉於歐美浪漫主義文學的林攀龍，純情善感。還記得嗎？十年前，二十二、三歲的東京帝國大學秀才，曾有過「少年維特的煩惱」之感情挫折，雖然他的抒情文章沒透露當時純情暗戀的少女是誰。依據現代心理學，人的核心個性（core personality）在少年時代已然形成。無論浪漫或冷淡，核心個性一旦形成，畢生難改。

　　傳統儒教倫理習俗的壓力，猶如一道堅固的高牆，把一對情人隔開兩地，但仍然阻擋不了相互思念之情。巴斯噶（Pascal）講過，理智與情感不易相融（"The heart has its reason that reason knows not."）。

　　這令人想起歐洲中古史上一則感人的真實故事。巴黎大學神學教授亞伯拉德（Peter Abelard, 1074-1142）是當時頂尖的邏輯學者，吸引歐洲各地慕名而來的學生，其中有位女生 Heloise 對他特別景仰，結果老師勾引學生，師生熱戀，激怒了女生的叔叔，導致老師遭到強暴閹割睪丸，引退為僧侶，Heloise 為修女。但，僧院與尼庵的高牆阻擋不了相思之情。兩人來往的書信惺惺相惜，互相訴苦，書信至今猶存；感情

44　秦賢次編，〈林攀龍（南陽）先生年表〉，《人生隨筆及其他》，頁 317。

的創傷令人讀來心酸，肉慾的煎熬苦悶令人同情。書信不僅談情，也論及神學、歷史、寺院行政，展現兩人流暢的文筆、清晰的邏輯思考、與堅實的智力。亞伯拉德高深的學識，與Heloise女性的精明能幹與堅強的個性及毅力，令人感動讚賞。然而，在宗教會議上，聖伯爾納鐸（St. Bernard, 1090-1153）控告亞伯拉德是知識傲慢的異教徒，導致羅馬教宗斥責亞伯拉德是異端，下令燒毀其著作，並將他永遠禁閉於寺院內面壁思過，一直到他的聲音消失的那一天。[45]

長久以來，西洋傳統宗教規律，與東洋傳統儒教倫理習俗，經常約束個人行為，限縮個人自由。憧憬歐美自由主義哲學和浪漫主義文學的林攀龍，從歐洲留學歸來，一股熱情即刻投入社會教育革新運動，請求父親資助，創立霧峰「一新會」，目的就是要致力改革陳舊傳統，「一新眾人的生活」，但他自己的婚姻卻不得自由。

孝子遵從父母之命，跟情人林雙吉小姐分離，但事後心裡疙瘩猶存。

從 1934 年 5 月初到年底，林攀龍居留日本期間，曾與蔡培火協力、為推行台語白話文運動而奔走、拜訪日本政界與文化宗教界人士、爭取支持。推行台語白話文是霧峰一新會文化啟蒙運動的一部分。經常來往台日之間從事政治社會活動的蔡培火，在日本的人脈甚佳，有幾位摯友的支持，包括

45　*The Letters of Abelard and Heloise*, translated with an introduction by Betty Radice (London: Penguin Books, 1974).

日本基督教領導人植村正久牧師及其女兒植村環女士、東京帝國大學教授矢內原忠雄、岩波書店創辦人岩波茂雄、眾議院議員田川大吉郎等人。[46]1934 年 9 月 24 日，攀龍與蔡培火和田川大吉郎三人，去拜訪前台灣總督伊澤多喜男；之後，攀龍單獨拜訪眾議員、前拓務大臣永井柳太郎；年底回台後，又於 12 月 14 日，與蔡培火在台北招待新聞雜誌界人士，說明白話字運動之內容以及日本中央人士之意見。12 月 25 日，攀龍與蔡培火又跟來台視察的四位日本貴族院議員會談。[47]

　　蔡培火讚賞攀龍是台灣難得最傑出的人才，必須與他協力合作推進文化啓蒙運動。然而，三十五歲的攀龍尚未結婚，難免時而陷入思想和精神上的苦悶。父母與親朋爲他擔憂婚事，徒然給他壓力，加重其孤僻的個性。當《新民報》報社羅萬俥專務和林呈祿編輯局長不和，羅想辭職而推薦攀龍來繼任，或任報社主筆，攀龍也有意接受，但其父林獻堂反對，理由是攀龍的健康及性僻不適合。[48]總之，蔡培火認爲促成攀

46　由於日本友人的周旋支持，蔡培火曾經多次會見日本政要，並隨林獻堂拜會日本首相及其他官員與議員。例如，1930 年四月十五日蔡培火由前台灣總督伊澤多喜男之介紹，訪問日本首相濱口雄幸；1932 年九月八日，蔡培火與林獻堂及陳炘一同會見拓務大臣永井柳太郎，次日，蔡培火和林獻堂拜謁齋藤實總理大臣，蔡培火諫言曰：日本統治台灣「從來的方法，在內不給台灣人地位，對外不使台灣人有能力發展，……當須革故鼎新換方針。」蔡培火日記，1930/04/15；1932/09/08~09；1934/04/01，《蔡培火全集》第一冊〈家世生平與交友〉，頁 129；227-228；294。

47　蔡培火日記，1934/09/24；1934/10/27；1934/12/14；1934/12/25；《蔡培火全集》第一冊〈家世生平與交友〉，頁 302-303；306；308-309；310。

48　蔡培火日記，1933/03/16；1933/03/22，《蔡培火全集》第一冊〈家世生平與交友〉，頁 250-251。

龍的婚事，得一位賢內助，有助於他專心順利推進台灣民眾
文化啓蒙運動，包括兩人計劃在台南成立一新會與推行台語
白話文普及運動。

　　1935 年應邀來霧峰過舊曆年的蔡培火，2 月 15 日夜，月
明風清，與攀龍田間散步，話漸投機，乃決意勸其結婚，願
介紹霧峰人彰化高等女學校畢業、廿一歲的曾珠如小姐。攀
龍答曰：前經有人幾次推薦，一概拒之，今深感培火對其終
身事大爲關心，乃約當深爲考慮。林獻堂得知此事大喜，培
火亦大喜，對攀龍說：「余於此望見我島前途多添光明矣！」[49]

　　其實攀龍早就認識曾珠如，因她是相當活躍的一新會員，
而且是攀龍主持下一新義塾的學生，林獻堂也親自改過她的
作文。1935 年 3 月 1 日，三十五歲的攀龍與廿一歲的曾珠如
小姐訂婚，4 月 2 日結婚，婚姻介紹人蔡培火獻詩一首祝福云：
「人間多佳景，根源在愛情。心心能相應，樂園就此成。」[50]

　　林攀龍的基督教信仰，是造成他和父親衝突的另一原因。
4 月 3 日，結婚隔天，出廳對其父母請安時，拒向祖先牌位行
禮。當時在場的蔡培火，告訴攀龍：「令尊所希望者非有宗
教的意味，不過是由人情出發主張如是而已，君稍爲之尊重，
豈有傷心害理之可言耶？」但攀龍仍然固執拒絕。父親憤怒

49　蔡培火日記，1935/02/15，《蔡培火全集》第一冊〈家世生平與交友〉，頁
　　319。
50　秦賢次編，〈林攀龍（南陽）先生年表〉，《人生隨筆及其他》，頁 318，
　　及插圖。

形於色，突然離席而去。[51]

　　爲了慶祝長子的婚事，林獻堂在4月4日，招待「一新會」會員五百多人、「一新義塾」學生一百多人、連同親友及家中傭人二百多人，在霧峰戲院觀看日高跳舞團表演並欣賞電影，電影放映結束後，林攀龍和曾珠如這對新婚夫妻出面敍禮，當晚盛況熱鬧場面一直到晚上十一點半才散會。[52]

　　婚後林攀龍偕新婚夫人赴東京作長期居留，夫妻生活圓滿，一生互相敬愛相隨，留下許多合照。高等女學校畢業的珠如女士果然是位賢內助，且個性開朗，曾參與音樂活動，站出來獨唱高歌一曲，[53] 而戰後更積極參與政治活動。

　　然而，攀龍過往情感上的種種，並未輕易忘懷。昔日因父母反對而與情人林雙吉分離一事，是親子之間，稍缺和睦的理由之一。1949年以後一直滯留東京的林獻堂在1955年4月5日的日記寫道：「修復攀龍之信，多年不接來書，3月14日接3月11日寄來之信，甚喜萊園中學增設幼稚園，皆汝努力所致也。……家庭和睦是人生幸福，汝夫妻一月一回或二回，入內宅看汝母親，雜談片刻，必能恢復母子感情，兩

51　蔡培火日記，1935/04/03，《蔡培火全集》第一冊〈家世生平與交友〉，頁328-330。

52　廖振富著、路寒袖主編，《尋求時代：領航者林獻堂》（台中市政府文化局，2016年），頁161。

53　蔡培火日記，1936/04/28，《蔡培火全集》第一冊〈家世生平與交友〉，頁370。

弟亦能順從無忤，切記勿忘。」[54]

　　林攀龍純情執著，珍惜昔日情人林雙吉贈送的玉照和一片紅葉，夾在他的藏書中。身後多年，藏書捐給中央研究院文哲所，才被發現。

　　古希臘戲劇家索福克里斯（Sophocles）的《安蒂岡妮》（Antigone）裡，有句讚嘆歌頌人類的詩句：「地上諸多萬物之中，最令人驚艷的是人類！」（"Wonders are many on earth, and the greatest of these is man."）[55]

戰後的林獻堂與林攀龍父子

　　1945 年 8 月 15 日，二次大戰結束，日本宣佈無條件投降。心嚮「祖國」的林獻堂，偕同許丙、林熊祥、辜振甫、林呈祿、蔡培火等多人，前往上海與南京，表達歡迎新任台灣行政長官陳儀。10 月 25 日，林獻堂擔任在台北舉行的台灣光復慶祝大會主席。12 月 13 日，林獻堂與三男林雲龍加入中國國民黨。

　　1946 年（民國 35 年），台灣省教育廳發表林攀龍為省立建國中學校長，省立台中一中家長會也敦請他出任校長，但他皆謙辭不就。同年 4 月，林家捐地出錢創立台中縣立霧峰初級中學，以昔日一新會館為校地，林攀龍出任校長。

54　林獻堂著，許雪姬編注，《灌園先生日記》（廿七）一九五五年，（台北：中央研究院台灣史研究所，民 102 年），頁 182。

55　Sophocles, *The ban Plays: King Oedipus, Oedipus at Colonus, Antigone*, translated by E. F. Watling (Baltimore, Maryland: Penguin Books, 1947), p.135.

1949 年霧峰初級中學改制爲私立萊園中學，並擴大增辦高中部，林攀龍仍任校長。[56]（後來校名改稱明台中學，旨在「明朗台灣」之意，即是今天的明台高級中學。）林攀龍留居霧峰家鄉，情有獨鍾，自述如下：

　　每逢周末，如果沒有重要的事情，我最不喜歡上市區排遣時間。在家裡，深深享受神賜的閒日月；時而看看蘭花或古松盆景；時而檢出素喜涉獵的書本，看一兩段；時而開開留聲機，欣賞偉大的交響樂或優雅小曲。這樣，我覺得對自己的生活，反能爽然有趣。例假日，若遇清談雅友來訪，我很歡迎。不過，因事上商託而來的賓客，心頭就覺得有點尷尬。人們大都是有事才踵門相訪，無事絕尠探友話敘。這種作風，萬分遺憾。[57]

　　1946 年（民國 35 年）4 月，林獻堂被台中縣參議會選任爲台灣省參議會議員。8 月，隨「台灣光復致敬團」前往南京參拜中山陵，晉謁國民政府蔣主席，並飛赴西安遙祭黃陵。

　　1947 年（民國 36 年）「二二八事件」在台北爆發。恰巧隔天 3 月 1 日，彰化銀行成立股東大會，林獻堂被選爲董事長，林猶龍爲常務董事。當天「二二八事件」波及台中，林獻堂父子掩護當時到台中成立大會的財政處長嚴家淦於霧

56　秦賢次編，〈林攀龍（南陽）先生年表〉，《人生隨筆及其他》，頁 323-328。

57　林攀龍著，〈閒日月〉，《人生隨筆及其他》，頁 154-161。

峰自宅。3 月 18 日林獻堂在國防部長白崇禧招待茶會上致辭：
「台省發生不幸事件，……對不住全國同胞。……中央今又
派白部長蒞台宣慰，更爲感激。」當時在旁的蔣經國，隨後
拍電蔣介石主席時，提及「……林獻堂很對不起國內，很感
謝主席。……」云云。[58]

　　1947 年 6 月，林攀龍鼓勵夫人曾珠如參與婦女會活動，
之後，曾珠如獲選爲台灣省婦女會理事長。後來，競選婦女
團體國民大會代表，於 11 月 23 日，以高票當選爲中華民國
第一屆國大代表。1948 年 5 月 15 日，曾珠如偕父林獻堂同往
南京參加行憲後第一任總統、副總統就職典禮。[59] 總之，戰後
林獻堂一家，爲了保住林家的家產與事業，頻頻對中國國民
黨政府表示善意順服。

　　然而經過一年，突然，1949 年 9 月 23 日，林獻堂由台
北松山機場搭機赴東京「治療頭眩之宿疾」，從此滯日不歸，
過著自我放逐生活。[60] 原因何在？

　　原來，在戰前思念「祖國」的林獻堂，戰後看到「祖國」
的軍隊來台灣大屠殺、軍事戒嚴、白色恐怖，慘無人道，軍隊、
警察、情治特務極權統治，比日本殖民統治更嚴厲 —— 令他

58　秦賢次編，〈林攀龍（南陽）先生年表〉，《人生隨筆及其他》，頁 326-
　　327。
59　秦賢次編，〈林攀龍（南陽）先生年表〉，《人生隨筆及其他》，頁 327-
　　328。
60　秦賢次編，〈林攀龍（南陽）先生年表〉，《人生隨筆及其他》，頁 327-
　　328。

終於對「祖國」幻滅（disenchanted;disillusioned）。

　　回顧日治時代，由於日本軍部對林獻堂諸般軟硬兼施，一度令他決意離台避難，1937年5月18日率領幾位家人赴日長居，類似退隱生活，而引起台灣總督府的不悅，先後派日本憲兵隊長及台灣《日日新報》記者當說客，勸林獻堂回台安居，以顧全其統治者面子。1940年10月，林獻堂終究自東京歸台。

　　之後，日本殖民政權對林獻堂家族改採籠絡懷柔政策，1941年11月任命林獻堂為總督府評議員。林攀龍也得於1942年創辦「三榮拓殖會社」，從事土地開墾與買賣。1945年4月4日，日本政府進而任命林獻堂為貴族院敕選議員。[61]可是，同年8月15日，日本戰敗投降了，不料台灣開始遭到中國國民黨政府更厲害的再殖民之命運。

　　對「祖國」幻滅的林獻堂在1949年9月赴日之後，國府試圖拉攏他，要他回來台灣。1953年5月台灣省政府主席俞鴻鈞聘任林獻堂為台灣省政府顧問。1955年9月國府派遣政務委員蔡培火赴日企圖勸他回台。林獻堂和旅日台灣人友人皆知，他斷不可聽從歸台，「歸去即不能復來」；他們都認為蔡培火已成為國府的「說客」，等同是「國府爪牙」了，也有人形容他是「政府走狗」。[62]

61　秦賢次編，〈林攀龍（南陽）先生年表〉，《人生隨筆及其他》，頁321-323。

62　《灌園先生日記》（廿七）一九五五年，（中央研究院台灣史研究所，2013年）

精明能幹、熱情直率、愛說話的蔡培火是爭議性人物，日治時代也有人用「走狗」一詞形容他。自從青年時代，蔡培火長年追隨林獻堂從事政治、社會、文化活動，一向對林獻堂忠心忠誠。1920 年代，蔡惠如與林呈祿在東京的《台灣》雜誌刊登諷刺小說〈犬羊禍〉，暗喻蔡培火是林獻堂的「走狗」、而獻堂夫人楊水心是羊。蔡培火不曾忘記這暗喻，事後常提起。1931 年他提起此事，指責林呈祿，呈祿大哭，說自己沒有惡意，也去林獻堂面前哭，表示悔悟反省之意。[63]

　　閱讀 1929 至 1936 年蔡培火日記頗覺生動有趣。他們《新民報》這一群青年志士，為台灣而奉獻，從事政治文化活動，辦事過程難免為不同意見而爭吵，動輒互相宣稱要「絕交」，實則未見真「絕交」。很可愛！

　　然而戰後，蔡培火即刻加入國民黨、積極報效蔣家政權當其說客，導致被人稱為國民政府的「走狗」。

　　1955 年 10 月 2 日林獻堂日記記載：接黃朝琴等十位台灣人，「連名來書勸歸台灣，余之意更加堅固焉。」[64]10 月 4 日記載：「黃南鵬、山縣初男來訪，勸余勿歸台灣，言昨日兩人往會何應欽，聽其意，謂勸先生歸台不是他之意，亦不是總統之意，皆是特務所託也。……若先生歸去，與黃朝琴

　　　頁 434-435；442；445；468，9 月 20、21、26、28 日、10 月 11 日日記。

63　蔡培火日記，1931/10/08；1932/07/16；1933/07/12；1935/09/11；《蔡培火全集》第一冊〈家世生平與交友〉，頁 186；219；266；343。

64　《灌園先生日記》（廿七）一九五五年，10 月 2 日，頁 452。

同作一員之御用紳士而已。」[65]10月29日記載：王博華由台返回東京，「備述人民對政府之反感，已不可收拾矣。」[66]可是，蔡培火不死心，多次來勸說。林獻堂日記10月14日記載：

培火又來勸余歸台，其不憚煩真是人莫及。乃實告之曰，危邦不入，亂邦不居，曾受先聖人之教訓。豈敢忘之也。台灣者，危邦、亂邦也，豈可入乎、居乎。非僅危亂而已，概無法律，一任蔣氏之生殺與奪，我若歸去，無異籠中之雞也。舉兩條無法律之實證，培火不敢再勸，十一時匆匆辭去。[67]

翌年1956年9月8日，林獻堂因「老衰症併發肺炎」病逝於東京，享年七十六。9月10日，林攀龍偕蔡培火及林雲龍，赴日辦理先父林獻堂喪事，並接運骨灰返台，安葬於霧峰萊園山麓。

1950年代初期，國民黨政府實施「三七五減租」以及土地徵收，致使林家喪失良田三百頃，造成重大的經濟損失。[68]林家以土地換得不成比例便宜的債券和其他有價證券，用以轉移投資，經營金融銀行與保險等事業。事實上，早在1947年林獻堂就已成為彰化銀行的董事長，林猶龍為常務董事。1952年林猶龍繼任董事長，而林攀龍則任紅十字會台中支會

65　《灌園先生日記》（廿七）一九五五年，10月4日，頁457。
66　《灌園先生日記》（廿七）一九五五年，10月29日，頁489。
67　《灌園先生日記》（廿七）一九五五年，10月14日，頁473。
68　廖振富著、路寒袖主編，《追尋時代：領航者林獻堂》（台中市政府文化局，2016年），頁67-70。

會長。

　　林攀龍是學者、教育哲學家，對錢財看得很淡薄。但他的二弟猶龍在 1955 年 7 月 17 日逝世於彰化銀行董事長任內；1959 年三弟雲龍逝世於台灣省議會議員任內；於是，林家重擔落在林攀龍身上，所以他毅然挺身而出，1961 年召集多位親朋，募股創設「明台產業保險公司」。他特請摯友著名藝術家顏水龍設計公司商標，表示「明朗台灣」之意。林攀龍的高學歷、知識與智慧，令人敬畏，自然被推選為第一屆董事長，之後連續到第七屆任內 1983 年逝世為止。每次公司同仁照相留念，林攀龍正坐在中央、或站立主持會議，高大的身材，儼然董事長領導人尊嚴的氛圍。另外林攀龍還在 1965 年擔任紅十字會台灣省分會常務理事，並任私立延平中學董事，1966 年成為明台輪船公司首任董事長，1967 年擔任彰化銀行董事，過著非常忙碌的生活，一反過去隱居霧峰的悠閑日子。

　　林攀龍與夫人曾珠如無子女，乃於 1950 年收養內弟曾威甫之長女曾理美為養女，入戶名為林理美。1962 年 11 月 10 日林攀龍在東京主持侄林博正（已故二弟猶龍之子、就讀早稻田大學）與林理美之結婚典禮。1968 年侄林博正（時三十三歲）入嗣為兒子，同時養女林理美亦改為媳婦入門，堪稱美好良緣。

　　1971 年 3 月 14 日，哲嗣林博正伉儷為林攀龍七十大壽，特於中泰賓館設宴祝壽，蔡培火及親朋好友皆蒞臨盛會。7 月

1 至 3 日，明台產物保險公司爲祝十周年慶，董事長林攀龍特率同仁及眷屬百餘人一行赴阿里山、日月潭遊覽。

然而，1979 年 3 月 11 日，夫人曾珠如病逝於台大醫院，享年六十四。之後，1983 年 1 月 16 日林攀龍因心臟病突發病逝，享年八十三，遺體火化後，安葬於台中東海公墓。[69] 林攀龍多年從事經營企業有成，身後遺留億萬家產。

69　秦賢次編，〈林攀龍（南陽）先生年表〉，《人生隨筆及其他》，頁 322-333。

參

評論《人生隨筆》（1954）：
人類文明與人生價值

現社會的文明人，因知能高度上昇，智慧急劇下降，馴致知能、智慧，不得均衡，造成現代文明的矛盾及窘題。

——林攀龍

　　歌德（Goethe）就是一位入世、出世雙方皆有調和的偉大詩人，當他遭遇凡類苦悶時，立刻回歸自然懷抱，攝獲新氣力；然後，重又鼓勇邁進實際生活的里程。

——林攀龍

　　台灣四季常春；農田每年兩次播種、插秧、除莠、結穗、收割；……白鷺鷥、烏秋等等飛鳥的添景；水牛動態，青蛙叫聲，也促成地面之蛻變。

——林攀龍

　　有科學無宗教，是跛腳；有宗教無科學是盲目。

——愛因斯坦（Albert Einstein, 1879-1955）

林家 1964 年合影。
左起林博正、林明弘、曾珠如、林攀龍、林理美。（林明弘提供）

從少年到成年，林攀龍留學日本、英國、法國和德國，共計二十年，在各國頂尖大學進修，通曉六國語文，「行萬里路，讀萬卷書」，博學多聞。返回台灣任職私立萊園中學校長期間，1954 年撰寫《人生隨筆》，發抒他的人生觀感。此章摘錄各篇隨筆，評論其要義。

《人生隨筆》（1954）出版動機

1954 年 12 月，《人生隨筆》一書，由台中中央書局出版，發抒他的人生觀感，內容扎實豐富，寓意精深，發人深省。他在書末〈尾聲〉，說明寫書的動機如下：

平常，對於人生觀感，宛如白雲在晴空懷抱，自由出沒飛行，周受些 [許] 拘束。……

今年（1954）暑假某日，偶視藍天一朵白雲逗留，無意中，引起寫點人生觀感的襟情，乃開始筆述這本小書。整冊內容，于八月至十月擬稿。嗣後草率增刪。……

法郎士（Anatole France, 1844-1924，今多譯爲佛朗士）講過：「人們的言語，是要掩蓋思想。」但，這邊的弦外之音，決未能遭受遮蔽；而讀者各憑本身精神內容揣度，釋義諒必殊異。……虔望讀者據此一鱗半爪，創造個己的人生觀。

總之，寫作動機，恰似在人生大學校園一角落的樹下石上，和同學們交換人生意見一樣。……[1]

那麼，如何解讀林攀龍引用佛郎士那句話？佛郎士是法國作家，以諷刺人性、批判社會著稱。他諷刺的名言還有這麼一句：「人是理性的動物；他要相信什麼，就會想出個理由來。」這跟「人們的言語，是要掩蓋思想」，有異曲同工之妙，就是說：寫作者往往言不由衷，不可隨便相信。因而，林攀龍在這裡要說的是，他自己的寫作是真心話，但僅供讀者參考，由讀者創造自己的人生觀。

佛郎士於 1898 年參與左拉（Émile Zola）所發起、揭發法國一大政治司法冤案，支持無辜的猶太裔法國軍官德雷福斯上尉（Captain Alfred Dreyfus）。1906 年，德雷福斯終被判無罪。此司法冤案醜聞（scandal）震撼法國社會多年，佛郎士以之為題材，著一小說。此外，他著有《天使的叛變》（*The Revolt of the Angels*）等，1921 年獲得諾貝爾文學獎。

〈永遠的今天〉：
「今天一日主義」人生觀

首先，林攀龍引述文藝復興時代，法國女詩人瑪格麗特·德·那瓦爾（Marguerite de Navarre, 1492-1549，亨利二世王妃）的一首詩：「這裡有新的歡樂，／漫長黑夜已經消失；／黎明來了，／……這裡有新的歡樂。」

接著，林攀龍引述卡萊爾（Thomas Carlyle, 1795-1881，蘇格蘭作家）的詩：

1　林攀龍，〈尾聲〉，《人生隨筆及其他》，頁 207-208。

此處又是天亮／再一日的晴空；
你該想想看，焉可／讓它悄悄溜走？
從永遠來臨／這個新的日子誕生，
朝向永遠的／黑暗又回窩。
今天這一日顯現之前／沒人用眼睛看到；
一霎間，它永遠／蒙住人們的眼睛飛過。
此處又是天亮／再一日的晴空；
你該想想看，焉可／讓它悄悄溜走？

　　林攀龍還引用其他詩人哲人的作品，表達「今天一日主義」人生觀，包括濟慈（John Keats, 1795-1821，英國浪漫詩人）、李白、孔子、耶穌及德萊頓（John Dryden, 1631-1700，英國作家）；還有波斯詩人、哲學家奧瑪・開儼（Omar Khayyam, 1048-1131）的一首詩：

啊！愛人。杯酒要斟滿，
它今天替咱們澆滅過去的悔恨與未來的驚訝。
明日！怎樣？「明日」我自身說不定
和「昨天」的七千年一起落空。

　　林攀龍的結論是：「吾人應抱著『今天一日主義』的觀念過活。不悔恨昨天，不憂慮明日；把握住寶貴的今天來充實生活。人生，天天是佳日，但『今天』最佳。」[2]

2　林攀龍，〈永遠的今天〉，《人生隨筆及其他》，頁9-14。

〈人生大學〉：
生死觀，學做人

　　這一篇隨筆文章寫了九頁之長。林攀龍主張「通才教育」（Liberal Arts General Education）以達到「全人教育」的目的。他從生與死的觀念說起：

　　生與死兩點之間很短的線段，這就是人生。線段中，雖有長短的差異，但自永遠的眼光看來，都是滄海之一粟。……死，人人都要自己直面和它接觸。這個「不招待的客人」，早晚總有一天會光臨，誰也沒法避免。因此，咱們對它應有事先的準備。所謂要怎樣死亡，實在該如何生活。死，本爲人生的結束，但有了這終止符，人們對於生，方能認眞追求。所以，死。可說是人生的肇端。……

　　古羅馬哲人西塞祿（Marcus Tullius Cicero, 107-44 BCE）寫出：「人世固然短促，唯要建設善美生活，已是足量的長短。」反之，若想過著頹廢生活，則短促的人世，亦嫌太長。……

　　叔本華（Arthur Schopenhauer, 1788-1860）說：「人生是連續的鬥爭。對無形的醜惡、貧苦、倦怠，固屬如此，對別人也一樣。人們處處感到生活乃不斷的戰爭，因而死亡之後，武器依舊握在手裡。」……世人把一生看作戰鬥場，……否定了克魯泡特金（Peter Kropotkin, 1842-1921，俄國人，無政府主義、社會主義者）提倡的互助氣氛，而代入達爾文

（Charles Darwin, 1809-1882）所論的：適者生存、優勝劣敗；甚且形成弱肉強食的狀態。……

接著，林攀龍談到李白（701-762，字太白）、馬可斯‧奧理略（Marcus Aurelius, 121-180）、和拿破崙（Napoleon Bonaparte, 1769-1821）對人生的看法；並提到莎士比亞（Shakespeare, 1564-1616）、沃波爾爵士（Sir Robert Walpole, 1676-1745）與康熙（1654-1722）都比喻人生如演戲，而雨果（Victor Hugo, 1802-1885）感言「人生即航海」，若然，波普（Alexander Pope, 1688-1744）說「理性是羅盤，感情是風」。

前列素描，僅供參考，林攀龍主張：應把人生看成一所學校。那麼，要學習什麼呢？只有一科，就是「做人」。「把神所賦予內在的可能性，完全發揮，這是人生的課題。換言之，即須實現人格價值。」做個人生大學的學生將如何？「祇有自由和謙虛；在這良好的土壤上面，纔會茁放真善美之花。」那麼人生大學的教師是誰？就是：書本、自然、人類、哲學、藝術、宗教。

總之，在人生大學裡的學生，自由和謙虛，「為自己生長而努力，為實現人格價值而奮鬥。……不作任何人的奴隸，也不作任何人的暴主。高擎創造人類文化之號角，吹播太平洋的遠方。」[3]

3　林攀龍，〈人生大學〉，《人生隨筆及其他》，頁 15-23。

〈神與獸之間〉：
人非天使，也非禽獸

　　法國哲人巴斯噶（Blaise Pascal, 1623-1662）說：「人非天使，也非禽獸。」[4] 林攀龍引用此語並申論其意：人是居於天使和禽獸之間，半含天使成分，半含禽獸成分；有神性，也有獸性。這兩種本性，深深印在人的心坎底處，很難一下子劃分劃除。因而，人的精神生活，就產生種種矛盾、衝突、苦惱；此即人和動物迥異的分野。人要熱求神性，力抑獸性，是可能的。人之生活，困苦、光榮，即由此發展。林攀龍指出巴斯噶著《沉思錄》（Pensees）中的一段：「人是宇宙之榮光，也是宇宙之污辱。」

　　聖保羅（St. Paul, c.5- c.67）深深體驗過人心內在的苦悶。《羅馬書》第七章有句話：「我是喜歡上帝的律，但我覺得肢體中另有個律，和我心中的律交戰。……我真是苦啊！誰能救我脫離這取死的身體呢？」

　　一生博覽群書，追求做人之道，東、西洋聖賢之言，一一從林攀龍的記憶中湧現。人內心矛盾對立，遂成動亂。要保持安寧之秩序，須遵行孔子（551-479 BCE）所說的至言：「欲修其身者，先正其心。」人生是抉擇。卡萊爾（Thomas Carlyle, 1795-1881）斷言：「真實的生活，是自己否定開始之

4　有關巴斯噶，參閱拙著《從宗教到政治：黃彰輝牧師普世神學的實踐》（台北：玉山社，2020 年），頁 105-106。

時才開始的。」孟子（372-289 BCE）曰：「魚我所欲也，熊掌亦我所欲也。二者不可兼得，舍魚而取熊掌者也。」人的特質，在揀取價值較高者，捨去價值較低者。孟子言「捨身取義」，孔子主張「殺身以成仁」，純粹針對人類而言，蓋其他動物，雖然和人一樣有意識，不會因仁義價值而選擇創傷犧牲自己。

蘇格拉底（Socrates,c.470-399 BCE）因被國人誣告，判決死刑，友人打算替他營救脫獄，他謝絕，因他一邊循良心指示，一邊遵守國法；後來，從容飲酖而死。「他是人類偉大的教師。」

林攀龍崇仰歌德（Goethe, 1749-1832），讚賞道：「他八十三歲之生涯，向各方面發揚人性，成為達到全人生活極高標準的偉人。可是最後還這麼虛心〔說須追求光明〕，怎不教人萬分感佩！當我去巡禮威瑪爾（Weimar）他的生前寓邸，看過偉大存在，內心不禁反映其一生追求光明的倩影。」[5]

〈人間到處有青山〉：
各國各地，都有好處

1950 年代，台灣多數學生醉心想望出國留學，風靡出國遊歷，好像認為外國的月亮較圓、較漂亮。當時萊園中學校長的林攀龍寫道：「萊園中學高中畢業生，就有參加留美考試的。流風所趨，致使青年皇然不寧，形神動搖，好像不出

5　林攀龍，〈神與獸之間〉，《人生隨筆及其他》，頁 24-29。

國留學，前途全沒有希望一般。……這種沉迷的意態，給我感慨無量。」於是揮筆撰文〈人間到處有青山〉，指出「到處」兩字，包含「現在」的場所。

當然，有機會出國遊歷是好事。「造成完美人格，除讀書外，旅行同為一件好事，它能帶來人生最大的樂趣。」歌德著《威廉‧邁斯特（Wilhelm Meister）的漫遊年代》裡，有這麼一句：「世界是給人遊歷，纔創造這麼大。」但是，吾人切勿以為境外都有好地方。海內外，無論任何國家，都有好處及壞處。文藝復興時代，法國詩人貝萊（Joachim du Bellay, 1522-1560）至意大利羅馬等處遊歷，不知心中有何煩懣，憤言：「各國各地，都有惡劣環境。」對此意見，杜亞美（Georges Duhamel, 1884-1966）表示：「各國各地，都有好處。」接著，林攀龍寫道：

人生的把握，在質不在量，在深不在寬。對於眼前地位，倘有完全和深的理解，把握著生活本質，現環境就是青山；世界也屬於我們了。

有環遊各地視而不見的人；亦有終生沒有出門的大旅行家。

老子（c.570-c.470 BCE,?）同樣告訴我們：「不出戶知天下，不窺牖見天道。其出彌遠，其知彌少。是以聖人不行而知，不見而 [明]，不為而成。」

讚賞老子的智慧，林攀龍還補上一句，有個哲人指出：「旅行，不一定能助人賢明；是使賢明愈賢明，愚笨愈愚笨。」[6]

哲學家康德（Immanuel Kant, 1724-1804）應驗老子的話：「其出彌遠，其知彌少」，「不出戶知天下」，「不行而知」。康德終生不曾離開過他生長的德國城市柯尼斯堡（Konigsberg）。一般而言，出國觀摩可以令聰明的人廣開眼界與心胸，培養國際觀。不過，康德不出門，卻能擁抱國際主義及自由、民主、法治、人權的普世價值，為人類福祉而講學著作。他主張：出生為人類的每一個人，都「擁有不可被剝奪的尊貴。」（a fellow human who "possesses an inalienable dignity."）[7]

反觀今日（2022）某些華人留學生，儘管進入哈佛和哥倫比亞，始終擺脫不了狹窄的民族主義糾纏。不管歷史環境如何改變，不顧當地人民什麼意願，他們始終堅持：「我們都是炎黃子孫」；「西藏和台灣自古就是中國的神聖領土」。子曰：「學而不思則罔，思而不學則殆」。愛因斯坦（Albert Einstein, 1879-1955）嘆道：「民族主義是人類的幼稚病。」[8]林攀龍 1954 年著書感嘆：「可惜，近年來偏狹的國家主義，愈加顯著；逆世界一體的潮流。」[9]

6　林攀龍，〈人間到處有青山〉，《人生隨筆及其他》，頁 30-35。

7　Anthony Grafton, "Thinking Outside the 'Pico Box'", *The New York Review of Books* (Vol. LXVII, No.17, November 5, 2020), p.38.

8　參閱拙作《從宗教到政治：黃彰輝牧師普世神學的實踐》（台北：玉山社，2020 年），頁 422。

9　林攀龍，〈現代文明之考察〉，《人生隨筆及其他》，頁 43-60。

〈花落春仍在〉：
親切待人，盡情對人

林攀龍此篇回顧多年往事，流露出他的爲人處事、沉思的個性、教育家的風格，令人感動。茲摘錄如下：

記得我離家遠渡求學，在中學三年級的時候；偶爾一次生病，請假回舍調養。毗鄰有位日本教育家的夫人，眼見遠來異地讀書孩子之病況，不禁滿腔親切，特地送我一盆紫色的花。這件事隨著歲月奔馳，久已恝置。然而，竟有一天，忽地憶起這暗經保留的普愛痕跡；我之心眼，明晃晃地看見鮮艷的花色，就像迎春一般感到萬分喜悅和謝意。

一個人言行啓發的效果，不一定會隨時蓬勃滋長；幾十年來，我深深意識到其中的玄妙。所以平常和青少年接近，總不計及他們現今能否理解，應說就說，該做就做。

由於過去自身多多受到他人眞摯的好意與愛護，無形中潛移默化；目前，我亦即憑能力所及的範圍內，親切待人，盡情對人表示虔誠。

只要存心散播優美的種子，將來開花結果收穫於何時、何地、何人，那是另外一個問題。[10]

---

10 林攀龍，〈花落春仍在〉，《人生隨筆及其他》，頁 36-39。

〈秋月揚明輝〉：
單純欣賞自然美景

記得 1923 年林攀龍撰文論述東、西洋文學裡的自然觀。他指出「諸行無常」的人生觀，促使中國古典詩人大多傾向藉著大自然的景物，傾訴自己的哀情，感嘆人生無常。三十一年後的 1954 年，他寫〈秋月揚明輝〉再次提起中國古詩人的感傷情懷。「少年回憶幼年、青年回憶少年、壯年回憶青年、老年回憶壯年的徒事悲詠，只有平添一生悔恨罷了。」

此篇命題，語出他喜愛的田園詩人陶淵明（陶潛，365-427）一首詩，歌詠四季景色，單純欣賞自然美景：

春水滿四澤，夏雲多奇峰；
秋月揚明輝，冬嶺秀孤松。

接著，林攀龍論述他的人生觀：

春、夏、秋、冬，各有別致風光。……人生各階段（幼年、少年、青年、壯年、老年）個個都有意義，都有價值；不能用尺度來比較測量。

每一時代，也各負獨特使命。往者何必追慕哀傷呢！假設孔子年間，認定周公史期為黃金時代；循從此例，現世人仍要回溯孔子史期為黃金時代，又該怎麼辦？文化燦爛的古

希臘人，在回頭欽仰神話時代；因而，現世還有些西洋人──尤其是知識階級，依舊懷慕古希臘文明為西洋文明之最高峰。這一開倒車的念頭，實難索解。

眼睛生在面前，是讓人們正視前方，闊步行進；不是要轉看背後，顛躓倒退的。……過去維護社會的制度，風俗習慣等等外殼，直到現代依然固執重視，新生命的誕生，反受阻遏；想來不勝慨歎！[11]

〈現代文明之考察〉：
論科學與人生價值

這篇極其重要的論文長達十七頁，以古希臘神話故事破題：雕刻家畢馬龍（Pygmalion）雕刻一個美女像，佳麗非凡。雕刻家愛上了她，常常愛撫；乃祈求美的女神維納斯（Venus）將美女雕像化作真人。女神應允，賜給雕像生命，使佳人與雕刻家結婚。婚後生育一子，情愛彌篤。

人類以科學創造的現代文明，看起來閃耀燦爛，迷人欲醉。外形美好的現代文明，和創造者的人們之間的關係，是否似雕刻家及雕像佳人那麼親密美好？這是個嚴肅的問題。林攀龍認為：「人們與其創造的科學文明之關係，反而須用《夫朗墾斯泰因》（Frankenstein，今多譯為科學怪人，1818 年傳奇小說詩人雪萊夫人 Mary Shelley 著）來譬喻，比較合轍。」

11　林攀龍，〈秋月揚明輝〉，《人生隨筆及其他》，頁40-42。

日內瓦物理學者夫朗墾斯泰因，科學力高超，前往納骨堂匯集殘骸，造成一個活人。但「造人」是容貌猙獰的怪物，大家均驚而遠之。怪物因此痛恨製造者夫朗墾斯泰因，將其兄弟及未婚妻格殺。製造者決意毀壞怪物，乃追蹤至北極地方，想不到，反被怪物擊斃。嗣後怪物遠遁，莫知所終。

林攀龍指出：「現代科學文明情況，恰像如此。所以多少人對於科學文明的前途，滿腔擔憂。」對此攸關人類生存危機之問題，他感觸頗多，因此滔滔不絕多方申論，節錄如下：

蒲脫勒（Samuel Butler, 1835-1902，今多譯為巴特勒）在他的名著《烏有鄉》（*Erewhon*）裡邊，早就對機械文明的將來，表示困惱。這部書描寫的理想鄉，是針對十九世紀的英國維多利亞（Victoria）王朝社會各方面不合時宜的舉措，而痛斥、指摘、諷刺。其間，于機械的將來，能奴役人類一事，大大發出警告。……現代科學文明的利器，都包含極大威力。本經人們製造的機械，目前反作壓迫人、支配人的工具。

難怪蒲脫勒有這種見解：由生物進化而來的人類，終竟支配生物。同理，由人類進化而來的機械，將至支配人類。

為了震懾機械文明的暴威，就想毀滅現代文明，未免矯枉過正。最要者，是該如何對待處理機械文明。……

科學力量，可以征服自然，豐裕人類物質生活。但它有未經駕馭的一件東西依舊存在，這就是人性。

現社會的文明人，因知能高度上昇，智慧急劇下降，馴致知能、智慧，不得均衡，造成現代文明的矛盾及窘題。

　　從科學所發明的文明利器──飛機、收音機、電視等等看來，人類知能，應屬於神的水準。唯要運用這些文明利器的人類智慧，卻與未開化之先民、瘋子、機械人的精神狀態一樣。

　　利用飛機……戰爭時，可以轟炸無辜平民，可以裝載原子彈。今後戰事爆發，殘酷慘烈的決鬥，準定空前絕倫。因此，英國有位哲學者批判現代文明社會，好像猿猴乘飛機。……人類運用科學利器的智慧，和猿猴不分軒輊。……

　　科學技術，帶來龐大生產力；生產過程，一日千里。唯生產之剩餘物資，欲均等分給社會人們，何異駱駝穿針！……

　　托爾斯泰（Tolstoy, 1828-1910）對於機械文明曾嚴屬攻擊；印度聖雄甘地（Mohandas Gandhi, 1869-1948）也一樣厭惡捐棄。……

　　現代文明社會的缺憾，不是科學的罪孽。柏拉圖（Plato,c.428-c.348 BCE）說道：「智識像一把雙刃銳利的寶劍；善用即增進人類幸福，惡用即危害人類前途。」……

　　十九世紀，西洋文明社會啓發人類進步不斷性之信念後，到二十世紀，即漸漸動搖。最近，不單進步受了否定，甚至有人哀訴文明的沒落；也有些人憂慮人類將走上自殺之路。

進步信念的擡頭，本來追隨科學而發達。科學固然賦予人類絕大的力量，祇是：善用於人類共同生活的智慧，不與力量正比發展；終至背道而馳，留下人類作繭自縛的現象。

　　高唱西歐沒落，不用似斯賓格勒（Oswald Spengler, 1880-1936）依據歷史哲學爲推論重點；僅由科學可怕的破壞力來觀察，大家對於文明的終止，必會苦惱萬分。

　　科學……苟被殘暴的權力者惡用，則對人類文明的破壞，亦能產生嚴重的後果。

　　原來，文化問題應該重質不重量。機械不斷發展，技術無限進步，實非可喜的事，文化精英，本需寄託於倫理社會之間。……史懷哲（Albert Schweitzer, 1875-1965）所著《文明與倫理》書中讜論：「文化真正的本質，究局是倫理的。其根本觀念，著眼於人生的尊重。」……

　　科學技術之發達，事實上已撤除各國藩籬，造成整個國際的社會。從經濟上，技術上、文化上說來，世界是一個單位。威爾士（H.G.Wells, 1866-1946）早期提倡世界國家的理想郅治，大夥兒諒能稔悉。可惜，近年來偏狹的國家主義，愈加顯著；逆世界一體的潮流……。

　　時下，科學賜予人們的巨力，險象環生；人人視若蛇蝎，畏葸萬狀。未來戰爭的慘烈破壞，必令人類和文化全部毀滅。……

　　科學文明的缺憾，應如何矯正？……一、統制科學的機

械力。二、增加社會生活的智慧。⋯⋯文化本質，⋯⋯究局是倫理的問題。⋯⋯要了解善是什麼，須自哲學獲得啓示；要實踐善的行為，須自宗教獲得助力。⋯⋯科學之外的哲學、宗教⋯⋯能增加社會生活的智慧，發見人類將來的晨曦。

哲學、宗教、科學，宛若人類的頭、心、手一樣。這三者應該融合一致，人們才會刷新精神力，肅清混沌危機的荊棘，開闢人類光明的坦途。[12]

以上論述，字字珠璣，只摘錄一小部分林攀龍 1954 年的長篇論文。事實上，我們在上一章已看到，早在 1930 年代，林攀龍剛從歐洲留學回台時，就已發表論文〈要正確認識人生的目的〉，引申柏格森（Henri Bergson）、馬克思（Karl Marx）、歌德（Goethe）、與羅素（Bertrand Russell）之學說，論證分辨「智慧」與「智能」之別；林攀龍尖銳地指出：現社會的文明人，因「知能」高度上昇，「智慧」急劇下降，造成現代文明的矛盾及窘題。這是攸關人類生死存亡、極其重要的議題——它正在嚴峻地考驗二十一世紀人類的智慧。

最近有個 OpenAI 研究機構，發明最新書寫程序設置 GPT-3，按它幾下關鍵字即可書寫論文。有位學者按它幾下問道：如何預期「人類的將來」（The Future of Humanity）？它回應如下：

12　林攀龍，〈現代文明之考察〉，《人生隨筆及其他》，頁 43-60。

時間每一秒鐘都在消失。現今，如同其他一切，即將消失。吾人正處於科學技術革命的懸崖，它可能消除人類一切苦痛，同時也可能終結人類的生存。[13]

人生不可預測。1930 至 1950 年代，林攀龍發文，一直擔憂，「現代科學文明的利器，都包含極大威力。本經人們製造的機械，目前反作壓迫人、支配人的工具。」毫無節制過度專注發展科技的物質世界，人類無異將變成「機械人」（robots）——「自由人」的愛心、好奇心、同情心、惻隱之心、想像力、審美感、心靈價值、創造力、自主性，一一消失殆盡。這就是 2020 年代的今日，令人擔憂的 "The Human Costs of AI"（人工智能的人生代價）。[14] 存在主義神學家田立克（Paul Tillich, 1886-1965）擔憂，「人類自我毀滅的力量，有可能造成歷史性的人類終止生存。」[15] 現今烏俄戰爭，怎可不擔心觸動核武？

13　Sue Halpern, "The Human Costs of AI," *The New York Review of Books* (Vol. LXVIII, No.16, October 21, 2021), pp.29-31.

14　Sue Halpern, "The Human Costs of AI," *The New York Review of Books* (Vol. LXVIII, No.16, October 21, 2021), pp.29-31.

15　Paul Tillich, *Systematic Theology, Volume III, Life and the Spirit, History and the Kingdom of God* (University of Chicago Press, 1963), p.308. 蔡榮芳，《從宗教到政治：黃彰輝牧師普世神學的實踐》（台北：玉山社，2020 年），頁 316。

〈自然與人生〉：
自然是神的啟示

1930 年代，年輕時代留學法國巴黎大學的林攀龍，對巴黎城市美景，念念不忘，作如下的描述：

貫流巴黎的塞納河（Seine），不像倫敦的泰晤士河（Thames）把都市切成兩段那麼寬廣。適宜的川幅闊度，使人能夠親近。十幾架鋪在河面上的橋梁，古典式、近代式，各有千秋。沿岸綠蔭下之人行道，給居住巴黎的人，永難忘懷。河岸一角落，常設販賣古舊冊籍的書箱，有些人駐足瀏覽。樹下綠蔭間，垂釣的人們，神態悠閒、寫意。此情此景，殆不知身處國際大都市。這裡，僅摘述塞納河邊一二風景線而已。河的存在，不單減低巴黎的喧囂之氣氛，甚且添加許多美觀和情趣。

「塞納河的恩惠，巴黎市民該要感謝！」……自然是神的啟示，更勿輕易淡忘。……

愛默生（Ralph Waldo Emerson, 1803-1882）陳述……自然是活的。所以我們的經驗，時時更新。希臘哲人赫拉頡利圖斯（Heraclitus,c.535 BCE- c.475 BCE）及近代大哲柏格森（Henri Bergson, 1859-1941）宣佈：人們絕對沒有雷同的經驗。

自然不是單純物質之世界。……果爾，則人生定必喪失生命，喪失價值。

單憑唯物論來詮釋宇宙本質，是不可能的。……

科學與宗教，相依相輔……。[16]

　　林攀龍是長老教基督徒，他引用〈詩篇：19〉「諸天述說神的榮耀；穹蒼傳揚他的手段。」，以論述「科學與宗教，相依相輔」。他指出：

　　最新科學思潮，……要構成一個合理宇宙觀，在途上必定偶爾碰到宇宙的主宰。真的科學者，抱著敬虔念頭，其程度，昔不類今；近日宗教家，可較以往多抽 [取] 有力的科學旁證，也非過去所能比擬。由此，科學與宗教，相依相輔，則對於神創造合理目的之宇宙真相，越該加緊追求。

　　萬有是神意的顯現；……「諸天述說神的榮耀；穹蒼傳揚他的手段。……」（〈詩篇：19〉）。

　　讓繁雜俗物羈絆忘失自己的現代人，實有和大自然接近，看神的必要。每日，只消幾分鐘擡頭觀天就行。

　　請記住基督指示我們的話：「看天上的飛鳥，想野地裡的百合花。」它們都在浩蕩神恩之下，全無煩惱，過著榮光生活。大家倘能類似它們遵照神意過活，豈有生活上種種憂慮？

　　詩人惠特曼（Walt Whitman, 1819-1892）譬解：「真的民

16　林攀龍，〈自然與人生〉，《人生隨筆及其他》，頁61-70。

主精神，是像鳥兒在空中自由飛翔之生活。」這句話，寓有深長意味。

自然乃生命與愛的象徵。促使缺乏生命與愛之人生復活，是自然的力量。

……巴斯噶（Pascal）提過：「宇宙包含著我們，人人是一粒小分子；但是，大家能把精神囊括全宇宙。」這種境地，即世界的領有。

每天點滴努力，和大自然交往：吾人生活，將不知何等高尚？人與人的摩擦，將不知何等緩和？社會生活，將不知何等和平？[17]

上面林攀龍「科學與宗教，相依相輔」的論述，涉及現代主要科學思潮與宇宙觀。讓我們觀看下面幾位科學家的宗教觀：

巴斯噶（Blaise Pascal, 1623-1662）是數學天才，同時也是熱忱的宗教信徒，其宗教信仰傾向「楊森主義」（Jansenism），它否定傳統天主教的「自由意志論」，遵從奧古斯丁式的「預定說」（predestination）。他是基督教存在主義哲學家（Christian existentialist）。[18]

巴斯噶認為科學與宗教屬於不同的領域，他強調宗教心

17　林攀龍，〈自然與人生〉，《人生隨筆及其他》，頁 61-70。
18　詳見拙著《從宗教到政治：黃彰輝牧師普世神學的實踐》，頁 106。

靈並非理性的科學可以解釋；基督徒的神，並非僅僅是數學
真理的作者。他說：「我不能夠原諒笛卡兒（René Descartes,
1596-1650）」將神說成只是創造宇宙萬物、猶如鐘錶製
造者（watchmaker）一樣。現代科學文明產生的懷疑主義
（skepticism），恐怕導致破壞宗教心靈價值的危機，巴斯噶
是正面提出這問題的第一個人。三百多年後的今天，我們還
在提問同樣的問題。這也是林攀龍最關心的問題。巴斯噶強
調宗教人文心靈價值的重要性，他相信真正的科學是該服事
上帝（true science is the service of God.）。[19]

牛頓（Isaac Newton, 1642-1727）是開拓現代文明的科學
家。他的自然哲學（Natural Philosophy）學說，把科學從神學
的管制下解放出來，造就所謂「自足運行的牛頓式世界機械」
（the self-sufficient Newtonian world-machine）之宇宙觀。但
是，牛頓本人有獨特的宗教信仰，對神學抱著濃厚的興趣。
他的科學研究領域專注時間（time）、空間（space）、物質
（matter）、動力（motion）；但他並未認為它們涵括宇宙的
一切實質；宗教信仰有其獨自的領域。他相信宇宙有個聰明
大能的神；祂決定時間和空間的限度。[20]

---

19 Roland N. Stromberg, *An Intellectual History of Modern Europe* (New York:
    Appleton-Century-Crofts, 1966), pp.52-53.

20 "An intelligent and powerful Being; a God who determined the limits of time
    and space." Willson H. Coates, Hayden V. White, and J. Salwyn Schapiro, *The
    Emergence of Liberal Humanism: An Intellectual History of Western Europe:Vol.
    I, from the Italian Renaissance to the French Revolution* (New York: McGraw-Hill
    Book Co., 1966), pp.166-168;221-222.

科學家愛因斯坦同樣有深厚、獨特的宗教信仰。跟斯賓諾莎（Baruch Spinoza, 1632-1677）一樣，愛因斯坦並非信仰跟人溝通交往的猶太、基督教式人格的神（not a personal god who interacted with man）。他相信宇宙和諧的運行反映神的偉大聖靈計劃（divine design）。[21]

總之，上述幾位重要科學家都有其獨特的宗教信仰，雖然他們相信的神不一定是猶太、基督教式人格的神；重點是：他們相信科學與宗教並無絕對的衝突；兩者相輔相成。愛因斯坦說：「有科學無宗教是跛腳；有宗教無科學是盲目。」（"Science without religion is lame, religion without science is blind."）。[22] 林攀龍所關注的，就是現代科學技術文明時代，必需強調培養宗教人文主義心靈價值的重要性。

〈修築象牙之塔〉：
在孤獨氛圍中創造

林攀龍寫道：「一切藝術、哲學、宗教，概由孤獨氛

21　猶太、基督教式人格的神，創造、超越大自然（God creates and transcends nature）。但是，Spinoza 認為「神」（God）等同「大自然」（Nature）：人用理性（reason，而不是靠啟示 revelation）來瞭解神（亦即大自然）的運行。換言之，這是一種自然神教（natural religion），而不是超自然的宗教（supernatural religion）。Spinoza 的主要著作 *Ethics*（1676），關注自由人以俗世（secular）理性為基礎建造倫理，在自由民主的社會，順應自然幸福的生活。Avishai Margalit, "The Lessons of Spinoza", *The New York Review of Books* (April 12, 2007), pp.71-73.

22　Walter Isaacson, *Einstein: His Life and Universe* (New York: Simon & Schuster, 2007), chapter 7: Einstein's God."

圍中創造出來。」他引述愛默生（Emerson）的話：「偉大人物之存在，切要身在社會中，保持著甘美的孤獨感。」還有，歌德（Goethe）也講：「在社會中，吾人雖得經常學習各種事理，但孤獨之時，靈感始能源源而至。」梭羅（Henry David Thoreau, 1817-1862）也愛孤獨，才能創作。杜亞美（Georges Duhamel, 1884-1966）表示：「一日之間，對自己靈魂，至少要有一番考念。」曾子（曾參，505-432 BCE）則曰：「吾日三省吾身。」

其中，林攀龍認為，「歌德就是一位入世、出世雙方皆有調和的偉大詩人，當他遭遇凡類苦悶時，立刻回歸自然懷抱，攝獲新氣力；然後，重又鼓勇邁進實際生活的里程。」

林攀龍指出，卡萊爾（Thomas Carlyle）曾寫信給所敬慕之歌德說，自己「要使生活方式較單純化，確保獨立自由境地，從而採擷對我的真實。」卡萊爾的《衣裳哲學》（Sartor Resartus）「即由這真實性裡頭，像噴泉一樣飛射出來。」

「基督也往往離群，自己向神祈禱，從孤獨中攝取新生力。」[23]

讀到這裡，令人想起美國女詩人狄金生（Emily Dickinson, 1830-1886）。她孤獨一生，未曾結婚。大半生獨居創作，生前默默無聞，死後人們才發現她寫了一千八百首詩，獨創風格。孤獨靜默地創作，她自稱是「庸人」的一首詩，（"I'm

---

23 林攀龍，〈修築象牙之塔〉，《人生隨筆及其他》，頁 71-74。

nobody. Who are you? /Are you nobody too?"），感動了世世代代的許多人，可用「淵默而雷聲」來形容。2020 年諾貝爾文學獎得主葛綠珂（Louise Gluck）領獎的答謝詞，朗誦她這首詩。[24]

還有，林攀龍的《人生隨筆》數次引述十九世紀中葉美國作家愛默生（Emerson）和梭羅，因爲他們都是喜愛大自然，強調自由人文主義心靈價值的詩人與哲人。梭羅深受愛默生的影響，信奉「超世先驗主義哲學」（transcendentalism），認爲精神存在比物質存在更重要；特別重視靈感（inspiration）、直覺（intuition）、情感（emotions）、心醉神迷（ecstasy）。尼采（Friedrich Nietzsche）與托爾斯泰（Leo Tolstoy）等許多哲人深受愛默生哲學的影響。

愛默生與梭羅兩人皆高調發表言論反對奴隸制度。特別是梭羅，他隱藏逃跑的黑奴，幫助他們脫逃奔向自由；出自良心與道德的憤怒（moral outrage），他一度支持反奴隸制的白人激進暴力分子約翰・布朗（John Brown, 1800-1859）；布朗因訴諸暴力恐怖手段而被處絞刑。愛默生同樣讚賞爲自由而捨身取義的人；他寫道：「自由是進攻性的。只有拯救他人的人，自己才能被拯救。」（"Liberty is aggressive. It is only they who save others, that an themselves be saved."）據說，愛默生甚至宣稱，布朗被處絞刑之死，「將使絞架，像

---

24 Louise Gluck, "The Poet and the Reader," *The New York Review of Books* (Vol. LXVIII, No. 1, 1/14/2021), p.29.

十字架一樣的光榮」（"will make the gallows as glorious as the cross"）。[25]

　　梭羅事實上主張以和平的方式、不合作的態度、對抗專橫強暴的政府威權。他曾經拒絕對不義的官府交稅而短暫坐牢。他在《公民不服從》（*Civil Disobedience* 1849）裡寫道：「面對惡法的時刻，難道公民必需絲毫拋棄良心、對立法者順服屈就？……我們必須首先做人，然後做子民。」[26]《公民不服從》這本著作在他生前不受矚目，但後來它重大地影響印度的甘地（Mohandas Gandhi, 1869-1948）和美國黑人領袖金恩博士（Dr. Martin Luther King, Jr., 1929-1968）。二十世紀的環保人士（environmentalists）則極其欣賞梭羅的另一名著《湖濱散記》（*Walden: Or Life in the Woods* 1854）。

　　林攀龍嚮往梭羅獨自在大自然森林裡的生活、從事思考與創作。梭羅寫道：「我發現大部分的時間，一人獨居是健康的［生活方式］。……一個人思考或工作的時候，總是單獨的。」[27] 這正好是林攀龍的個性和習慣。

25　Brenda Wineapple, "New England Ecstasies"(reviewing Robert A. Gross, *The Transcendentalists and Their World,* Farrar, Straus and Giroux), *The New York Review of Books* (Vol. LXIX, No.4; March 10, 2022), pp.9-11.

26　"Must the citizen ever for a moment, or in the least degree, resign his conscience to the legislator?...We should be men first, and subjects afterward.—— Henry David Thoreau, *Walden* (1854) and *Civil Disobedience* (1849), with an introduction and notes by Jonathan Levin (New York: Barnes & Noble Classics, 2003).

27　"I find it wholesome to be alone the greater part of the time... A man thinking or working is always alone."——Henry David Thoreau, *Walden* (1854) and *Civil Disobedience* (1849).

創作者一個人思考與工作，是單獨的（alone），但是並不寂寞孤單（not lonely, not lonesome）——相反的，是充滿熱情（with great passions），專注熱烈地、用生命在創造探求「眞善美」，從而獲得心靈與精神上的喜悅。

〈目的與手段〉：
簡短提到台灣政治

談論文學、哲學、教育及社會科學，林攀龍的才華洋溢，令人讚賞敬佩。但談到台灣政治，他就給人欲言又止的印象。台灣的政治環境使然。

眾所皆知，自從 1949 年之後的三十八年間，中國國民黨政權在台灣強行軍事戒嚴，但政府卻宣傳台灣是「自由中國」，標榜實行三民主義（民主、民權、民生）。

就在 1954 年林攀龍發表這篇隨筆的時候，台灣政界爆發震驚國際新聞媒體的「吳國楨事件」。事件因緣複雜，在此只能簡單介紹。在白色恐怖時代（1947-1987），蔣介石總統的兒子蔣經國操控黨、政、軍、警、情治特務，還模仿希特勒青年團與共產黨青年團，創設「青年反共救國團」，用以滲透各級學校，對師生施行思想控制。身為台灣省主席兼保安司令的吳國楨（1903-1984），對此深不以爲然，但無可奈何。他屢次向蔣介石諫言，未果。他跟蔣經國與彭孟緝的特務情治系統不斷發生衝突，因爲他們時常不經他核准就隨意逮捕政治犯。

白色恐怖令省主席吳國楨感覺自身不安全，懼怕被暗殺。事實上，在 1952 至 1953 年他懷疑逃過兩次對他刺殺的企圖。1953 年春，他毅然辭去省主席職位，無視蔣介石與宋美齡的慰留。5 月 24 日，吳國楨聯同夫人離台赴美，但他的小兒子必須留在台灣當人質。抵達美國後，吳國楨在美國報界及電視爆料，蔣家政權正在用美國人民的納稅錢（美援）在台灣建立警察國家的暴政。此事件震驚世界。[28]

當時台灣媒體在國民黨政府控制下，競相對前省主席吳國楨抹黑謾罵。就在這白色恐怖時日，林攀龍撰寫此篇有關台灣政治的短文，茲節錄兩小段如下：

民主精神，是給人民發揮天賦能力，畀予貢獻社會的均等機遇。自人生說來，可謂權利，也為義務。進一步講：該「盡權利的義務」。我國本著這種精神，在三年前 [筆者按：即吳國楨任省主席時]，實施地方自治，當然合理；但，假如對這一目的之手段，有不完善時，可能產生種種弊害，招致變質。因此，愛惜、尊重，成為推行的大前提。

我們既具民主精神的信念，就須朝向光明目標邁進。惟推行的時候，需要處處經心，尤其是外國未盡善的手段，千

---

28 詳見殷惠敏，《誰怕吳國楨？世襲專制在台緣起緣滅》（台北：允晨文化，2016 年）；金恆煒，《面對獨裁：胡適與殷海光的兩種態度》（台北：允晨文化，2017 年），頁 121；蔡榮芳，《從宗教到政治：黃彰輝牧師普世神學的實踐》，頁 186-188；214-217。

萬別濫用，以免有畫虎類犬之譏。[29]

上面這段話的意思並不明確，他不多談。林攀龍曾引述佛朗士（Anatole France）所說：「人們的語言，是要掩蓋思想」。

〈台灣〉：
成為「自由國家民主精神的堡壘」之想望

比林攀龍年長十二歲的蔡培火（1889-1983），在戰前的日治時代，跟林獻堂一起為台灣人民爭取自由自治，是理直氣壯勇敢的抗日健將。但是 1945 年終戰之後，蔡培火選擇服從國府的威權統治，換取官位，位高卻無權，成為國民黨籠絡台灣人的象徵。[30] 他對中國國民黨政府尚存期待，在其影響下，林攀龍 1954 年寫這一篇〈台灣〉隨筆，想望台灣成為「自由國家民主精神的堡壘」，節錄如下：

受日人支配之五十年間，富源的開拓、種種的設施，一切利益，全被榨取；處境艱困，仍未惹起世人瞻顧。

現在情形，業經改觀。……已掙脫殖民地枷鎖，一躍而為自由國家民主精神的堡壘，世人就非另眼看待不可。同時，我國人民，也必能徹悟台灣在國際上立場之重要性，自尊自

---

29 林攀龍，〈目的與手段〉，《人生隨筆及其他》，頁 75-78。

30 張炎憲，〈蔡培火的追求與失落〉，張漢裕主編、張炎憲總編輯，《蔡培火全集》（吳三連台灣史料基金會出版，2000 年）。

愛。從心理上說，如認定台灣是地球的中心，世界萬事都據此運轉，亦無詫怪。

「台灣、台灣、咱台灣，
海眞闊、山眞高；
大船小船的路關。
遠來人客講你美，
日月潭、阿里山。……」

右列是蔡培火先生所作名歌咱台灣的開頭幾句。這首詩相當流行不用全部引載。其詞意在誇讚台灣自然之美、稱道物產豐饒，暗示熱念中華，吐露對台灣將來的理想。在日據時代，已盡筆墨範圍，表現祖國之戀。因用語淺顯，內容朗澈，歌唱者很多；給斯時台灣同胞的心胸，有一喘息餘地；而於民族生活之鼓勵，貢獻尤大。……

要建立民族復興基地及民主精神堡壘，不可單憑物質，尚需「傑人」資源。倘缺乏肩負時代使命之人，爲國奮鬥；只有物資，也不大靠得住。……

毋憂地域狹窄；應慮精神偏小。……吾人要服膺 國父孫中山先生的指示：「天下爲公」；了悟「人生以服務爲目的」。脫離小我軀穀，努力貢獻於民族之發展。

莫作下賤物慾的奴隸；莫作卑屈名利的走狗。在青天白日下，別忘了我們都是自由人。需珍愛人性、尊重生活、欣求眞善美。……人人如與世界進步的精神共活，則自身前途，

就會驅逐驚惶，發見無邊的光明。

這樣一來，咱們才能發揮民族個性美，致力于人類文化的創造。

當法國大革命爆發，國內秩序紊亂，外患頻仍之際，果敢拯救法國于水深火熱之中，豈非來自科西嘉島（Corsica）的拿破崙（Napoleon）？

蓋世英雄拿破崙……藐視英吉利為商人之國。但最後打敗拿破崙，豈非從小小孤島之英國出來的納爾遜（Nelson）和威靈敦（Wellington）？

第二次世界大戰，希特勒（Hitler）蹂躪全歐；英國堅決死守，奮勇苦鬥，終至扭回戰局，轉敗為勝。造成之一局面，豈非英國的邱吉爾（Churchill）？

面對風緊雲湊的大時代，國際上重要據點之搖籃——台灣，誰說不能誕生救國英雄，寫下彪炳的史詩？[31]

林攀龍這篇 1954 年的隨筆，肯定蔡培火先生希望建立台灣為中華民族復興基地及民主精神堡壘。

然而，林攀龍進一步想望「致力於人類文化的創造」，「認定台灣是地球的中心」；「我國人民，也必能徹悟台灣

31　林攀龍，〈台灣〉，《人生隨筆及其他》，頁 138-142。

在國際上立場之重要性，自尊自愛。從心理上說，如認定台灣是地球的中心，世界萬事都據此運轉，亦無詫怪。」這乃是想望以台灣為本位的世界觀，以台灣為主體的國際主義自由思想。

〈理想與生活〉：
真善美的理想主義

從青年時代一直以來，林攀龍始終堅持追求「真、善、美」的理想主義價值。他回憶道：

昔年，我在英國留學時，某歲炎夏，往德國度假，特地到歌德（Goethe）的故鄉法蘭克福（Frankfurt）巡禮，躑躅憧憬於偉人之出生勝地。

一夜，至法蘭克福市的歌劇場觀劇，走進入口，偶見門顏鏤鐫著「為真善美」的文句。……多感之青年時代的我，對這格言，不禁挑起感動的心絃。……

咱們應該擯棄冗雜、消耗一己的生活，朝向理想，蘄求物質生活之簡素化。……

尼采（Nietzsche）有言：「人類是需要超克的一件東西。」想實現真實的自己，做個真正的人，就須超克本身內心自然的低級人性。……

人們果有高尚無限的欲求，物質生活自然簡素化。……

不斤斤於社會地位、不作財富之奴隸，……人生價值的實現，極宜刻刻經心。……

人們的幸運、坎坷，未足輕重；服膺人生價值的努力，才是珍貴動向。

法國近代哲學者基約（Jean-Marie Guyau, 1854-1888，他處譯音：居友），寫了一首〈甜蜜之死〉的詩篇，表示熱求理想的誠摯，堪作吾人指針，茲譯載如左：

> ……底神，我底宗教，
> 這就是您！在您萬道光芒下，
> 眞理，我願做冒險的嘗試。
> 眞的東西，我明白，使人苦痛；
> 看，這未必是死亡。
> 有啥關係？哦！我的眼睛，看吧！
> 理想時向我們招手。
> 人之生活，有了眞善美的理想，才能提高價值。……

濟慈（John Keats, 1795-1821）名詩有：「美的東西，是永遠歡樂。」又云：「美是眞，眞是美。」[32]

林攀龍是追求「眞善美」人文主義「人生價值」的理想主義者。「自由人」相信「眞、善、美」三位一體的哲學，創造「眞、善、美」，凡事追求眞實、眞理、眞相：有「眞」

32　林攀龍，〈理想與生活〉，《人生隨筆及其他》，頁 143-153。

才有「善」，而「善」即是「美」。林攀龍引述濟慈名詩：「美的東西，是永遠歡樂。」又云：「美是眞，眞是美。」（"Beauty is Truth, Truth Beauty."）這個「人生價值」理想一再呈現於《人生隨筆》。林攀龍總結其人生哲學一句話：「幸福的基石是眞實善良之生活。幸福類似自由人。」[33]

〈人間多佳景〉：
根源在愛情

　　林攀龍的個性木訥，純情執著，在他的感情世界裡，從青少年時代的種種機遇，不輕易忘懷，他珍惜友情與愛情。下面節錄林攀龍的簡短隨筆：

> 「人間多佳景，根源在愛情；
> 　心心能相應，樂園就此成。」

> 這是蔡培火先生所作結婚歌詞裡面的名句。我想，人生眞理，脫不了這簡單的範疇。……

> 簡明直捷表現人生眞理的名言，引起我摯切共鳴。每當朋輩或萊園中學畢業生燕爾新婚時，我照樣託萊中伍少白先生於中堂，禮箋寫上這幾句致賀。我想，沒有比這更好的禮物了。……[34]

33　林攀龍，〈青鳥〉，《人生隨筆及其他》，頁 191-206。
34　林攀龍，〈人間多佳景〉，《人生隨筆及其他》，頁 75-78。

〈天面　地面　人面〉：
描述鄉土，揣測農夫心理

這篇鄉土抒情隨筆，再度展現林攀龍的深思與才華。他對台灣鄉土的細緻描述，令人嚮往。摘錄如下：

台灣四季常春，山川草木很少自然變化。

可是，地上就不一樣：農田每年兩次播種、插秧、除莠、結穗、收割，其間轉換很多。稻穀收穫之後的中耕，同樣使田土改觀。再加上白鷺鷥、烏秋等等飛鳥的添景；水牛動態，青蛙叫聲，也促成地面之蛻變。

但，天幕更異動無常。羅斯欽（John Ruskin, 1819-1900）在《近代畫家論》說明：自然界中，最有變化的是高空（惜乎人們極少關心凝視）。有時柔和、有時滑稽、有時嚇人；光是兩分鐘，就大不相同。它可能表現人間的熱情意味，亦可能描仿神境的肅穆、柔雅。

無論何時何地，只要走進田園，隨時總會看到莊稼們臉向地面，弓背搓繩、翻土、墾殖、完全不看左右、前後、和上天。他們這種心理，我往往加以揣測。

俗語說：「不看人面，只看土面。」一心貫注收益，忽視周圍人面，他們能否記起構成社會合作的意義？不擡頭看看天面，是否對於勞動生活有點兒感激？有沒有像米勒（Jean-Francoise Millet, 1814-1875）名畫〈晚禱〉所表現：經

一天勞動之後，由內心發出謝意的精神？

　　天面賜予農人日光雨露之恩，這在平時都沒有想到。直待霪雨或亢旱的時候，才擡頭看天，發出內心不平之鳴。

　　農人們：只看地面辛勤勞動，固然難得；但莫忘擡頭看天！地面作物，雖可多變豐收；唯天面的包羅萬象，比它更爲豐富。請記住：地面豐收，是天面所恩賜的。

　　懂得看天面的人，絕不會附和：不看人面，只看土面。

　　喀萊爾（Carlyle）寫過：「勞動像地球一樣遼闊，它的頂上，嚳入天界。」

　　在地面，一個人的勞動不管怎樣微小，皆有廣大範圍的社會合作性、及人類連帶性；而且那種精神，應該通達上天。

　　天、地、人的正確關係，如果拋諸腦後，不論甚麼勞動，都能墜入低賤的私慾，成爲毫無意義之苦役，終至喪失勞動神聖的眞諦。[35]

　　然而，台灣農村庶民有其獨特的宗教信仰及社會習俗。請看下面近日（2021 年）一則報導：〈中秋節農村特有習俗「土地公枴」拜田頭漸消失〉：

　　今天農曆 8 月 15 日中秋節，也是土地公得道日，除各地

35　林攀龍，〈天面 地面 人面〉，《人生隨筆及其他》，頁 82-83。

土地公廟湧入信眾參拜祝壽，老一輩農民也會在農田前用一支竹子上方綁上金紙及線香，插在田頭，民間稱為「土地公枴」，傳說是給土地公當枴杖，感謝及請祂多看顧，讓五穀豐收。

60 多歲高姓農民一早就到住家附近筍園砍 3、4 支竹子，分別在上方綁上金紙、線香，並插在農田的田頭，高姓農民說，這個俗稱「土地公枴」是感謝土地公過去一整年看顧，送祂一支新枴杖，也祈求祂繼續照顧，插在田頭，也有「吃果子拜樹頭」之意。

高姓農民說，早年只要到中秋節農村隨處可見「土地公枴」，這幾年許多老農退休，少年仔接棒，對這個傳統習俗不太重視，已很少見，他因為從小看阿公、父親做，每年中秋節巡田前第一件事就是做土地公枴。[36]

林攀龍是基督徒，他敘述畫家米勒的〈晚禱〉，沒提起米勒的另一幅名畫〈拾穗〉（*The Gleaners*）──三個穿著粗糙衣裳的貧困婦女，彎腰拾撿地上被遺棄的零碎稻穗。

1927 年（昭和 2 年）1 月，由台灣文化協會成員創辦的《台灣民報》登載各國名畫，包括米勒的〈晚禱〉與〈拾穗〉，並簡介畫家生平，強調來自貧窮鄉村的米勒，自然以農民與田園為繪畫題材。另，1934 年（昭和 9 年）10 月，《台灣日

36　記者黃淑莉／雲林報導，《自由時報》，2021/09/21。

日新報》刊登關心農民生活的文學家中村星湖（1884-1974）
文稿，講述懷才不遇的「農民畫家」米勒，如何在後法國大
革命的動盪時期，在疾貧交迫下、堅守創作理念，描寫生活
困頓的勞動者圖像。

　　總之，日治時代的台灣社會，藉由台日知識分子的轉介，
知曉米勒偉人化的「田園畫家」或「農民畫家」形象。水彩
畫家藍蔭鼎（1903-1979）、「礦工畫家」洪瑞麟（1912-1996）、
與詩人王白淵（1902-1965）等人，皆視關懷勞工及農民的
米勒為道德上的偉人。台灣畫家將米勒的農村圖像，轉化為
具有台灣地方色彩的風情作品，創造既普世亦獨特的台灣藝
術。[37]

〈友情〉：
互相矜卹憐憫

　　關於人間的友情及其培養，林攀龍有深沉的思考，流露
巴斯噶（Blaise Pascal）式的沉思、及奧理略的悟道達觀之念。
隨筆寫道：

　　宇宙裡的人們，太渺小了。吾人應記取這一感念，產生
互相憐愛同情之心，從而共同體尊重人格，深致友情的根源。

　　父子、師生、主從等的上下直線關係，固需同情體貼；

37　詳見劉錡豫，〈《漫游藝術史》尋找田園畫家的幽微身影：米勒最早在台灣
　　如何被認識的？〉，《自由時報》，2022/02/05。

就使夫婦、兄弟、朋友等的同等橫線關係，也要體貼尊人，方可建立美滿友情。

數十年間的短促人生，已歷盡悲歡離合境遇。茫茫人海，竟有奇緣構成親族、朋友關係，絕未可多得。所以更該有濃烈的情感，融洽相處。友愛是人類關係的基本條件，在人生行旅路程，具有一點自發的友愛情誼，生命就會散射充分活力之榮光。

馬卡斯・奧理略（Marcus Aurelius, 121-180）說：人生如過客，大家是通往永遠的黑暗中旅行。今晚皆有奇緣，宿於同一逆旅，聚於同一燈下，明日須再分道揚鑣，各奔前程，這就是人生的真相。明乎此，我們豈能抱怨他人，埋沒惻隱之心呢？

具有這種悟道達觀的念頭，……[當能互相] 矜卹憐憫才對。

接著，林攀龍講一個作家的寫作故事：英國小說家本涅特（Arnold Bennett, 1867-1931）居住巴黎的時候，常到一家餐館用膳。館中一女招待，姿容秀麗，從未和她話敘。某夜，一老婦人蹣跚而入，體胖形醜，聲音言表古怪可笑；一時座客都對她鄙視嗤笑，連那位佳麗女招待，也皺眉慘笑。作家本涅特目睹這幕悲喜劇，不禁遐想：這老婦人過去難道沒有青春時代？今天已年老色衰，但她往昔的體形言表，比起眼前美女，豈有些微遜色？本涅特非常同情老婦委屈遭遇，瞬

間觸動靈感，決意寫作描述此老婦一生，終成著名傑作《老婦譚》（*The Old Wives' Tale*）。

我們若像本涅特存著一片婆心，發揮想像力來對待人們生活；不輕瞥視表面，而發掘深藏；這樣，吾人生活，定更合轍豐富；與人關係，也必倍加密切。[38]

林攀龍筆下的作家本涅特，能體諒老婦遭遇，憐愛同情之心（sympathy）悠然流露，不僅同情，尚且心靈相通之同理心（empathy）。

〈海德公園〉（Hyde Park）：言論自由論述

中國詩人徐志摩（1897-1931）與台灣詩人林攀龍（1901-1983）是同時代的人，兩人都留學英國。徐志摩 1922 年就讀倫敦政經學院，1925 年 3 月至 10 月的幾個月在劍橋大學進修。林攀龍從 1925 到 1928 的三年間在牛津大學研究宗教與哲學。

但兩人有不同的遭遇。徐志摩於 1925 年 10 月回國之後，在「後五四運動」的中國，得以在學術、文藝界發揮其才華，受聘於多所大學當教授，並參與提倡白話新詩運動，譬如，他寫了〈再別康橋〉一首詩，中國學生（和台灣學生）人人朗誦。

---

38 林攀龍，〈友情〉，《人生隨筆及其他》，頁 84-87。

反觀，林攀龍牛津大學畢業後，又於 1930 年先後到巴黎大學及慕尼黑大學進修，至 1932 年回到台灣——日本殖民地的台灣、1945 年之後又被中國國民黨統治下的台灣。故此，林攀龍缺乏友善的環境與機會，讓他充分發揮其學術才華。但，他仍然從事社會文化工作，創辦私立萊園中學教育學子，以及默默地著書寫作。

　　《人生隨筆及其他》這本 335 頁的書，充滿知識與智慧，但如今卻甚少人知曉。其中，如上列多篇文章（包括〈[歐洲]近代文學的主要潮流〉、〈當我看到彩虹，我心躍動〉、〈在生命的初夏裡〉、〈要正確認識人生的目的〉、〈現代文明的考察〉、〈職業與人生〉通才教育論述、〈明月清風不用錢〉真摯的親切、情愛，等等），都應該是今日各級學校人文科學及社會科學可採用的頂好教材；下面一篇紀實感言〈海德公園〉亦然，摘錄部分請讀者欣賞：

　　倫敦西部海德公園（Hyde Park），是個有名的地方。留住倫敦的人，總會多次到裡邊散心溜達。在旅居的一段年月，我常隻身漫步遊覽。猶憶星期日下午，必穿過公園往亞爾伯特親王（Albert）紀念堂，凝聽世界名流演奏各種樂章。

　　正是嚴冬悄離、東風解凍的季節，偶見公園大樹下，嬌弱鮮花帶來春訊，眼眶不禁掉下幾滴熱淚。北方天寒、迎春感念濃厚，乃身處長春南國之人，所意想不到的。

　　星期日下午，公園裡有著政治、婦女、學術各種團體，

自備站台，權充臨時講壇。旁邊插上五色繽紛的旗幟，就地各抒意見，吸引聽眾。

其中，最使我納罕的，是：以往受英國統治的印度人講台上，有些青年，公然鼓吹獨立運動；吐露激昂言論，攻擊政府。揭發英人在印度殺戮無辜良民及其他種種苛政。態度從容，毫無顧忌。那時候，在場英人，皆冷靜諦聽，默不作聲。有的話，也待演講者言詞結束，才低聲下氣，溫文地詢問一兩句。

反觀法、義等國人民，面臨類似場合，可能不安緘默，大吵特鬧。蓋因法、義街頭，常有人們團團圍攏，高聲叫囂，不知作何底事。這種喧嚷現象，和沉靜的英人相較，也許是國民性之差別！

過後，我曾將海德公園目擊情景，請教英國朋友。他笑著說：「印人宣講的事，要是真的話，想蠻橫制止，亦不能有效遮掩。倘若信口雌黃，結果是自露醜態，掃盡體面。」我聽過之後，很佩服英人觀點，原有一番見地。由此提示，更了悟他們平日尊重言論自由所取態度之正確。

以上半段，是林攀龍懷念 1920 年代留學英國時，常於星期日漫步遊覽海德公園的情景；他嚮往英國自由開放的公民社會，有世界名流音樂演奏會，也有各種公民團體就地各抒意見，甚至有些印度青年，公然鼓吹獨立運動，吐露激昂言論，攻擊政府。在場英人，皆冷靜諦聽，理性尊重。

接著，〈海德公園〉的下半段，是林攀龍的言論自由論述，展現其國際觀；他經常以人類社會文化演進之立場立論。他寫道：

現代情勢劇變；當時英國領導世界的地位，已轉移至美國。印度業經獨立，英帝國亦已變貌（現仍繼續演化）。但其裨益於人類自由思想的功績，我們要確切認識。因爲這和德國的哲學、音樂；法國的美術、文藝；美國的科學技術；同樣對人類文化有頂大的貢獻。

穆勒（John Stuart Mill, 1806-1873）所著《自由輪》（*On Liberty*，今多譯爲彌爾《論自由》），迄今價值未減。書中啓發吾人的至言甚多；茲摘載片段：

「假使除去一人的全人類之意見一致，獨有一人意見表示反對時，要讓人類中之一者緘默，是不該的；倘若他一人有力量，也不應讓人類緘默。」

「如果一個意見正當時，要把它禁制，等於向人民剝奪舛錯的換作眞正的之機會；……」

眞的事物，要無理止抑，是不可能的。眞理有其堅強之擴展性，就像沒法阻住春花開放、湧泉上溢一樣。

言論不破壞社會秩序與安寧，自應具有最大自由，方合事理。集思各方面發表的意見，何者眞理，何者荒謬，即不難判明。反之，言論不自由，則疑心生暗鬼；極小事件，可

因未曾提醒，而演成嚴重錯誤。……

虛飾美的理念，不及眞實美來得雄健有力。

造花雖綺麗嬌好，不如一朵小小生花的鮮艷欲滴。無根物，怎敵得眞生命的落實有價值呢！[39]

閱讀林攀龍這篇隨筆，令人不禁有所感觸。在「中國史觀」教育體制下成長的台灣人，大多頗爲熟悉中國詩人徐志摩的〈再別康橋〉與朱自清的〈背影〉，卻很少人知道──誰是林攀龍？什麼〈海德公園〉？什麼〈當我看到彩虹，我心躍動〉？什麼〈現代文明之考察〉？……

政黨輪替多年後的今日（2022），「中國史觀」依然纏住台灣社會與學界──多數台灣年輕人不會說台灣話（各種母語的台灣話），不熟悉台灣的歷史人物與文化──誰是林攀龍？什麼〈海德公園〉？誰是黃彰輝？什麼「處境化」神學？台灣本土神學跟我什麼相干？

台灣出生的教育家林攀龍、和神學家黃彰輝，他們的人生經驗、言行與智慧，值得吾人探討深思。台灣還有許多被埋沒各方面的人才與歷史事實，等待我們去發現，從而改寫本土歷史──書寫「台灣人的台灣史」。

39　林攀龍，〈海德公園〉，《人生隨筆及其他》，頁88-91。

肆

續評論《人生隨筆》（1954）：
人類文明與人生價值

劃一、統制是減煞國民生命力，未能讓真的國民文化開花。私立學校，是民主精神的尺度。假使私立學校不發達，就可證明我們的民主精神低落，我們的國家文化落後。

——林攀龍

　　田園晚景是可愛的；我常踽行賞覽。偶聞村婦喊著「鵝來！鵝來！」這是清晨放畜，薄暮散失，急于追回的尖切呼喚。……現代生活人，受物慾纏繞，放失本心，反而不知收回。

——林攀龍

　　現代文明的最大缺陷，是不知停止、不知滿足。人人均受風暴捲入漩渦，祈求刺激再刺激，只顧表面化的生活，因之時常忘卻自我。

——林攀龍

　　地上諸多萬物之中，最令人驚艷的是人類！（Wonders are many on earth, and the greatest of these is man.）

——索福克里斯（Sophocles, ca. 497-406 BCE）

林家1967年合影。左起曾珠如、林攀龍，前方站立之兒童爲林明弘。（林明弘提供）

1954 年林攀龍自述:「青年時代,記憶力相當強,往往拉雜瀏覽古聖賢名著和世界文學傑作。結果,因理解力淺,未克消化吸收。現在記憶力衰退,唯理解力反見進步;讀書之樂,已大非昔比了。」[1] 雖然他自謙記憶力及讀書之樂減退,其實並不盡然。他書寫每一篇隨筆,靈感從讀書與記憶中,源源奔湧而來。

〈最多而最少〉:
建國之道,重質不重量

中國國民黨 1945 年從中國來到台灣之後,教育台灣人認同中國;各級學校教科書強調:「我國地大、物博,有四億五千萬人口,五千年悠久的歷史文化。」記得這是學校老師們,朗朗上口的標準口號。同時,政府宣傳吾國擁有六十萬大軍,美援先進武器軍備,「反攻大陸,光復神州」。

然而,民間教育家林攀龍 1954 年撰文〈最多而最少〉,指出建國之道,必須重質不重量,人民的素質最重要。他從一則日本史上的故事說起:

有一天,日本英雄豐臣秀吉(1537-1598)向他的部將黑田如水問道:

「世界上最多的東西是什麼?」

1　林攀龍,〈青鳥〉,《人生隨筆及其他》,頁 191-206。

「是人類。」

「那麼，最少的東西是什麼？」

「也是人類。」

豐臣秀吉對這種答案，感動非凡。……

無可否認，我國地大、物博、人口眾多。然而，建國原動力，不得端視國民數量的多寡；主要還在國民素質的問題。

想使一個國家隆盛，不能單憑地大、物博、人口眾多；或依賴要塞設備、犀利武器。至要者，該注重國民素質的優秀。別輕視這無形之潛伏力，它有著可以左右整個國家的強勁呢！

設若部分人民，祇知愛悅金錢、孳求私利、喜受恩惠，這種人的心情，正似乞丐。他方面，部分有權力有地位的人，不知服務精神為何物、假公濟私、以俗質冒瀆神聖工作，這種人的表現，像是盜賊。一國之間，如果上述兩種不同的腐化分子數量太多，那不就越多越糟嗎？[2]

林攀龍引述孟子所謂：「得志，與民由之；不得志，獨行其道」的大丈夫氣魄，以及，「國父孫中山先生指示我們：『人生以服務為目的』。」這兩句，都是當時國民黨政府教育宣傳下，大家都耳熟能詳的話。接著，林攀龍寫道：

2　林攀龍，〈最多而最少〉，《人生隨筆及其他》，頁92-93。

一代英雄拿破崙（Napoleon），在戎馬倥傯之際，仍抱著欽仰心情，不斷閱讀歌德（Goethe）之小說。某一天，會見了歌德，看到他的丰采風度，不禁喟然慨嘆：「這裡才有真正的人物！」

高唱民主精神及同胞愛的惠特曼（Walt Whitman），在他的名詩《大路之歌》裡面一節寫著：

「走呀！那種誘力是更偉大的，

我們將航過絕跡的荒海，

走到風吹浪打和美國人的船兒揚帆飛速前進的地方。……」

民主精神，不是要縱容烏合之眾，也非把人們的價值抑低和動物一樣；它是要求人格真正自由的豪邁精神。

培養重質不重量的國民，林攀龍指出需學習培根（Francis Bacon, 1561-1626）的主張科學精神，排除偏見；巴斯噶（Blaise Pascal, 1623-1662）的深思；以及歌德《浮士德》裡所說：「遠離一切外觀，只深探事物本質。」總而言之，「不受量和形式所迷、知道尊重質及內容的人眾多時，國民全體之質方面向上，國家也才是一個文化的上國。」

還有，林攀龍引述尼采（Friedrich Nietzsche, 1844-1900）講過：「人生是歡樂的泉水。惟我如和賤民一起啜飲，一切清水，就會變成毒泉。……」尼采是菁英主義者，而剛才論

及的惠特曼則是平民主義者，林攀龍怎麼將兩人相提並論？到底，什麼是賤民？林攀龍解釋道：「賤民不一定是社會地位低微、知識淺薄。在境遇不佳之中，亦有許多誠實的良民。貴、賤，是心情的問題；也是精神的問題。」

林攀龍看到社會上有許多賤民：「僅知物質享樂、不知精神世界者……；爲了名利、遑急狂奔者……；缺乏批判精神、成群結黨感情用事者……；濫使權力、私用天下公物者……；不懂人生是服務及創造的歡喜、只想敷衍塞責者……；曲學阿世、沒有信念者……；未能理解外國文化的精神，只鋪糟粕洋洋得意者……；不問伊誰，凡損害自己人格、同時損害他人人格者，都是賤民。」林攀龍接著論述一位著名詩人學者倡導教養：

阿諾德（Matthew Arnold, 1822-1888）對當時十九世紀的英國社會有痛切批判；上流社會，是只曉得打獵、運動、浪費貴重時間、不想讀書的野蠻人；中流階級，是只曉得積蓄財富的物慾人；一般民眾，是把無秩序、放縱，看成自由的眾愚。因此，他所倡導教養的本源，即：甘美和光明（sweetness and light）。

文化根柢，在質不在量。單獨一人的基督出現世間，就有今天這麼偉大的基督教文化發展起來。假設人人心地，不知感得一人的基督之愛，無論基督教的神學，怎樣發達、徒擁虛名的信者，怎樣增加、基督教的各種活動，怎樣興盛，那都沒有效果。

莎士比亞（Shakespeare）的存在價值，不比英帝國為低；一個人的歌德，足以增添日耳曼民族之榮譽和全人類的光耀；近代中國之誕生，也是 國父孫中山先生一人艱辛締造的。

創造文化之質，係教育的使命。今天，「量」已逐步抬頭，「質」亦漸走下坡；唯質決不可被量所埋沒。眼前，最是民主政治敲響「重質」洪鐘的時候了！[3]

上面林攀龍對「孫中山」的一句評語，稍嫌誇張。《人生隨筆》出版於 1954 年，其時代背景是中國國民黨宣傳「實行三民主義」、「領袖、主義、國家」的軍事戒嚴時代，也是「反共抗俄、反攻大陸」的反共文學盛行時代，也是政府嚴格檢查出版刊物的時代。然而，林攀龍的著述始終理性穩重，從未出現當時流行的政治標語與口號，如「蔣總統萬歲」、「蔣公中正」「殺朱拔毛」、或「消滅共匪」等字樣。

阿諾德是深深影響林攀龍的英國詩人、文化批評家。他倡導擇取世界各地文化精華，培育文化教養，使人類活在「甘美和光明」（sweetness and light）的世間。[4] 阿諾德對歐洲文明史上，希臘主義與希伯來主義之創造性緊張辯證關係，多所著墨。此議題林攀龍在 1922 年東京帝大時發表的論文就有討論。1954 年林攀龍的隨筆，則引述阿諾德批判維多利亞時

3　林攀龍，〈最多而最少〉，《人生隨筆及其他》，頁 92-99。

4　"To make all men live in an atmosphere of sweetness and light. Matthew Arnold *Culture and Anarchy: An Essay in Political and Social Criticism,* 1869.

代（Victorian Age, 1837-1901）的英國社會。

從阿諾德獲得靈感，1954 年林攀龍隨筆寫下非常精彩的這一段，他看到社會上有許多「賤民」：

> 僅知物質享樂、不知精神世界者；為了名利、遑急狂奔者；缺乏批判精神、成群結黨感情用事者；濫使權力、私用天下公物者；不懂人生是服務及創造的歡喜、只想敷衍塞責者；曲學阿世、沒有信念者；未能理解外國文化的精神，只鋪糟粕洋洋得意者；不問伊誰，凡損害自己人格、同時損害他人人格者，都是賤民。

這樣的「賤民」在 1954 年的台灣社會何其多！在現今 2022 年的台灣社會有沒有？請讀者思索！

對台灣社會，愛之深、責之切。

林攀龍這篇隨筆強調必須提高國民的「質」，卻未詳論執政者的「質」。民主時代的國家領導人，必須要有信仰——對自由、民主、法治、人權「普世價值」的信仰——不是選舉前喊口號的空頭信仰，而是要實踐真實信仰。

國家領導人的素質，他的言行、品格、風範，對全國民眾無形中影響重大，是形塑國民性格與心態的一股重要力量。譬如：過去兩位經常喜歡說台灣母語的前總統李登輝和陳水扁——他們給人非常具有台灣本土氣息的感覺，充分展現溫馨迷人的「親和力」；有他們做示範，多位政界人物常說母

語，人民大眾也自然喜歡說母語了、也喜歡唱台灣本土歌曲。在台灣本土各族群的母語急速流失的情況下，國家領導人說母語，來提倡母語文化，是頂體諒人民的心情、頂聰明的。

但是近幾年來，說母語的大小官員，越來越少了，也導致大多數年輕的台灣人不會說台灣話，造成世代隔離、文化傳承斷裂，失去了多少台灣情！過去那個溫馨迷人的本土情景，令人嚮往懷念！

大家還記得嗎？距今二十年前（2002 年 11 月 29 日），西班牙男高音多明哥（Placido Domingo）來台開大型「新世紀之音、全民演唱會」；他跟美麗的台語歌星江蕙小姐，用台語發音合唱台灣民歌 "Wu Ya Hue"（〈雨夜花〉鄧雨賢作曲、周添旺作詞），令全場聽眾驚艷轟動，讓台灣聽眾突然驚覺原來台語那麼好聽！台灣民歌那麼優美動人！台灣本土各族群的母語文化都是閃亮珍貴的寶石，體貼民情的國家領導人，懂得珍惜提倡。

總之，台灣建國之道，提高國民的「質」固然重要，提高領導人的「質」更重要。其實，兩者互為因果。愚昧的國民選民，輕易被人誘導，就會選出劣質的領導人。精明的國民選民，能獨立思考判斷是非，才會選出優質的領導人，並加以監督，使他／她不敢絲毫失職怠惰。人民是國家的主人（popular sovereignty）。

〈教育與學校〉：
教育即生活，生活即教育

這一篇的要義是：「學校教育，只供給人生大學的學習技術而已。學校教育之外，有：家庭教育、社會教育，和向大自然接受的教育。」「詩人華茲華斯（Wordsworth）提過：觀察事物，讓自然做你的教師。」把人生看作一間廣大學校，尊重自我教育者，就是自動的、積極的、創造的真知。應抱著自由和謙虛的念頭，進行自我教育。

「要讓他們知道人生真正幸福之源泉，寓於靈智啓發，以引起自我教育的興趣。這才是學校教育的高尚使命。」「教育即生活，生活即教育。」人的一生，係教育的成長。「全體人類生活，是一個教育的過程。」「人類乃永久學習的存在者。……自搖籃至丘墳的整段歲月，就是一所宏大之學校。」[5]

總之，林攀龍強調，人生就是一所學校，從生活中，學做人。他的眼界，並不局限於國內，而是延伸到全體人類。

〈學園生活〉：
自然教育

教育機關有各種不同的稱呼：學校、學堂、學院、學園等。其中，林攀龍喜歡稱之為學園，因為它引發一種聯

---

5   林攀龍，〈教育與學校〉，《人生隨筆及其他》，頁 100-108。

想、一種豐富、快樂的情感——學園裡「有美麗的花朵、青翠的樹木、甘旨的果實。」「亞里斯多德（Aristotle,384-322 BCE）在他的學園中之綠蔭下，對學生逍遙講授。……除了研究學問之外，還有人格與人格的高尚接觸。」林攀龍創辦的私立中學，叫萊園中學，就有學園的涵義，是個「自由境地」。

學園該以學生為中心。古舊教育方式採用注入式已不合時宜，現代教育應採用抽出方式。裴斯泰洛齊（Johann Heinrich Pestalozzi，1746-1827）說：「教育須盡量自內部向外部啓發；不是外部向內部傳入。」又說：「要給兒童追尋他自己能力所會發現的東西。」[6]

裴斯泰洛齊是瑞士浪漫主義教育家，深受盧梭（Rousseau）的著作《愛彌兒》（Emile）之影響，響應其「返回自然」之呼籲，創立多所私校，實行「自然教育」，強調順著學童的個性，讓其自然發展。[7]

林攀龍創辦私校，即是試圖遵照盧梭和裴斯泰洛齊的教育方式。他寫道：「教育本義，不宜教人想什麼；乃在教人如何想法。是故。培養青少年尊重自我、愛護自己生活的念頭，就成為主要因子。……會真正愛護自我的人，當然就能愛護國家社會。」他強調：「學園是學生的。」他讚賞愛默

6　林攀龍，〈學園生活〉，《人生隨筆及其他》，頁109-110。

7　Daniel Tröhler, *Pestalozzi and the Educationalization of the World*,（Palgrave Macmillan, 2013）.

生（Emerson）的想法：教導學生的，是同學們。那麼教師該如何？「教師對待學生，出自尊重他的人格，輔導他的成長，全無點滴私心。這種心情，是人生最優美的環象。」好教師的精神，應接近良父母心情，「以學生為主體，培養他們的人格。」[8]

教育家林攀龍談論自己的教學經驗：

我和青年們在學園一起生活，眨眼已逾十稔。年華逝水，不禁感喟萬千。……在長久的學校生活中，我迭將經驗作材料，竭力不拘諸生外形表現，想切實理解他們的內心；然往往亦有錯誤。間或表示真情，訓迪學生，自感沒有反應，結果，倒收宏效。他們的感動，竟會超過殷望。那時候，我轉受教益，更鼓滿竭盡棉力從事教育的勇氣。學園生活最愉快者，莫過於眼見學生肉體、精神各方面的迅速成長進步。人間佳品固多，就中以青年有規律、有美德乃挺好東西之中的一種。……我對青年的希望，是：「柳綠花紅」。[9]

林攀龍主張不可容許私立學校以營利為目的。「從國家立場來說，如不阻礙國家發達者，任何學校的個性，都要予以承認、獎勵。劃一、統制是減煞國民生命力，未能讓真的國民文化開花。」私立學校具有家族的親愛，較有人格教育的機會。「私立學校，是民主精神的尺度。……假使私立學

8　林攀龍，〈學園生活〉，《人生隨筆及其他》，頁111-114。
9　林攀龍，〈學園生活〉，《人生隨筆及其他》，頁117-119。

校不發達，就可證明我們的民主精神低落，我們的國家文化落後。」

　　教育家林攀龍上面這段話，2022 年的今日看來，很平常，但是在 1954 年他道出此話時，是軍事戒嚴、白色恐怖時代，是國民黨政府強行「劃一、統制」教育的時代。在那時代他說：「教育本義，不宜教人想什麼；乃在教人如何想法。」其歷史意義重大。

　　林攀龍引用福祿貝爾（Friedrich Froebel, 1782-1852）釋示：「教育是給人認識自己和人類，及神與自然。依存這一認識，才會使人過著純潔神聖的生活。」林攀龍強調「學園生活，須『柳綠花紅真面目』。每一學生，應有展開個性的機會；學園本體，也該發揮獨特的意義和使命。」[10]

　　福祿貝爾是著名德國教育家，深受裴斯泰洛齊和盧梭之影響，1837 年創立幼稚園（Kindergarten, i.e., Garden of Children），影響歐美及世界各地幼稚園之設立。其著作 *Mother-Play and Nursery Songs* 被翻譯成多種語言。美國教育學者約翰·杜威（John Dewey, 1859-1952）也從他獲取靈感。[11]

10　林攀龍，〈學園生活〉，《人生隨筆及其他》，頁 120-123。
11　Tina Bruce, *Friedrich Froebel: A Critical Introduction to Key Themes and Debates*, 2021.

〈職業與人生〉：
通才教育論述

1955 年東海大學創校，推行「通才教育」，是當時台灣教育界獨特的創舉。其目的在啓發同學們追求眞善美，培養兼顧科學知識與人文素養的東海人。自由人文主義教育的重點是：人類身體的均衡發展，人文心靈的和諧成長。筆者當時在東海就學，聆聽曾約農校長及老師們講解通才教育的精神，頗覺新穎感佩。

然而，比他們更精彩的，是教育哲學家林攀龍對「通才教育」的論述。他博引東、西洋哲人名著與生活經驗，其內容更加扎實豐富，他清晰的邏輯與流暢的文筆，更是誘人，令人深思信服。他寫道：

文化本質，……究局是倫理的問題。……要了解善是什麼，須自哲學獲得啓示；要實踐善的行爲，須自宗教獲得助力。……科學之外的哲學、宗教……能增加社會生活的智慧，發見人類將來的晨曦。

哲學、宗教、科學，宛若人類的頭、心、手一樣。這三者應該融合一致，人們才會刷新精神力，肅清混沌危機的荊棘，開闢人類光明的坦途。[12]

---

12 林攀龍，〈現代文明之考察〉，《人生隨筆及其他》，頁 43-60。

林攀龍的論述頗具深度，啓發吾人深思自省。這裡另一篇〈職業與人生〉通才教育論述，深入淺出，同樣引人入勝，令人喜悅愛讀。茲節錄如下，讓讀者欣賞：

　　職業，乃人們貢獻自己給社會之媒介，亦即發揮自己天賦能力的具體辦法。……

　　羅斯欽（John Ruskin, 1819-1900，英國作家、藝術批評家）有這樣明哲語：「任何事物，須在純潔和神聖的狀態，各部門融爲一致、互相協力之時，才能顯現……」

　　記得我旅居英國時期，曾探詢當地孩子們將來的志向。結果是：日常喜歡機械玩具的孩子，就說將來要做技師；高興看廣闊世界的孩子，就說要做海員；也有說要做個音樂家的。大家依其所好解答。斯時，我聯想到前在日本，因社會專制思想太深，當地孩子們受著歪曲渲染，全希望做總理大臣或大將，這就不是一己的眞意向。現在日本遭過大難，戰後諒較民主化。今日，我固然未再親詢，惟料想當地孩子們將來的志向，定比以往純眞。

　　今年，萊園中學有個高中畢業生來訪，提及他本來志向政治，只因眼見政界情形不太單純，恐染上宦海習氣，所以現在又想改攻農學。

　　或人這樣想：日據時代，本省學生出路，深受嚴格限制，唯有西醫，才能發揮才幹。……

人格與職業：現代文明社會，越分工越機械化。專門分業，可促技術熟練，改進事業。……惟從人生方面說來，生活愈切愈細，即非一種好現象。

生活應比職場遼闊；人格該比地位崇高。別忘了職業乃人生立腳點；它只是造成豐富生活、人格向上的工具而已。

回顧現代分工人力的文明生活，有人用頭、有人用手、有人用腳，像個不具者。肉體上固形同殘廢，精神上亦缺全人生活。

近代學問，漸次專門化。分科分系，精密纖微。科學者埋頭顯微鏡下研究纖細物質，文學者或其他學問者，均在極專門的學問中孜孜探討，這種現象，原未可訾議。但世人不察其理，以為凡是博士，學術皆甚精湛；其實，博士並非如此萬能。譬之醫學博士，僅研究一項細微醫理，毫無臨床經驗，竟利用博士高銜，作診斷患者的招牌；思之良堪浩嘆。

人格價值，須再強調；絕不可側重職業機械化，而忽視人格價值。農人、商人、政治家、學者、技術家，都要先是一個名符其實的「人」！

哲人畢達哥拉斯（Pythagoras of Samos, c.570-495 BCE）啟示：「人是萬物的尺度。」

愛默生（Emerson）于論文《美國的學者》中解說，有人才有職業。不是農人，是人在務農；不是商人，是人在經商；不是政治家，是人在治政；不是學問人，是人在學問。……

……商人若專計私利，充金錢奴隸，非人在貿易，只是貿易之商人。學者若一味摹仿他人思想，拾人牙慧，非人在學問。只是學問之人。

孟子（372-289 BCE）曰：「學問之道無他，求其放心而已矣。」

現代文明生活，越機械化、部分化，人的本心愈放失，思想愈難集中。

田園晚景是可愛的；我常踽行賞覽。……偶聞村婦喊著「鵝來！鵝來！」這是清晨放畜，薄暮散失，……急于追回的尖切呼喚。我聽過之後，急盼她能立刻找到目的物。觸景生感，不禁想起村婦散失一鵝，知道追尋。現代生活人，受物慾纏繞，放失本心，反而不知收回。這恰合「人有雞犬放，則知求之；有放心而不知求」的寫照。

想收攬全部生活，必須探討哲學、宗教，藉資確立人生觀、宇宙觀。……喪失人生觀、宇宙觀的人，就會變成職業的奴隸與工具。……

除損害人格者外，世間沒有賤業，僅有低賤之人。

所謂低賤人，乃不忠實於工作之流。……地位不會引人有光彩，是人造成地位有光彩。任何小事，只要認真工作，就算大事。

國父孫中山先生指示：「要做大事，不要做大官。」就

是這個意思。

自己從事的職業，所需忠實之樞紐，端在無論大小輕重，不可怠忽責任。否則，就是看輕自己、奴化自己，非獨立自尊的人。

您該敬愛職業，毋庸誇張業績。

馬克多那爾（J.Ramsay MacDonald, 1866-1937，1929-1935 任英國首相）講過：「真正的職業人，是對待自己職業，有如對待妻室之愛情一樣的人。」

亞諾爾特（Matthew Arnold）喻述：「若要做個無能的律師，不如擔當擦鞋匠之間的拿破崙，或者作個煙囪掃除人之中的亞歷山大。」

羅丹（Auguste Rodin, 1840-1917，法國雕刻家）表明：「現代人最大的缺點，在于自己職業沒有保存著愛。……勞動一事，是使人生有價值、有歡樂、有幸福的東西。」

除開忠實做事，還要研摩周圍的學問。……如：醫者要兼習文學；文學者要兼習社會學；科學者要兼習文學；各科的學者要兼習哲學、宗教。……

職業是一種手段和磨練人格的機會。……

法國文學家羅曼‧羅蘭（Romain Rolland, 1866-1944）於《貝多芬之生涯》書中寫道：「我們周圍空氣很厚重，舊的歐羅巴在汙濁空氣中變成混沌。很鄙俗的物質主義，支配

政治、個人、和社會。快受惡劣的利己主義所窒息了，道德也急喘著。多開窗戶吹進自由空氣吧！讓我們呼吸偉人的精神。」[13]

　　林攀龍這篇精彩的論述，指出現代社會機械化、專門化、分工化的弊病：「分工人力的文明生活，有人用頭、有人用手、有人用腳，像個不具者。肉體上固形同殘廢，精神上亦缺全人生活。近代學問，漸次專門化。分科分系，精密繽微。科學者埋頭顯微鏡下研究纖細物質，文學者或其他學問者，均在極專門的學問中孜孜探討。這種現象，原未可訾議。但是……人格價值，須再強調；絕不可側重職業機械化，而忽視人格價值。農人、商人、政治家、學者、技術家，都要先是一個名符其實的『人』！」

　　對於現代社會機械化、專門化、分工化所導致的弊端，西班牙哲學家賈賽特（José Ortega y Gasset, 1883-1955）也有同樣的感受。他指稱這是「專門化的野蠻」（"Barbarism of specialization"）。[14]

　　1959 年，英國作家斯諾（C. P.Snow, 1905-1980）警告：科學與人文之間的鴻溝，將它們分割成兩種互不相關的文化（Two Cultures）。西方學者對「人文教育的危機」（humanities

---

13　林攀龍，〈職業與人生〉，《人生隨筆及其他》，頁 124-137。

14　詳　見　José Ortega y Gasset, *The Revolt of the Masses* (London: Unwin Books, 1963), pp.82-87.

crisis）憂心忡忡，強調科學家、醫生、律師、企業家等等專業人士，必須接受人文主義教育的薰陶，培養道德紀律，才能造福人類，保護地球生態。[15]

1954 年 12 月林攀龍出版《人生隨筆》時，正好是美國基督教聯合董事會在台灣籌辦東海大學的時候。創辦人及大學董事會的構想，就是要推行「通才教育」，那是當時台灣教育界的重要創舉。東海大學怎麼沒有邀請林攀龍來諮詢協助？這議題，是本書下面幾章將要討論的一個重點。

〈閑日月〉：
「我格外愛菊，為了它的節操」

林攀龍喜愛歐美自由浪漫主義文學，跟中國道家哲學崇尚自然相吻合。他的《人生隨筆》，多處引述歐美浪漫主義詩人，這篇〈閑日月〉則引用中國詩人，描述自己平日的生活藝術，遠離爭權奪利的俗世，海闊天空喜愛自然的心境：

清早，大夢初覺，先要具有歡欣的念頭。生活正是一種藝術，若無感激，怎能達到藝術的境界！……

生活全無餘裕、缺少閑日月，對於肉體大有妨害。早餐和其他用膳時間，如狼吞虎嚥，非僅腸胃消化不良，甚且神經衰弱、血壓太高等等文明病，都可隨之而來。……

---

15 C. P. Snow, *The Two Cultures and the Scientific Revolution* (Cambridge University Press, 1963)。

白樂天（白居易，772-846）的詩詞寫著：

蝸牛角上爭何事。石火光中寄此身；
隨富隨貧且歡樂，不開口笑是癡人。

在狹窄範圍內，爭權奪利，忘卻此外有一個海闊天空的世界，怎不教人搖頭嘆息？……

每年，老圃送來含苞待放的大小佳菊，分植于花盆、花壇、籬下等處，這是一年中，我和庭園頂能交往的時候，優種菊花，本該照管保留，以待再開，結果，未克如願。但年年可得新種，亦該多多感謝自然的恩賜。

宋代曾端伯（d.1645）喜歡十種花兒，別署十友。如：菊稱佳友、梅號清友……。周敦頤（1017-1073）提過：「菊、花之隱逸者也；牡丹、花之富貴者也；蓮、花之君子者也。」又有所謂四君子，即菊、竹、梅、蘭之雅篆。由此看來，群花之中，菊花皆膺好評。……

台南吳秋微先生，是愛菊之君子。記得早年造謁，備蒙厚意招待。斯時，正當菊花盛開。所蒔佳花，萬紫千紅。每值黎明，依例下床顧菊。他曾道出審味之心境：「世間萬事俱忘，唯知神、菊花，和自己的存在。」那時候，我遂順口告訴他，這是三位一體的境地。自斯迄今，未赴台南，屈指約二十載。惟我相信，秋微先生，仍健壯如昔，蒔菊必愈淡艷，生活也圓滿幸福。

我格外愛菊，當然為了它的節操。……

提起菊花，就聯想到陶淵明（365-427）寫的詩：

「採菊東籬下，悠然見南山。」

這是渾無雕琢、刻畫入微的佳構。……陶淵明已和自然完全融合了。

超越現實且在現實之中的情景，不是偶爾接近自然的人，所能表達；只有優游自然者，方可體驗吟詠。現代人不似陶淵明那樣求取暇豫，多麼可憐呀！

我主持萊園中學校務，可謂無事自忙。住宅毗鄰學校，得聽青少年朗朗書聲，感到十分熱鬧。至下午放學以後，四周逐次清靜，幽遠心境，儼如李太白（李白，701-762）的絕詩：

「眾鳥高飛盡，孤雲獨去閒；
相看兩不厭，只有敬亭山。」……

每逢周末，如果沒有重要的事情，我最不喜歡上市區排遣時間。在家裡，深深享受神賜的閒日月；時而看看蘭花或古松盆景；時而檢出素喜涉獵的書本，看一兩段；時而開開留聲機，欣賞偉大的交響樂或優雅小曲。這樣，我覺得對自己的生活，反能爽然有趣。

例假日，若遇清談雅友來訪，我很歡迎。不過，因事上商託而來的賓客，心頭就覺得有點尷尬。人們大都是有事才踵門相訪，無事絕鮮探友話敘。這種作風，萬分遺憾。……

人生無閒日月，就不能認識生活價值，馴至喪失做人的

意義。……冗雜的現代生活中，豈非越須珍惜閑日月之價值，俾見生命的天國？了悟忙中有閑的人，才會做真善美之活動。[16]

在這篇 1954 年的隨筆，林攀龍說他大約已經二十年沒有去過台南！他的個性就是喜歡安靜，在霧峰家鄉的萊園中學教育學子，每天讀書、享樂永遠讀不完的書、思考人生究竟、時而欣賞音樂、西洋交響樂與優雅小曲、種花賞花、過著悠然自得的生活。大約二十年前、他三十四歲時的 1934 年夏天，曾經去台南長老教中學（長榮中學）講課，拜訪友人吳秋微先生，同年 11 月去台南相親未果。之後，就沒去過台南府城了。

萊園門前對聯：「自題五柳先生傳，任指孤山處士家」，是對他很好的寫照。

〈明月清風不用錢〉：
人們內心渴望真摯的親切、情愛

教育哲學家林攀龍，學貫東、西洋哲學與文學，下面這篇隨筆，闡述人生心靈價值，博引諸多哲人學者，從孔子、王陽明，到梭羅（Thoreau）、叔本華（Schopenhauer）、威廉‧莫里斯（William Morris，著名英國作家、社會主義學者活動者）以及屠格涅夫（Ivan Turgenev），茲節錄如下：

16　林攀龍，〈閑日月〉，《人生隨筆及其他》，頁 154-161。

有關生活美化一事，威廉‧莫里斯告訴我們：屋子裡，沒用的東西，不可擱置。

　　某次，一位富戶新居落成，主人導我參觀。至書齋時，裡邊沒有一本書，只在桌上放著幾本厚厚的賬簿，使我覺得很奇怪。事過經年，印象依舊存留。……

　　記得往前年月，我去拜訪一位日本著名的政治家，看見客廳中間，儘是基督教、佛教、神道等的偶像、畫圖，及匾額，差一點我失笑起來。也許主人以為這樣兼容並包，才能表徵洋洋大觀。……

　　西洋俗語說道：「你若有錢，就不知道自己；你若沒錢，別人就忘了你。」……

　　「一自移家入紫烟，深林住久遂忘年；
　　山中莫道無供給，明月清風不用錢。」

　　這是王陽明（1472-1529）的詩句，身邊紫烟美景，和明月清風做朋友，乃人生一大樂趣。惟走進這種山中無曆日，寒盡不知年的景地，還要講供給，用錢來比較；可見經濟生活和人生關係，息息相通，仍難脫離。……

　　財幣只會帶來空具外皮沒有核心的東西。可購食物，難買食慾；……可雇使用人，難買忠實；可享受快樂，難買圓美幸福。

最堪嘆息的，是：金錢不能交換時間。……

哲學者叔本華（Schopenhauer, 1788-1860）提過：「人們買書的時候，想讀那本書的時間，能夠一起購回，不就更好嗎？」……

不知足的人，富裕也算貧窮。知足的人，貧窮也是富裕。

依同理，梭羅（Thoreau, 1817-1862）敘及：「一個人的富有，和他甘于放棄的數量成正比。」……

說理重點，該是：「高遠的理想，簡素的生活。」

《論語》章句：「子曰：賢哉回也。一簞食、一瓢飲、在陋巷；人不堪其憂，回也不改其樂。賢哉回也。」……

富者最大幸福，是能舉辦慈善事業。……

別期望他日有錢吧！眼前的親切，最為高貴。現社會生活，不管那一方面所缺乏的是真實的情愛。……

屠格涅夫（Ivan Turgenev, 1818-1883）所著散文詩中有一篇《乞丐》，大家也許知道罷；因內容簡短，意譯如下：

我在街頭走著……一個衰老乞丐拉住我的衣袖。

凝血滓穢的眼睛，蒼白的唇皮，襤褸的衣服，膿包的創傷……啊！為甚麼討厭的貧窮糟蹋悲慘的人！

他向我伸出浮腫骯髒的手，口中喃喃，要求施捨。

我的袋裡全部找遍……沒錢囊，沒時錶，連手帕都沒有……身上空無一物，乞丐還在等待……他依舊伸手顫動著。

我茫然注視汗穢發抖的手緊握著：「您，請原諒，我沒有帶什麼。」

乞丐凝血的眼睛望著我，蒼白脣邊，掛上一絲微笑，他也握住我冰冷的手指。

「不要緊的，先生。」他低聲說道：「很感謝，這仍是一種恩惠，先生。」

我也覺得從他那邊得到一件禮物。

人們內心所渴望的是親切、情愛。[17]

讀到這裡，誰不感動掉淚？林攀龍引述屠格涅夫所著這篇《乞丐》，我們也看得出他的為人與教育哲學。林攀龍主張「通才教育」，就是強調在現代科技文明世界裡，不可忘卻培養人文精神心靈價值。

日本東京帝國大學教授及總長（校長）矢內原忠雄（1893-1961）也有過一次經驗。他青年時代，1920 至 1923年間留學英國時，某日在倫敦寒冷的街邊，有乞丐向他乞求施捨，他找遍口袋，沒有零錢，有鈔票；於是，他說聲：「對不起，請稍候」，就跑入一家店裡換來小零錢，給外邊等待

---

17 林攀龍，〈明月清風不用錢〉，《人生隨筆及其他》，頁162-175。

的乞丐。事後，他感到當時自己太小氣、太丟臉、慚愧，自責不已；此事令他畢生難忘，每次想起難免臉紅！[18]

俄國小說家屠格涅夫是人道主義的世界公民（citizen of the world）。他真實的個人感情世界令人稱奇：他愛慕西班牙著名的歌劇女高音波琳・維亞朵（Pauline Viardot，她的小孩當中，有一個可能是他的小孩！）；他同時跟她的法國丈夫交好，互相欣賞彼此的友誼。三人形影相隨，跟著波琳行走；她在歐洲各國到處演唱，結識樂界名人，包括蕭邦、華格納、斯特勞斯等人。屠格涅夫推崇西方作家，跟法國的福樓拜（Gustave Flaubert）與左拉（Émile Zola）特別親近。他們的思想都擁抱超越國界的國際觀。[19] 林攀龍閱讀他們的許多著作，自然被感染，同樣擁抱世界主義國際觀。

〈人生的側面〉：
人類之精神文化，憑藉苦惱而產生

「讀萬卷書，行萬里路」的林攀龍，書寫《人生隨筆》，思考人生價值觀，靈感源源而來。下面摘錄他述說人類精神文化，如何憑藉苦惱而產生：

> 好花和芒刺，是薔薇的兩面特徵。……

18　Susan C. Townsend, *Yanaihara Tadao and Japanese Colonial Policy: Redeeming Empire* (Richmond, Surrey: Curzon Press, 2000) 是傳記佳作。

19　Jerrold Seigel, "Citizens of the World: How Cosmopolitanism Made Europe Modern," *Foreign Affairs*, Vol. 99, No. 5, (September/October 2020), pp.209-213.

人生依然類此：有快樂也有苦痛、有歡喜也有悲哀、有光明也有黑暗。……

「幸福是幻影，苦惱才是現實。」這句叔本華（Arthur Schopenhauer, 1788-1860）的話，建立了他的厭世哲學之基礎。

相反的，萊布尼茲（Gottfried Wilhelm Leibnitz, 1646-1716）講道：「這個世界在可能範圍內，是頂好的。」[20]

郎費羅（Henry Wadsworth Longfellow, 1807-1882）平明穩重的詩，固漸被人忽視；惟其健全有希望之人生觀，堪為吾人生活的鼓勵力。……

平靜吧，悲傷的心境！該停止怨言；

雲背的太陽仍然照耀；……

人生有快樂、也有苦惱；有順境、也有逆境。對於這些的感鳴，有樂觀論者、也有悲觀論者。

斯尉夫特（Jonathan Swift, 1667-1745）把自己的誕生，視為莫大悲劇；所以每逢壽辰，即穿上喪服並絕食示悼。哈第（Thomas Hardy, 1840-1928）亦認定人類如和下等動物在同一的進化過程上中止，是幸福的。反之，布朗寧（Robert Browning, 1812-1889）及惠特曼（Walt Whitman, 1859-1928），都是偉大的樂觀詩人；當吾儕心境鬱悶時，設若讀過他們的

---

20 "This is the best of the possible world" —— Leibnitz.

詩，就會刷新精神。……

　　輕浮或皮相的樂觀論者，誠然不好。唯真實的樂觀主義者，倒會明悉人生側面之苦惱、悲哀、缺陷、逆境、不正、不義等，只是一方面的表現，而不至陷入失望深坑。甚且相信：人類和禽獸大相逕庭，人生極有意義，崇高品性極有價值；縱使真理不是眼前我所想像的，但它能揭開最後勝利的序幕。……

　　探討人生問題（宗教、哲學、藝術），謀求做人應該怎樣生活的答案，這是任何人深淺共有的心情。……

　　苦惱是人們最切實的導師；經由了它，人類社會才會進步。看透苦惱的意義，人生始克強化；這是多麼崇高的一件事。……

　　人生側面的苦惱，毋庸視同讎人，它是強化吾輩人格的良朋。

　　人類之精神文化，都要先經苦惱，才得創造出來。……

　　貝多芬（Ludwig van Beethoven, 1770-1827）提過：「經過苦惱——歡喜。」……偉大的宗教、藝術等文化，無不憑藉苦惱，而產生輝煌的成果。……

　　漢武帝（劉徹，156-87 BCE）之《秋風辭》末後著名的兩句：「歡樂極兮哀情多。少壯幾時兮奈老何！」正是刻畫人心的妙筆。……

不分富貴貧賤、男女老幼，各有內心的哀愁。歡樂極時，哀情跟著增多；勝利之後，愁慮反而深刻。

王爾德（Oscar Wilde, 1854-1900）述說：「有悲哀的地方，才有神聖之境域。」

片面快樂的連續，會叫人日形墮落。有了悲哀的心曲，庶可刷新人們靈魂，擯棄虛榮念頭；使有限個人，欣求無限世界。……

思慕永遠世界的靈魂，……地上的巡禮者──人類，常巡禮中途，會遭遇苦惱、悲哀在指示下列的處理方法：一邊給與生活深化、高尚；一邊對於他人的悲苦，須關切、同情。

苦惱、悲哀的表露，看似無情冷峻；但憑依了它，人們才能體驗深愛和希望的光明。[21]

林攀龍說：偉大的宗教、藝術等文化，憑藉苦惱而產生輝煌的成果。他指出貝多芬提過：「經過苦惱──歡喜。」學者作家著迷研究這位偉大的音樂家，包括林攀龍景仰的羅曼・羅蘭（Romain Rolland）撰寫《貝多芬的生涯》以及經典名著《約翰・克里斯朵夫》。自從十九世紀到 2022 年今天，大家一直在討論貝多芬的音樂如何反映他的時代和個性。譬如說，他的第三交響樂（*Eroica*，英雄交響曲）是否原本蓄意獻給拿破崙？男性英雄形象是否反映當時的社會文化審美價

---

21 林攀龍，〈人生的側面〉，《人生隨筆及其他》，頁 176-184。

值觀？他的音樂如何反映他獨特強烈的個性？

1827 年貝多芬在維也納逝世，他的葬禮吸引二萬名景仰的群眾來致敬。他過世之後被公佈的兩封信，非常令人感動。一封是寫給他兄弟的遺書，傾吐他內心的痛苦與掙扎──述說他因耳聾而犯自閉症，導致個性孤僻、脾氣暴躁；一生創作音樂卻失去聽覺是何等殘酷的悲劇！他告白瀕臨自殺邊緣，但決定必須繼續活下去，只有一個理由：「一直到我完成所有我急著想創作的作品之前，我不可以離開這個世界！」

許多貝多芬的作品似乎反映他的奮鬥與韌性，互相較勁的力量之衝擊與終究的勝利。貝多芬創作戰鬥的音樂，因為他的一生就是戰鬥──針對耳聾、孤單、甚至死亡的戰鬥。

同樣精神上的動盪呈現在他的另一封信。貝多芬終身未婚。1812 年這位四十一歲的作曲家，致信給一位「永恆的愛人」（the "Immortal Loved"）「我的天使、我的一切、我自己本身」（"My angel, my all, my own self"）──悲痛地勸告她，對隔離兩人的命運，只能認命了：「除了犧牲與不要求一切之外，我們的愛哪能持續？你能夠改變你不完全是我的、我不完全是你的，這個情況嗎？」（"Can our love persist otherwise than through sacrifices, than by not demanding everything? Can you change it, that you are not entirely mine, I not entirely yours?"）這封信顯現的特質，恰是貝多芬的音樂和個性所強力表露出來的特質──熱情、渴望、反抗（passion, yearning, defiance）。

那位貝多芬的「永恆的愛人」是誰？沒人知道。傳記學者猜測，提出幾個人選。其中最有可能的，據說是已婚生養六個兒女的布倫塔諾（Antonie Brentano）夫人。上述兩封信，貝多芬生前都未寄出去，雖然他在維也納搬家多次，他還是把信保存在身邊，過世後才被發現。他似乎意欲將之留給後世的人類。[22]

貝多芬的熱情、渴望、反抗、奮鬥，戰勝苦惱，創作不朽的音樂，非常令人感動。

索福克里斯（Sophocles）歌頌人類的詩句嘆道：「地上諸多萬物之中，最令人驚艷的是人類！」（"Wonders are many on earth, and the greatest of these is man."）[23]

〈創造的歡喜〉：
純粹的心靈，創造真善美之喜悅

這裡是另一篇頗有創意的隨筆，林攀龍闡述純粹的心靈，創造真善美之喜悅，節錄於下：

紛紜生活，亦有比較純粹的瞬間；當它翩翩來臨，必能意識到精神喜悅、自我充實、逐步接近理想世界的邊緣。

22　Adam Kirsch, "Turbulent Music, Turbulent Life," reviewing Lewis Lockwood, *Beethoven's Lives: The Biographical Tradition* (Boydell), *The New York Review of Books* (Vol. LXVIII, No.14, September 23, 2021), pp.46-47.

23　Sophocles, *The Theban Plays: King Oedipus, Oedipus at Colonus, Antigone*, translated by E. F. Watling (Baltimore, Maryland: Penguin Books, 1947), p.135.

每次翻讀良書，不單會增長許多文化知識、滿足知性，甚至一句半行的箴言，仍可使人像觸及電流一般周身震動；喚醒酣睡靈性，導游真善美之樂園。

　　有時，和純潔朋友往來，無滲透功利濁念，全係人格接觸，交換心音；這樣，雙方在精神生活上，都能覺得偉力的存在。

　　不以輕浮心跡，游山玩水，反將敬虔謙虛念頭，對待自然；那麼，它定會坦示襟情，啓發志向。毋須跋涉深山汪洋，只要夜間仰觀天界放出燦爛光輝的繁星，即感宇宙偉大，人類渺小，憬悟人生奧味。

　　在己身獨處時，真摯獻出祈禱心意，默默凝注，讓小我思慕大我，向宇宙主宰者虔求和洽，這就是宗教心得發動。

　　逾越報酬及利害觀念的暗中親切待人，……不求人知之點滴善行，確是發揮頂純潔的精神生活。這一行為，乃人生沙漠中之綠洲。

　　創造生活的瞬間，也很純潔。……以自己為主體之能動、意識的完美創作，是心靈最純潔最神聖努力值瞬間。……米開蘭基羅（Michelangelo）論及：「沒有比得上要創作一件完全事物的努力，使人心靈較為純潔，較為接近神。」……

　　創造乃實現價值，它是達到真善美生活的橋梁。生活就是藝術。[24]

十五、十六世紀，多才多藝的意大利「文藝復興人」（Renaissance man）米開蘭基羅（Michelangelo，今多譯為米開朗基羅，1475-1564），是藝術家、畫家、雕刻家、建築師、和詩人。歐文·斯通（Irving Stone）的經典歷史傳記小說《痛苦與心醉神迷》（*The Agony and Ecstasy*，或譯為苦惱與狂喜），生動地描述米開蘭基羅的藝術生涯——強烈的熱情、堅定的毅力，驅使他克服諸多苦難，創作完美的藝術，令其淨化心靈，進入宗教的極樂境界。[25] 林攀龍說：「創造乃實現價值，它是達到真善美生活的橋梁。生活就是藝術。」這句話值得吾人深思。

近日，顏娟英老師在《藝術很有事》節目中、講解1920、30年代台灣天才青年藝術家——勤奮卻英年早逝的雕刻家黃土水（1895-1930）與繪畫家陳植棋（1906-1931）。在日本殖民統治時代，他們認為美術創作可以改變台灣社會，而且犧牲自己的生命都在所不惜，非常令人感動。當時留學東京美術學校的黃土水，在一封家書裡寫道：自己「像一個獨腳的稻草人（案山子，*kagashi*），在黑暗的草原、日以繼夜、單獨默默地工作」。青年黃土水用生命在雕琢創作。他撰文寫道：「人類究竟無法保持萬年壽命，能永劫不死的方法只有一個，這就是精神上的不朽。」藝術家在肉體上、物質上

24　林攀龍，〈創造的歡喜〉，《人生隨筆及其他》，頁 185-190。

25　Irving Stone, *The Agony and Ecstasy: A Biographical Novel of Michelangelo* (Signet, 1958).

是艱苦的，然而在靈魂與精神上卻有無限的快樂！ [26]

　　黃土水的藝術創作，獲得日本皇室的賞識。1922 年底，他以台灣特有的動物帝雉與梅花鹿爲題材的木雕，獻給大正皇后及皇太子（日後的昭和天皇）。他的大理石《少女》胸像（日文原名《ひさ子さん》，1920），「肩上披著毛皮披肩，下身穿著和服，似是年僅十歲左右的日本女孩。清澈的眼睛望著前方，面目清秀，雖是石雕，其圓潤的雙頰令人感到宛如眞人一般的溫度和氣息。少女似乎是富裕的家庭子女，如此西式與日式衣著搭配，也帶著一種日本大正時期（1912-1926）的摩登情趣。」[27] 留學東京美術學校的台灣青年黃土水，從雕刻創作中取得喜悅；同樣在大正時期留學東京帝大的林攀龍，在文學創作方面，有同樣的體驗——「純粹的心靈，創造眞善美之喜悅。」台灣青年，人才濟濟。

〈青鳥〉：
「幸福類似自由人」

　　林攀龍最後這篇隨筆，述說他的人生哲學：「享樂的支

---

26 《追尋不朽的青春 —— 台灣美術史系列之一　藝術很有事第 70 集》(2020/11/04)。黃土水的雕刻數次在日本「帝國美術展覽會」入選。名作包括《少女》胸像（1920）、《山童吹笛》（1921）、《水牛群像》（1930）、《釋迦出山》（1926）以及被封存半世紀後 2021 年才被發掘的《甘露水》（1921 原名《蛤仔精》）。北師美術館 2022 年春展覽其創作。另外，入選「帝展」的陳植棋油畫包括《海邊》（1927）、《芭蕉の畑》（1929）、《淡水風景》（1930）、《婦人像》（1931）等等。

27 鈴木惠可，〈【不朽的青春】致美麗之島台灣 —— 黃土水在日本大正時期刻畫的夢想〉，《自由時報》2020/11/11，轉載自《漫游藝術史》。

柱是幻影；幸福的基石是眞實善良之生活」，「幸福類似自由人」。這一篇十六頁長的隨筆，引述二十多位東、西洋哲人詩人名言，內容豐富扎實；篇幅有限，在此只能摘錄一小部分如下：

「任何人冀求幸福，絕不例外。……所差異者，只有幸福對象而已。」──巴斯噶（Pascal）……

現代文明的最大缺陷，是不知停止、不知滿足。……人人均受風暴捲入漩渦，祈求刺激再刺激，只顧表面化的生活，因之時常忘卻自我。……

在不安混亂之世界中，大家對於一己生活，要如何配合自由和規律？要如何知足以獲得內心和平？這額，都是幸福的關鍵。……

享樂只是站在利己立場；幸福卻須顧慮他人處境。……

羅素（Bertrand Russell, 1872-1970）即應用精神分析學、如 X 光線深照內部、探出現代人不幸病根的良醫。他依據科學原理，……斷定世人病症，……爲了僕僕文明物質，狂想速率……成個精神狀態不健全的病人，……

現代人的疾病，要怎樣治療？對此，羅素亦開了幾種藥方。如：熱意、愛情、家庭生活、工作、超個人的興味、努力，及諦念。

概括處方意見，即：生活要有興味，不可專攻己務。須脫離小我軀殼，用心于超個人利害以上的高尚工作。熱誠服

務，眞摰待人，並且創造美滿的家庭生活。凡事不計成敗，盡瘁而爲。趕掉慘霧愁雲，就能發見生活的歡樂。

梅脫靈（Maurice Maeterlinck, 1862-1949，比利時作家，1911 年諾貝爾文學獎得主）的名著：《青鳥》，……這部劇本的寓意，是說：人們要蘄求幸福，不必遠走他方，亦不必寄託於過去和未來。只要在日常生活之間，對人略有親切，就能和它接近。至於後來青鳥莫知所終，正暗示幸福該永遠追求，不可獨占私有。……

時過三十年後的今天，我依舊感謝還存在華茲華斯（Wordsworth）所述：「我一看天上彩虹，內心就忐忑跳躍」的意境。每逢秋天晚景，仰看成群雁行飛往南方，帶走推移歲月的時候，心裡即油生感念；類似夕陽近黃昏，亦曉無限好一般。自然界種種美景，現在已比青年時代更知鑒賞、更知感激了。

微末事態，也可發見幸福。我看到小女以五角錢買個紙風車，掛著迎風轉動，內心莫名欣羨，不禁聯想：

「雲淡風輕近午天，傍花隨柳過前川；

時人不識余心樂，將謂偷閒學少年。」[28]

年輕時，未諳體貼，盡念自己。到今天，對於他人心情，

28　程顥（1032-1085），北宋哲學家、教育家、北宋理學的奠基者。字伯淳，學者稱明道先生。後來為朱熹所繼承和發展，世稱程朱學派。

漸能理解，業經有點洞明世故，練達人情了。雖然，積極助人，或限於能力，惟對人心微妙的七情世界，倒會注入廣闊的同情心。

青年時代，記憶力相當強，往往拉雜瀏覽古聖賢名著和世界文學傑作。結果，因理解力淺，未克消化吸收。現在記憶力衰退，唯理解力反見進步；讀書之樂，已大非昔比了。

最近，摯友莊遂性兄來晤，間曾談及記憶力與理解力消長問題。他的春秋固高，理解力也很強，但仍表示：「要讀的好書還多，心裡覺得很熱鬧。讀書應該從現在算起，可惜人生已經短促了。」我聽過以後，亦有同感。雖說蘇老泉（蘇洵，1009-1066）二十七歲始奮發讀書，那是不能比擬的。……

喜爾提（Carl Hilty, 1833-1909，瑞士作家）表示：「人們幸福，乃跟神在一起及勞動兩種要素依輔而成。……」

享樂的支柱是幻影；幸福的基石是真實善良之生活。……

「幸福類似自由人。」[29]

《人生隨筆及其他》讀後感

從少年時代到成年，林攀龍留學日本、英國、法國和德國，共計二十年，在各國頂尖大學進修，通曉六國（台、中、日、英、法、德）語文，博學多聞，確實「行萬里路，讀萬

---

29 林攀龍，〈青鳥〉，《人生隨筆及其他》，頁191-206。

卷書」。

　　林攀龍自述：「平常，對於人生觀感，宛如白雲在晴空懷抱，自由出沒飛行，罔受些許拘束。……今年（1954）暑假某日，偶視藍天一朵白雲逗留，無意中，引起寫點人生觀感的襟情，乃開始筆述這本小書。整冊內容，于八月至十月擬稿。嗣後草率增刪。」

　　博引古今東洋及西洋名人之名言，是林攀龍《人生隨筆及其他》的一大特色，蓋他一生博覽群書，吸取諸多知識及智慧之養分，每當他心想著墨一個議題，靈感自然從記憶中源源奔湧而出——令他多篇隨筆內容堅實豐富，宛如一顆又一顆各色各樣、成熟、飽滿、甜美的果實。

　　林攀龍著作的另一特色，是抒情文及論文中，時常摻入詩詞，令人喜悅愛讀。除了憧憬歐美浪漫詩詞文學之外，他從小受教於漢學老師，打下堅實的漢學基礎。年輕時代，1922 年進入東京帝國大學，雖然主修法學政治科，他真正的興趣是文學及哲學。二十二歲大學一年級的林攀龍，發表一首詩〈平和塔〉：「標榜平和畫白鳩，燦然俯瞰帝王洲。誰知百尺凌雲塔，不及海邊蜃氣樓。」此詩寓意，疑慮當時日本大正時代的和平氛圍，是否只是「海市蜃樓」的幻景。

　　林攀龍最喜愛的中國詩人包括陶淵明、白居易、李白、王陽明、周敦頤、程頤等人。他引述周敦頤的詩：「菊、花之隱逸者也；牡丹、花之富貴者也；蓮、花之君子者也。」林攀龍出生於霧峰，自從留學返鄉之後，長年一直隱居家鄉

霧峰，猶如「菊、花之隱逸者也」。他自述：「我格外愛菊，當然為了它的節操。……提起菊花，就聯想到陶淵明寫的詩：『採菊東籬下，悠然見南山。』……陶淵明已和自然完全融合了。」林攀龍非常嚮往那情景！

事實上，自從少年時代林攀龍就特別喜愛田園詩人陶淵明。1922年東京帝大一年級時，他發表另一首詩〈落櫻〉：「溷旗搖動晚風斜，花謝花飛飛滿沙。江上漁翁時舉網，落紅片片多於蝦。」最後兩句令人聯想到陶淵明的詩：「種豆南山下，草盛豆苗稀」。

林攀龍也多次引述李白、白居易、蘇軾、王陽明、程頤等人的詩。中國道家思想崇尚自然，跟歐美浪漫詩人喜愛大自然之感情，相當吻合。然而，兩者也有重大的差異。歐美浪漫主義詩人的獨特性，在於將面對自然的喜悅與基督教信仰相連結。夏多布里昂（Chateaubriand）著述的人物，走入大自然的懷抱之喜悅，對上帝造物主感恩情深，不禁流下「宗教的眼淚」。林攀龍自己回憶牛津大學時代，星期日到海德公園（Hyde Park）散心溜達：「正是嚴冬悄離、東風解凍的季節，偶見公園大樹下，嬌弱鮮花帶來春訊，眼眶不禁掉下幾滴熱淚。」他的抒情文裡，人、自然、與神三者之間的情感連接。

但相對於歐美浪漫詩人面對自然的喜悅，林攀龍指出：「也許東洋都受到印度思想的影響吧，……東洋詩人大多數都是於菩提樹的花色裡感受著盛者必衰之理的人們。多為『天

有不測風雲，人有旦夕禍福』這種詞句。」譬如，白居易的《琵琶行》，應驗林攀龍的論述，故事多麼迷人——「同是天涯淪落人，相逢何必曾相識」，傾聽琵琶樂曲，互相敘說境遇，「滿座重聞皆掩泣，座中泣下誰最多，江州司馬青衫濕。」佛教「無常」觀念，跟歐美浪漫主義詩意迥異。

　　林攀龍在留學日本的高等學校時代就已受洗為基督徒。他的著作時常引述《聖經》的智慧、和耶穌、聖保羅、馬丁路德、巴斯噶等人的心靈論述。同時他也時常提到孔子、孟子、曾子、顏回等人。雖是虔誠基督徒，他對基督教神學並沒特別興趣。沒有看到他提過著名神學家如齊克果（Soren Kierkegaard）、巴特（Karl Barth）、布魯納（Emil Brunner）、布特曼（Rudolf Bultmann）、田立克（Paul Tillich）、尼布爾（Reinhold Niebuhr）、歐曼（John Oman）、克雷默（Hendrik Kraemer）等人，而這幾位正是深深影響黃彰輝牧師的神學家。比林攀龍年紀小十三歲的黃彰輝 1934 年進入東京帝大時，林攀龍早已離開東京多年並從歐洲留學返台了。黃彰輝東京帝大畢業後，隨即前往英國留學、居留十年之久，返回台灣是 1947 二二八那一年。之後，兩人在各別領域工作，未見有聯絡。1965 年黃彰輝應聘赴倫敦就任「普世基督教會協會」主任，之後二十二年，在海外從事宗教活動以及「台灣人民自決」政治運動，未能返回台灣家鄉。然而，兩位台灣知識人，不謀而合，同樣信念自由人文主義，同樣是熱愛台灣、擁抱世界主義國際觀的普世人；只是黃彰輝牧師更進一步，從事台灣獨立政治運動。

從其著作看來，林攀龍最敬仰的歐美學者，大多是擁有高度理想主義、浪漫主義、自由人文主義的作家與哲人：歌德（Goethe）、華茲華斯（Wordsworth）、丁尼生（Tennyson）、白朗寧（R. Browning）、愛默生（Emerson）、梭羅（Thoreau）、惠特曼（Whitman）、羅曼・羅蘭（R. Rolland）、托爾斯泰（Tolstoy）、巴斯噶（Pascal）、盧梭（Rousseau）、雨果（Hugo）、佛郎士（Anatole France）、杜亞美（G. Duhamel）、布萊克（W. Blake）、巴特勒（Samuel Butler）、卡萊爾（Carlyle）、彌爾（J.S. Mill）、阿諾德（M. Arnold）、羅素（Russell）、朗費羅（Longfellow），[30] 以及自然主義大師左拉（Émile Zola）。

　　教育哲學家林攀龍主張，在現代機械文明昌盛時代，吾人必須注重培養人文心靈價值的人生觀。他引述柏格森（Henri Bergson）所說，「直覺的經驗」（intuition and immediate experience）才能通往精神生活世界（spiritual existence）。另一方面，林攀龍雖不是社會主義者，他對資本主義貧富不均也有批評：「科學技術，帶來龐大生產力；生產過程，一日千里。唯生產之剩餘物資，欲均等分給社會人們，何異駱駝穿針！」他從而指出馬克思（Karl Marx）所言實踐社會主義哲學之重要性。

30　惠特曼說 Longfellow 是「美國物質主義、堅持己意拜金主義的解毒者」；見 Brenda Wineapple, "Longfellow's Gentle Phantoms,"(a review of N. A. Basbanes, *Cross of Snow: A Life of Henry Wadsworth Longfellow*) in *The New York Review of Books,* LXVII, No.16 (October 22, 2020), pp.32-34.

自從東京帝大學生時代，林攀龍特別景仰歌德、托爾斯泰與羅曼‧羅蘭，深受其影響；他們的思想共通之處，在於重視人道主義與心靈精神價值；他們服侍人類的旨意，超越種族與國家界限。

林攀龍指出，羅曼‧羅蘭的「真勇主義」（新英雄主義）思想，是從懷疑苦悶脫離出來，要仰望光明的新理想主義的代表：

在這個世界上唯一的真勇就是如實地看著人生去愛它。……為了要使人生更好而要徹底戰鬥。神就是和虛無戰鬥的生命，就是和死戰鬥的生，就是和憎戰鬥的愛，也就是永遠戰鬥的意志。參加這個神的戰鬥而勇敢地戰鬥的人就是真正的英雄。羅曼‧羅蘭的《約翰‧克利斯朵夫》（著於1904-1912）是描寫他這個理想的。羅曼‧羅蘭和托爾斯泰都同樣帶著人道主義的傾向，不過，與後者的無抵抗主義相反，前者調和了個人主義和愛他主義。[31]

上面林攀龍引述羅曼‧羅蘭的這段話，令人想起歌德的浮士德（Faust）——雖然一度墮落陷入絕望，浮士德終知悔悟，抱著「戰鬥的意志」，不斷地力爭（constant striving），探究生命的真諦（in quest for the true essence of life），最後靈魂獲得救贖。

31　林攀龍，〈近代文學的主要潮流〉，《人生隨筆及其他》，頁231。

歌德史詩裡的浮士德，精通天文、地理、法學、科學、醫學、哲學與神學。但是這位年邁飽學的知識人浮士德，心靈空虛，陷入苦惱絕望之際，召來魔鬼（Mephistopheles），與之訂立盟約：浮士德願意出賣靈魂，換來青春，讓魔鬼帶領他遊歷人間肉體世界，勾引清純少女格雷琴（Gretchen）相戀，私生子誕生，引來一連串悲劇，包括決鬥刺死格雷琴的兄弟、私生子溺死、格雷琴入獄等等。然而，一度沉溺於酒色肉慾、陷入罪惡深坑的浮士德終能悔悟。浮士德熱愛人生、熱愛自由，經常力爭追求真理；由於他不斷地力爭（unending striving）探求人生真諦、追求真理；因此臨終時刻，天使出現，宣稱上帝賜恩，浮士德終獲救贖，靈魂進入天堂。

　　浮士德學到了「最高的智慧：唯有每日力求爭取的人，始可獲得自由與生命。」（"This is the highest wisdom that I own: freedom and life are earned by those alone who conquer them each day anew."）

　　歌德與羅曼・羅蘭的人道主義滿懷宗教意味，呈現基督教人文主義的智慧。人道色彩濃厚的俄國文學亦然。林攀龍指出，杜思妥耶夫斯基（Fyodor M. Dostoevsky, 1821-1881）和托爾斯泰（Leo Tolstoy, 1828-1910）把藝術當做教化工具，用於「解釋神的愛，鼓吹人道主義」，托爾斯泰「是終其一生和苦悶與懷疑戰鬥的人。」[32]

32　林攀龍，〈近代文學的主要潮流〉，《人生隨筆及其他》，頁 224-225。

1923 年〈在生命的初夏裡〉，林攀龍寫道：「被主之愛鼓勵的保羅（Paulos），熱烈的信仰之人路德（Martin Luther），不停地追求神之國及其義的托爾斯泰——啊，……他們的體驗給予我們多麼大的魅力！……然而，那不是有耶穌才有他們嗎？」我們必須超越他們直接接觸耶穌。[33]

林攀龍這段話特別有趣。他還將聖保羅（St. Paul）、馬丁・路德（Martin Luther）和托爾斯泰連接起來，頗有創意。林攀龍受洗爲長老會教徒，信仰喀爾文主義（Calvinism）；喀爾文（John Calvin）深受新教創始者馬丁・路德的影響；而路德的靈感主要來自奧古斯丁（St. Augustine）與保羅，而奧古斯丁直接傳承保羅的信仰。新教教義（Protestantism）即是強調信徒個人「直接接觸耶穌」（the individual's direct access to God）。[34] 而托爾斯泰亦然——他是一位曾被俄國正教會（Russian Orthodox Church）逐出（excommunicated）、非尋常的基督徒；他深信耶穌基督愛的教誨，深受「山上寶訓」（Sermon on the Mount）的影響，信仰唯愛主義、以愛除惡、反對暴力、反對戰爭的和平主義者（pacifist）、超越種族與國界的國際主義者（internationalist）。[35]

在諸位宗教先賢的影響下，林攀龍想望的，是一種超越

33　林攀龍，〈生命の初夏に〉（〈在生命的初夏裡〉），《人生隨筆及其他》，頁 262-263。

34　詳見拙著《從宗教到政治：黃彰輝牧師普世神學的實踐》，頁 47-48；142。

35　詳見 Tolstoy, *On Civil Disobedience and Non-violence* (New York : Signet Books, 1968).

哲學與科學的救贖，近似浮士德式的救贖 —— 精通科學、哲學與神學的浮士德，心靈仍然空虛，最後直接面對神，由神賜恩，而獲救贖。林攀龍自述，「我張開心眼，……我超越哲學者的宇宙觀和科學者的人生觀直觀著神。我在生活的自覺上認識神。」「直接接觸耶穌」，「於是，我沉浸於神的愛裡」。[36]

然而，在政治社會思想方面，林攀龍溫和地倡導從地方啓蒙文化教育做起建設新台灣。在外來殖民政權統治下，只能如此。

林攀龍未曾注視過、熱中政治運動的二十世紀著名神學家尼布爾（Reinhold Niebuhr）、或俗世存在主義作家沙特（Jean-Paul Sartre），或一生專注攻訐極權主義與殖民主義、主張「民主社會主義」的作家喬治‧歐威爾（George Orwell）。[37] 他們強烈批判精神的政治思想與行動，不容於國民黨白色恐怖統治下的台灣。

在一篇 1954 年的隨筆，林攀龍肯定蔡培火先生希望建立台灣爲中華民族復興基地及民主精神堡壘。然而，林攀龍進一步想望「致力於人類文化的創造」：「我國人民，也必能

36　林攀龍，〈生命の初夏に〉（〈在生命的初夏裡〉），《人生隨筆及其他》，頁 262-263。

37　Raymond Williams, *George Orwell* (N.Y: Columbia University Press, 1971) 對歐威爾作了精闢的論述。另，Frances Wilson, "Invitations to Dig Deeper" (reviewing Rebecca Solnit, *Orwell's Roses*), *The New York Review of Books* (Vol. LXIX, No. 3, February 24, 2022), pp.12-15，評論歐威爾的寫作，頗為獨特有趣。

第肆章　231

徹悟台灣在國際上立場之重要性，自尊自愛。從心理上說，如認定台灣是地球的中心，世界萬事都據此運轉，亦無詫怪。」他想望以台灣為本位的世界觀，以台灣為主體的國際主義自由思想。

從其著作看出林攀龍的為人，個性謙遜、溫和、低調，敬業、專注從事教育工作。在他的一生中，台灣處於日本的殖民統治、及 1945 年後中國國民黨統治下，不容許有強烈批判精神的言行。1932 年留學歸國之後，他一股熱情希望對「新台灣的建設」有所貢獻，但他只能從事溫和建設性的「一新會」地方社會文化教育活動。而在國民黨統治時代，他主持萊園中學，默默地教育學子，自己安靜讀書，休養生息，奉行斯多噶派哲學（Stoicism）的生活方式：自制、認命、面對苦難毫無怨言、泰然自若。他的《人生隨筆及其他》，多處引述馬可斯·奧理略（Marcus Aurelius），愛比克泰德（Epictetus），西塞羅（Cicero）與辛尼卡（Seneca）。[38] 斯多噶主義的奉行者，往往不局限於一種思想，而是兼容並蓄、擁抱各種不同的信仰的人。兼容並蓄（eclecticism）是其特質。[39] 林攀龍景仰歌德、托爾斯泰、羅曼·羅蘭等人之同時，亦擁抱斯多噶派哲學。

然而，林攀龍的《人生隨筆及其他》有個缺失：雖然

38　林攀龍，《人生隨筆及其他》，頁 17、66、85、102、127、198。

39　Gregory Hays, "Tune Out & Lea In," (reviewing M. Rufus, *That One Should Disdain Hardships: The Teachings of a Roman Stoic*, etc.), *The New York Review of Books*（Vol. LXVIII, No. 4，March 11, 2021), pp.37-40.

他在戰前的抒情文及文學評論，談到日本詩人如宗祇（Sōgi, 1421-1502）、西行法師（Saigyō, 1118-1190）及松尾芭蕉（Matsuo Bashō, 1644-1694），但是他 1954 年的《人生隨筆》卻很少提到日本的文學、藝術、或哲學。他從小學三年級到大學畢業，從孩童到成年共計十五年在日本受教成長，深受日本文化之影響，對其文史哲學非常嫻熟。日本史上，有許多名人經典佳作頗具啓發性與獨特性。日本文藝傳統崇尚素樸（simplicity）、優雅（雅び "miyabi"，refinement）、哀傷（哀れ "aware"，sadness）、古樸古雅、孤獨感（寂び、錆び、淋しい；"sabi"、desolated, loneliness, antique look）等細緻的審美價值觀（aesthetics）之獨特性，可用於論述東、西洋文化之異同。譬如，1933 年谷崎潤一郎（Tanizaki Jun'ichirō, 1886-1965）的《陰翳禮贊》（In'ei Raisan）是經典之作；他以日本傳統文藝崇尚「陰影」（及其延伸之「寂靜」、「低聲」、「低調」、「古樸」、「古雅」）的審美價值觀、對照現代西洋人對「光亮」的崇拜。此篇論文對東、西洋文明的論述，頗爲深刻、精彩、有趣。[40]

　　但是，很可惜，林攀龍在戰後的著作甚少引述日本文藝經典。爲什麼呢？有兩個主要原因：第一、他對歐美文學哲學的憧憬，壓過他長年司空見慣的日本文化；何況 1945 年日本戰敗，歐美文明風靡全球，盛極一時，壓過日本文化的吸引力。

40　有英譯本 Tanizaki Jun'ichirō, *In Praise of Shadows*, translated by Thomas J. Harper and Edward G. Seidensticker (Stony Creek, CT: Leete's Island Books, Inc., 1977).

第二、政治因素：《人生隨筆》1954 年出版，正當白色恐怖時代，中國國民黨政府推行「國語」、禁止學生說母語及日語。台灣本土作家常因通曉日文，又加上省籍「原罪」而被冠以「皇民奴化」。譬如，台灣作家葉石濤（1925-2008）於 1951 年無端入獄三年。[41] 另一作家楊逵（1905-1985），入獄十二年。1954 年被秘密警察拘捕的人多達十萬人。[42] 我們豈可苛求台灣先輩知識人，在白色恐怖時代，歌詠日本詩人、讚賞日本哲人？

　　雖然，《人生隨筆及其他》是台灣文學經典，有抒情詩詞、論文、以及精彩的文學評論與文化論述。林攀龍對〈現代文明之考察〉，在二十一世紀的今天，特別值得吾人審慎深思——現代機械文明的發展，固然創造新產業及增進物質成長，但卻造成人的疏離感（alienation，人跟人、跟自然界、跟社會、和階級之間的疏離）、[43] 甚至帶來人類的生存危機。「現代科學文明的利器，都包含極大威力。本經人們製造的機械，目前反作壓迫人、支配人的工具。」故此，林攀龍主張必須強調培養人文心靈價值的人生觀。他對於「科學文明的缺憾」提出矯正之方：一、統制科學的機械力。二、增加

41　黃雅嫺，〈存在主義在台灣：沙特與卡繆篇〉，洪子偉、鄧敦民主編，《啟蒙與反叛：台灣哲學的百年浪潮》（台北：台大出版中心，2018 年），頁 299-302。

42　殷惠敏，《誰怕吳國楨？世襲專制在台緣起緣滅》，頁 175；金恆煒，《面對獨裁：胡適與殷海光的兩種態度》，頁 118。

43　Eric and Mary Josephson, ed., *Man Alone: Alienation in Modern Society* (N.Y.: Dell Publishing Co., 1967).

社會生活的智慧。他道出如下經典的名言：

　　文化本質，究局是**倫理**的問題。要了解善是什麼，須自**哲學**獲得啓示；要實踐善的行爲，須自**宗教**獲得助力。**科學**之外的哲學、宗教能增加社會生活的智慧，發見人類將來的晨曦。

　　哲學、宗教、科學，宛若人類的頭、心、手一樣。這三者應該融合一致，人們才會刷新精神力，肅清混沌危機的荊棘，開闢人類光明的坦途。[44]

　　這篇隨筆 1954 年發表。兩年後的 1956 年，布諾農斯基（Jacob Bronowski, 1908-1974）撰寫《科學與人生價值》（*Science and Human Values*），呼籲建立「科學的人文主義」（scientific humanism），享譽歐美學界。[45]

　　總之，現代科學技術急速發展，如果罔顧人文、心靈、倫理價值，必然危害人類社會，破壞自然生態。林攀龍、布諾農斯基（Bronowski）、與斯諾（C. P. Snow）先後呼籲我們注視這重要議題。林攀龍引述古希臘先知先覺哲人柏拉圖（Plato, c.428-c.348 BCE）：「智識像一把雙刃銳利的寶劍；善用即增進人類幸福，惡用即危害人類前途。」[46]

44　林攀龍，〈現代文明之考察〉，《人生隨筆及其他》，頁 43-60。

45　Jacob Bronowski, *Science and Human Values*（New York: Harper, 1956）.

46　林攀龍，〈現代文明之考察〉，《人生隨筆及其他》，頁 49。

最後，《人生隨筆及其他》另有一項令人感動的是，對台灣鄉土生動的描述：

台灣四季常春；農田每年兩次播種、插秧、除莠、結穗、收割；……白鷺鷥、烏秋等等飛鳥的添景；水牛動態，青蛙叫聲，也促成地面之蛻變。[47]

林攀龍身居其中，讚賞台灣鄉間優美的景色，悠然自得，還有這情景：

田園晚景是可愛的；我常踽行賞覽。偶聞村婦喊著「鵝來！鵝來！」這是清晨放畜，薄暮散失，急于追回的尖切呼喚。我聽過之後，急盼她能立刻找到目的物。觸景生感。[48]

誠然，記得小時候在我們南部小鄉鎮，也常常在傍晚時分，看到村婦喊著「鵝來！鵝來！」那生動令人懷戀的情景。

林攀龍敏銳細緻的審美觀（aesthetics），表現在他生動地描寫台灣畫家顏水龍（1903-1997）在巴黎畫展的一張少女畫像：

那雙眼毫無保留地表現出對一切擁有興趣、卻還沒有對任何事物感覺著強烈的執著之時期的少女之心理。……[那]

47　林攀龍，〈天面 地面 人面〉，《人生隨筆及其他》，頁82-83。
48　林攀龍，〈職業與人生〉，《人生隨筆及其他》，頁124-137。

模特兒之少女，如果面對擺在大皇宮裡的自己的肖像，想來：一定會大大地吃驚於自己一直一點也未曾覺察過的心理之秘密，毫無保留地被揭露出來的。[49]

1923 年二十三歲的林攀龍發表一篇〈當我看到彩虹，我心躍動〉，三十年後的 1954 年他依舊懷抱昔日喜悅自然「我的心躍動」的意境：

時過三十年後的今天，我依舊感謝還存在華茲華斯（Wordsworth）所述：「我一看天上彩虹，內心就忐忑跳躍」的意境。每逢秋天晚景，仰看成群雁行飛往南方，帶走推移歲月的時候，心裡即油生感念；類似夕陽近黃昏，亦曉無限好一般。自然界種種美景，現在已比青年時代更知鑑賞、更知感激了。[50]

擁抱普世價值的世界主義國際觀（cosmopolitanism），與熱愛鄉土的本土情（nativism; local particularism），相輔相成。擁有公民人文主義素養與國際觀的人，才更瞭解珍惜、尊重、愛護世界各地不同族群的母語文化，互相學習，促進人類文明的昇華。[51] 海外留學二十年、通曉六國語文的林攀

49　林攀龍，〈顏水龍的畫入選巴黎秋季美術沙龍展〉刊於 1931/11/21《台灣新民報》，收入《人生隨筆及其他》，頁 274-277。

50　林攀龍，〈青鳥〉，《人生隨筆及其他》，頁 191-206。

51　詳見拙作《從宗教到政治：黃彰輝牧師普世神學的實踐》，頁 27-28；397。另，Jerrold Seigel, "Citizens of the World: How Cosmopolitanism Made Europe

龍，回到家鄉，不求名利，默默從事教育家鄉學子，自述：「學園生活最愉快者，莫過於眼見學生肉體、精神各方面的迅速成長進步。」教育哲學家林攀龍熱愛台灣的鄉土情，令人感動。

　　總之，林攀龍用多種語文的思維撰寫的著作，立足本土，放眼世界；他評論文學、宗教、科學與哲學，立論關愛台灣鄉土、關懷人類文明之演進。他的文學創作與文化論述，歷久彌新，在二十一世紀的今日，仍然奪目鮮艷。

Modern," *Foreign Affairs*, Vol. 99, No. 5, (September/October 2020), pp.209-213，論述俄國作家 Ivan Turgenev 及世界主義國際觀。

伍

曾約農（1893-1986）：
曾國藩的曾孫，捍衛道學，擁護黨國

邪正看眼鼻，真假看嘴唇；功名看氣概，富貴看精神；主意看指爪，風波看腳筋；若要看條理，全在語言中。

——曾國藩（1811-1872）

[1949 年中國大陸淪陷赤化] 舍下及湘綺樓藏書，合一萬七千餘箱，均遭土共焚燬。

——曾約農

凡我中華民族皆應凜遵 [蔣] 總統之訓示，服從總統之領導，努力行健自強，修己安人，而做到兼善天下，不獨光復河山指日可期，而且世界大同之局，亦可逐步而就也。

——曾約農

曾國藩故居。

前面幾章談論台灣學者林攀龍從日治時代到國府來台的治學與社會教育活動、及其文學創作與文化論述。此章討論中國學者曾約農的家世、從清國時代到五四時期的教學、中日戰爭及國共內戰時期的遭遇，會令人感覺身臨另一世界；蓋兩人所處歷史地理環境不同，政治社會背景不同，個人生活經驗都不同。日後，1951 年曾約農逃難抵達台灣之後，兩人的思想與言行，難道可能會有交集？

清朝統治中國時代，
顯赫的曾氏家世背景

曾約農（1893-1986）公元 1893 年（清國光緒 19 年）11月 24 日出生於北平，他是清朝名臣湖南湘鄉人曾國藩（1811-1872）嫡系曾孫。曾國藩是清末同治中興（1862-1874）的名臣，他幫助清廷推行洋務運動（自強運動）；這位地主階層的儒家學者，為了維持既存利益和地方秩序，為了捍衛中國儒教文化傳統，他辦理地方「團練」、組織「湘軍」為朝廷效力，是幫助平定太平天國革命運動（1850-1864）的一個「大功臣」。

這場中國歷史上極大規模的內戰，涉及全國十八省，造成千萬人的死傷。原本抱著社會平等理想的太平革命軍領袖洪秀全（1814-1864），在 1853 年定都天京（今南京）後，開始粗暴的統治，但曾國藩的「湘軍」於 1864 年攻陷天京時，同樣縱兵屠城、奸淫擄掠，對於講求仁義道德的儒教文化傳統，是一大矛盾與諷刺。[1]

曾約農的父親是曾廣銓（1871-1940）。廣銓是曾紀鴻（1848-1881）之子，過繼給曾紀澤（1839-1890）爲嗣。所以論者說約農的祖父是曾紀鴻，又說是曾紀澤，雙方都對，我們在這裡一次把它說清楚。

曾紀澤從 1878 年到 1885 年，代表清政府駐英、法公使，並於 1880 年兼任駐俄公使。1885 年曾紀澤回國後參與海軍衙門事務，並任總理衙門大臣，從事「洋務運動」。1887 年 1 月倫敦發行的 *Asiatic Quarterly Review*（《亞洲季刊》）刊登曾紀澤以英文撰寫的文章 " China, the Sleep and the Awakening"（〈中國先睡後醒論〉），闡述中國內政外交和列強對華政策，表達「洋務運動」力圖「富國強兵」之觀點。他雖然力圖促進中國外交政策的改革，以及不平等條約的廢除，但提倡制度與思想改革的後輩學者如嚴復（1854-1921）、何啓（1859-1914）與胡禮垣（1847-1916），都曾撰文嚴厲批評曾紀澤論政，近視短見無濟於事。[2]

曾廣銓受其父曾紀澤之影響，勤習外語，關注國政以及外交事務，1893 年冬奉清政府派任英國大使館參贊之職，携眷赴任，當時仍在襁褓的約農，亦渡海隨行，慢慢在英國開始牙牙學語，兼習中、英語文。到 1899 年其父任滿返國時，

---

1   有關同治中興，詳見 Mary Wright, *The Last Stand of Chinese Conservatism: the T'ung-chih Restoration, 1862-1874* (Stanford University Press, 1957).

2   Jung-fang Tsai, *Hong Kong in Chinese History: Community and Social Unrest in the British Colony, 1842-1913* (New York: Columbia University Press, 1993), p.154.

約農六歲，已會閱讀中、英文。[3]回鄉後，有學者詩人的祖母郭筠太夫人督課經書、歷史、以及詩賦，受到良好的曾氏家教訓練。[4]

出國留學，返鄉興學，民國時代教育活動

清朝光緒 34 年（1908），約農十六歲，再度赴英國求學，先入中等學校就讀兩年後，1910 年進入倫敦大學讀經濟，後來主修礦冶科技工程，兼習教育文哲。1916 年獲得工程學士學位，並成為皇家礦冶學院準會員（"Associate of the Royal School of Mines" of the Imperial College of the University of London）。[5]

二十世紀初葉，在中國國內，約農之父曾廣銓曾任出使韓國欽差大臣，任內提出「興學」、「保商」；曾廣銓精通英語、法語、德語，並且是活躍的報人。但，1911 年辛亥革命推翻滿清，曾廣銓去職回鄉。1912 年革命黨人成立中華民國政府。

約農學成歸國年份並不明確，大約是在 1916 或 1917 年（民國 5 或 6 年），時父親曾廣銓歸老家居，晨昏庭教，極為溫馨。但 1918 年，母親李太夫人逝世。同年，約農堂姐曾寶蓀（浩如）自英國倫敦大學獲得學士學位歸國，以曾家私

3　〈曾約農生平〉，《台中市誌》。

4　羅慧，〈曾國藩後人曾約農〉，《三湘都市報》，《人民網》，2012 年 11 月 8 日。

5　"Beauson (Yueh-nung) Tseng: Biographical data- 9/56", United Board for Christian Higher Education in Asia, 150 Fifth Ave., New York 11, N.Y.

產在長沙創辦藝芳女子學校，以紀念他們祖母而取名；祖母是學者與詩人，著有《藝芳館詩鈔》。約農偕同堂姐辦理藝芳女校。[6]從1918年到1949年，堂姐是校長，兼教英語和生物，約農是教務主任，兼教英語和數學，操辦兩三百人的寄宿制學校。[7]

當時的中國被軍閥割據，戰禍屢起，學校授課常遭困擾。1927年4月中國共產黨在湖南省，頗有勢力，教育界也被把持，由於藝芳女校師生不願附和共黨，故女校曾一度遭到強力解散。迨北伐統一全國時，內憂外患當中，學校二度遭到破壞，又二次復校，全賴約農的規劃與重建。[8]

曾氏世家在滿清統治中國時代，非常顯赫，但進入民國時代之後，遠離官場，「藝芳中學時期的曾家姐弟，穿的是棉布衣，吃的是臘八豆、青辣椒炒肉之類的湘菜，一派樸實、淡泊。」[9]

1919年（民國8年）「五四」新文化運動風起，國際知名學者英國羅素（Bertrand Russell, 1872-1970）與美國杜威（John Dewey, 1859-1952）應邀來華巡迴演講。1920年兩位學者蒞臨長沙，國內學者章太炎、蔡元培、張東蓀、趙元任、楊端六等人同行。羅素講題涵蓋數學與哲學，杜威講演教育。

6　李爾康，〈敬悼曾約農先生〉，《傳記文學》第50卷2期，民國76年2月，頁39-42。

7　羅慧，〈曾國藩後人曾約農〉，《三湘都市報》，《人民網》，2012年11月8日。

8　〈曾約農生平〉，《台中市誌》。

9　羅慧，〈曾國藩後人曾約農〉。

湖南學界的組織者找來曾約農翻譯。當時的情景有人這麼描寫：

羅素隆重出場，西裝革履，紳士派頭，叼著根很大的烟斗，含混不清的英文單詞在他的喉嚨裡滾動。英國人天生的傲慢態度真有點令人望而生畏。接著，曾翻譯出來了，不到三十歲的樣子，個子不高，雖然樸素無華。藹然謙遜，但一件灰布長衫土裡土氣，尤其是蓬著頭，鬍子也沒剃。觀眾開始竊竊私語：「這樣的鄉巴佬，如何能當羅素的翻譯？」

不料，接下來約農先生的同步翻譯沉著淡然，理明詞達，使滿座的專業和非專業人士都不得不驚服！……

曾約農怎麼會蓬著頭，留著鬚呢？原來曾先生的母親剛剛（1918 年）去世，按照中國傳統的居喪制度，父母去世期間，兒子要守制，即不得任官、不得應考、不得嫁娶、不得娛樂，要在家守孝三年。民國後，守制做了些改變，時間沒有限制，幾個「不得」變通為「不得剃鬚髮。」

還有個故事要補充，羅素演講時，在台下做記錄的人恰是時為《大公報》的特約記者毛澤東。當然羅素或其他學術大鱷都不會留意青年毛澤東。[10]

1923 年（民國 12 年）曾約農擔任湖南省立湖南大學籌

10　羅慧，〈曾國藩後人曾約農〉。

備委員，1926年湖南大學正式成立後，乃任兼任教授。大概是1935年，曾約農在長沙明德中學兼職，教高三班的英語。他經常在藝芳女子學校上完課後，匆匆徒步趕往明德中學授課。他沒有黃包車（即由車夫拉的膠皮車），「但他有條外表彪悍的狼狗。曾老師每次去明德中學上課就帶著牠。一路上，這條狗跟在曾先生身後，他快步走，狼狗也快步走，他跑，狼狗也跑。到了學校進了教室，講課時，狼狗就蹲伏在講堂旁邊，對著學生一動也不動，宛如寺院裡的文殊、普賢法座前蹲伏著的獅與虎。等曾先生上完課收拾好講義，牠又屁顛屁顛地跟著回去。這個逸事，在民國時期的長沙教育界可是一段美談呵！」[11]

曾約農年輕時代是很有個性的，他喜歡養狗，會快步走路，會跑步趕路去學校上課；跟1950年代來到台灣、六十三歲擔任東海大學校長時、老氣橫秋、嚴肅莊重、不苟言笑的形象迥異。

1930年代，抗日戰爭爆發前，長沙的年輕人有個很不錯的去處，那就是長沙基督教青年會。「這裡經常組織宗教活動，外國人經常來佈道，曾先生就是翻譯。外國人不來，也有曾先生的英語輔導。那時，聽者趨之若鶩。來的人大多數不是教會的，他們只是想學地道英語的青年。所以，青年會不像個宗教機構，倒像個英語培訓機構，曾約農則是長沙的『英語培訓名師』。講得一口流利的英語，以後到郵政、海

---

11 羅慧，〈曾國藩後人曾約農〉。

關這些福利好的單位工作，比現在考公務員強多了。」[12]

青年曾約農在英國求學時代，開始對基督教感到興趣，主要因為他敬仰一位英國女士 Miss Louise Hester Barnes。她是以前駐在杭州一間女子佈道學校的校長。曾約農在未出國前，經由堂姐曾寶蓀，初次在國內遇見她。後來，曾約農逐漸意識到基督教信仰是西洋文明進步的根源所在。[13]

1937 年中日戰爭爆發後，顛沛流離兩年，輾轉抵達香港避難

1937 年（民國 26 年）7 月 7 日，日軍在北平附近挑起盧溝橋事變，中日戰爭全面爆發，湖南省局勢漸緊，人心惶惶。長沙大火的前一日，曾約農倉皇帶領老父曾廣銓，和堂姐曾寶蓀等人逃難，並攜帶其先人曾國藩及曾紀鴻兩人之日記，和其他手澤圖書，首先前往桂林，轉赴南寧，再迂道出鎮南關，而達越南河內等地避難；流離失所，千辛萬苦，歷經兩年，終於 1939 年抵達英國殖民地香港。[14]

當時的香港是個極端複雜、矛盾的社會。1937 年七七事變之後，到 1941 年末的數年間，總共有八十萬華人由大陸內

12　羅慧，〈曾國藩後人曾約農〉。

13　"Beauson (Yueh-nung) Tseng: Biographical data- 9/56", United Board for Christian Higher Education in Asia, New York.

14　曾約農，〈先文正惠敏兩公日記原本搶救記略〉，《傳記文學》第 65 期，1965 年 5 月，頁 4。謝鶯興編，〈曾約農校長年表〉，《曾約農校長紀念專輯新編》（東海大學圖書館，2015 年），頁 3-4。

地分批湧入香港（包括香港島、九龍半島及新界）避難，使
人口驟增，達一百六十多萬人。他們或先來港再轉入重慶與
西南後方，或留港定居。新移民當中，有地主、資本家、殷
商富賈，也有一般平民大眾；有文化界的學者、作家、藝術
家、和新聞記者，也有上海舞廳和夜總會的經紀人、樂手、
歌星和舞女；有國民黨的軍統特務，也有共產黨的革命分子，
和第三勢力的失意政客。有既反蔣又反共的廣西和其他地方
人士，也有汪精衛一派的部署人員。[15]

　　難民多，房屋少，房租貴，三大原因造成嚴重的露宿現
象。1938 年，港九街頭有露宿者三萬多人。宛如萬花筒的香
港社會之另一面，是處於死亡線上掙扎的漁民。自從 1937 年
中日戰爭爆發後，日本艦隊封鎖中國海岸，企圖阻止走私軍
火與物資輸入接濟中國大陸。香港的漁民在附近的公海上，
經常遭受日艦與武裝漁船的襲擊，造成巨大傷害。日艇焚燒
漁船、掠殺漁民事件，層出不窮。自 1937 至 1940 的三年間，
漁船被焚數目共 1,027 艘，漁民被殺害數目為 13,732 人。[16]

　　《華商報》的記者描寫英國殖民統治下的香港是安放在
火山上的「世外桃源」：「有人正在發國難財，把物價抬得
高高；也有人吃不消生活的煎迫，窮苦，饑餓，病亡，走險。
恰恰成一對照，反映朱門酒肉臭，路有凍死骨。……[僑居香

15　詳見蔡榮芳，《香港人之香港史，1841-1945》（香港：牛津大學出版社，
　　2001 年），頁 173-227，第五章〈抗日戰爭期間（1931-1941 年）宛如萬花筒
　　的香港社會〉。
16　《華商報》，民國 30 年 4 月 19 日。

港同胞]十之九五,在生活上,像熱鍋上的螞蟻,苦悶,焦慮,極度不安。」[17]

戰爭時期,曾約農和家人遠途逃難顛沛流離,長達兩年艱困危險的經歷,嚴重影響尊翁曾廣銓的健康;他不幸於1940年春逝世於香港,享年六十九。[18]

1941年底香港淪陷,
文化人變裝為難民逃離

英國政府對中日戰爭採取中立態度,港英當局對日妥協讓步,對日僑自由放任,以討好日本,期望香港不受侵犯,冀望英國能繼續保持在香港的利益;因此香港的防衛,未做適當準備。1941年9月10日,英國統治香港百年慶祝大會隆重舉行,各國公使應邀參加盛典。英國統治者與華人紳商,一致祈望香港在英人統治下,長治久安。大家洋洋自得,聞不到戰爭的氣息。

然而,1941年12月8日早上八點半,「忽然聽到隆隆的飛機聲,一陣猛烈的炸彈爆炸聲跟著響起來……割破了早上寧靜的空氣。」[19]原來,當天日本偷襲珍珠港,正式向美、英宣戰,太平洋戰爭爆發。日軍同時攻擊威克島、關島、菲律賓、馬來亞、及香港等地。四十八架日軍飛機空襲香港啓

17　《華商報》,民國30年4月8日與9日。
18　謝鶯興編,〈曾約農校長年表〉,頁3-4.
19　唐海,〈香港淪陷記〉(1942年寫成),葉德偉編,《香港淪陷史》(香港:廣角鏡出版社,1982年),頁173;175;179。

德機場，在五分鐘之內，炸毀香港僅有的五架軍機，和八架民航機。隨後，又轟炸軍事據點與交通設施，香港陷於火海之中。同時，聚集在深圳河邊境的六萬日軍，開始攻入新界。防禦新界的駐軍（包括英軍、加拿大軍與印度軍）只有一萬五千人，寡不敵眾，節節敗退。日軍長驅直入，到12月12日，五天之內就占領了新界與九龍半島。港英駐軍撤出九龍，退守香港島。[20]

港島孤立無援，蓋英國皇家海軍兩艘主力艦「威爾斯親王號」（H.M.S. Prince of Wales，三萬五千噸）和「抗拒號」（H.M.S. Repulse，三萬二千噸），已經於12月10日在新加坡被日軍炸沉，香港軍民士氣重挫。[21]12月18日之後，部分日軍已在港島的北角、太古、赤柱等地登陸，與港軍激戰。12月25日聖誕日，香港總督府升起白旗，港督楊慕琦（Mark Young）宣佈投降。在十八天的戰爭中，香港島每天被炮擊轟炸，八十萬人口當中，兩萬人以上喪生。[22]

港島街市一場浩劫。日軍前鋒部隊多數是朝鮮人和台灣人，軍紀敗壞，每攻占一地之後，最初幾天，長官不聞不問，

20　葉德偉編，《香港淪陷史》（香港：廣角鏡出版社，1982年），頁82-85；唐海，〈香港淪陷記〉，頁196-198。

21　薩空了，《香港淪陷日記》（1942年重寫，1946年版修訂，北京：三聯書店，1985年），頁36。

22　唐海，〈香港淪陷記〉，頁244-245。有關日本攻占香港，有詳細英文著作，Philip Snow, *The Fall of Hong Kong: Britain, China, and the Japanese Occupation* (Yale University Press)；另，Jung-fang Tsai, " Wartime Experience, Collective Memories, and Hong Kong Identity," in *China Review International*, 2005.

放縱部隊胡為，肆意姦淫劫掠。[23] 日軍當局進行有組織的搶奪。在戰爭歷史上，很少有像香港這樣，小小的地方囤積這麼豐富的物資與食糧可供掠奪。[24] 至少有兩千六百多名台灣人協助日本統治香港。在日軍部隊，他們通常做低賤的工作。一般香港人對台灣人存著惡劣的印象，認定他們是助日為虐的「漢奸」。[25] 但是也有許多善良的台灣人被日軍徵召，送到海外戰場。比如說，陳志豐、許伊度、吳建豐三位原住民，被編入軍隊送到香港；當時受到日人牧師的感召，三位都皈依基督教；戰後，回台灣神學院進修，後來當了牧師。[26]

1942 年 1 月間大批日軍進城之後，社會秩序迅速回復。為了減少人口壓力與糧食需求，日軍有計劃地強迫疏散香港華人，造成幾十萬的難民，有的前往日軍占領與汪精衛南京政府管制地區，有的前往蔣介石國民政府管轄區域。許多文化人隱匿自己的身分，化妝成客商、海員、醫生、太太、工人、小販等，以擺脫日軍與汪精衛特務的監視追蹤，然後設法逃跑。共產黨組織東江縱隊搶救數百名受困於香港的自由派、左派文化人離港。[27] 抗日期間，中共在香港的《華商報》大聲

23　關禮雄，《日佔時期的香港》（香港：三聯書店，1993 年），頁 45。

24　Robert S. Ward, *Asia for the Asiatics? The Techniques of Japanese Occupation* (Chicago: University of Chicago Press, 1945), pp.38-39.

25　李樹芬，《香港外科醫生》（香港：李樹芬醫學基金會出版，1965 年），頁 128-131；謝永光，《三年零八個月的苦難》（香港：明報出版社，1994 年），頁 66-67。

26　鮫島盛隆著，徐多鈞譯，《香港回想記──日軍占領下的香港教會》（香港：基督教藝文出版社，1971 年），頁 51-52；178-187。

27　《港九獨立大隊史》（廣州：廣東人民出版社，1989 年），頁 24。

疾呼，指責重慶國民黨政府是一黨專制的法西斯政權。中共要求「實施憲政，實行民主」；「沒有民主政治便不能保障抗戰勝利」；「人權運動，民主政治，二位一體不可分離」。[28]

　　國民黨在香港的地下人員也營救不少保守派的文化人（譬如陶希聖一家人）。[29] 曾約農與堂姐曾寶蓀變姓名，蟄伏避禍，伺機逃難。先曾祖曾國藩與先祖曾紀鴻兩人之日記，幸有友人余六鐵和廖傅亞鼎力協助，將日記由間道運回湖南；其他手澤圖書，則由另一位慷慨俠義的友人鄭仲衡，設法運至廣州灣點交。約農與堂姐變裝、更改姓名，夾在難民群裡，於 1942 年 8 月逃離香港，取道廣州灣，再由旱路回湖南。[30]

　　曾約農的基督教宗教信仰屬於「貴格會」（Quaker）教派，既無任何正式儀式、又無固定教義，其信條為強力反對暴力與戰爭。然而，曾約農曾經參與抗日戰爭，只不過他主要是穿梭於互相競爭的抗日游擊隊之間，做些協調與領導工作。[31]

　　1945 年 8 月 6 日與 9 日，美軍分別在廣島與長崎，投下原子彈；蘇聯也於 8 月 9 日向日本宣戰。結果，8 月 15 日，

28　《華商報》民國 30 年 4 月 10 日，5 月 28 與 29 日。

29　陶希聖，〈重抵國門〉，原載《傳記文學》第二卷第六期，葉德偉編，《香港淪陷史》，頁 321；323-324；330；332-335。

30　曾約農，〈先文正惠敏兩公日記原本搶救記略〉，《傳記文學》第 65 期，1965 年 5 月，頁 4。

31　"Beauson (Yueh-nung) Tseng: Biographical data- 9/56", United Board for Christian Higher Education in Asia, New York.

日本無條件向同盟國投降，二次大戰結束。

然而，終戰之後的中國並不平安，只是國共內戰的前夕。

1945 年終戰後不久，
內戰，再逃難到香港，轉至台灣

1945 年，王東原將軍（1898-1995）奉派主持湖南省政，試圖推展各項建設，決定將原來的農、工、商各專校，合併成立克強學院，乃聘請曾約農掌理校務，規劃章制，釐訂課程，延攬師資，購置圖書，前後四年之久。1947 年曾約農正式出任湖南省省立克強學院院長，直至 1949 年。[32]

1949 年印度在尼赫魯（Jawaharlal Nehru, 1889-1964）主政下，召開世界和平會議，曾約農與曾寶蓀應邀出席。當他們到達香港，正在辦理前往印度手續時，忽聞湖南省政府主席程潛（1882-1968，昔同盟會元老，國民革命軍高級將領）叛變投誠共產黨。曾約農即刻設法搶救珍貴的曾家先人手澤。所幸大部分手澤，竟於他們出訪印度之前，安然護送抵達九龍。後來，當他們前往印度參與世界和平會議之後，回到香港時，已經赤化的湖南家鄉回歸不得，只得留居香港，歷經兩年。曾約農回憶寫道：「在此其中，蒙總統介公厚賜，得將手澤縮印於膠卷，以備損失其正，猶存其副。舍下族眾，

32　〈曾約農生平〉，《台中市誌》。謝鶯興編，〈曾約農校長年表〉，頁 3-4。

靡不深感大德。」[33]

　　曾約農最引以為傲的是，曾氏世代家族的「學識意識」
（"scholarship-conscious"），造就非凡的功名。他說：曾祖父
曾國藩的影響，使湖南成為全中國最具有文化當中之一省；
而曾家擁有全國最好的圖書藏書之一。他又說曾氏這一代據
稱是春秋末年思想家曾子（曾參，公元前 505-435，孔子弟子
之一）的第七十三代後裔。[34] 然而，1949 年中國赤化，共產
黨掌權，建立中華人民共和國。曾約農寫道：「據《香港時報》
載，舍下及湘綺樓藏書，合一萬七千餘箱，均遭土共焚燬。」[35]
曾約農非常憤怒，痛恨「土共」。這種心情，可以理解。

　　1951 年（民國 40 年）春，曾約農與堂姐曾寶蓀由香港
來到台灣，承蒙副總統陳誠將軍（1897-1965），撥借宿舍暫
居。是年，應國立台灣大學聘請，執教於外文系。

　　歷史學者 Mary Wright 教授 1955 年在《遠東季刊》發表
一篇著名論文：〈從革命到中興：國民黨意識形態的轉變〉，
論述革命家孫文受太平天國領袖洪秀全的影響，從事反對滿
清政府的革命運動，但是自稱為傳承孫文革命遺志的蔣介石
在掌權後，國民黨拋棄革命轉向保守主義，崇仰平定太平天

33　曾約農，〈先文正惠敏兩公日記原本搶救記略〉，《傳記文學》第 65 期，
　　1965 年 5 月，頁 4。

34　"Beauson (Yueh-nung) Tseng: Biographical data- 9/56", United Board for Christian
　　Higher Education in Asia, New York.

35　曾約農，〈先文正惠敏兩公日記原本搶救記略〉，《傳記文學》第 65 期，
　　1965 年 5 月，頁 4。

國的曾國藩爲英雄。[36]

曾國藩：
蔣介石總統心目中的英雄，爭議性歷史人物

蔣介石總統禮遇曾家姐弟，因其曾祖曾國藩是他心目中的中興英雄。在國共內戰中潰敗的蔣介石政權，1949 年遷往台灣之後，極力提倡復興中國儒家文化傳統，冀望效法清末同治中興名臣曾國藩的經驗與精神，反攻大陸，平定「共匪的叛亂」。

清朝末年咸豐皇帝（1850-1861）與同治皇帝（1861-1875）在位期間，清國遭受內憂外患，交相逼迫，外有西方帝國主義列強侵略，內有捻軍叛變與太平天國革命運動（1850-1864）。滿族八旗軍已衰敗，毫無能力平亂抗敵，清廷必須依賴各地方漢人協助維持其政權。曾國藩是地主階層的儒家學者，爲了維護既得利益和地方秩序，並捍衛中國儒教文化傳統，他挺身而出，在湖南鄉間舉辦地方「團練」、組織「湘軍」爲朝廷效力。

關於這議題，史學家孔復禮教授（Philip A. Kuhn）在《中華帝國晚期的叛亂及其敵人》一書指出，到了十九世紀清末時期，朝廷中央已非絕對專制政體，蓋朝廷需要依賴地方漢人仕紳勢力來平定內亂，湘軍、淮軍等地方勢力軍事化，從

36　Mary Wright, "From Revolution to Restoration: the Transformation of Kuomintang Ideology," *Far Eastern Quarterly* (1955, xiv, no.4).

此以後朝廷與地方官僚系統之間，雙方有緊張與相互依存關係，導致 1911 年辛亥革命推翻滿清建立民國以後，軍閥割據中國之局面。[37]

　　蔣介石崇拜曾國藩有兩個主要原因。第一、曾國藩捍衛中國傳統儒家文化「道統」，強調五倫、四維、八德的倫理秩序觀念。這就是蔣介石需要用以控制社會秩序的保守主義意識形態。第二、曾國藩的練兵、做事、用人之技術，確實有高超的一套，影響後世至深，他的統御、權謀與魄力，不僅是蔣介石，毛澤東也曾經為之著迷。[38]

　　曾國藩有如下相人之術：「邪正看眼鼻」（要看一個人是好人或是壞人，關鍵要看他的眼睛和鼻梁）；「真假看嘴唇」（要看一個人是真實或虛假，就要觀察他的嘴唇）；「功名看氣概」（要看一個人能否做大事，要看他的氣概）；「富貴看精神」（有無富貴命，就要看他的精神狀態）；「主意看指爪」（要看一個人是否聰明有主意，要看他的手和動手能力）；「風波看腳筋」（要看一個人會不會經歷磨難，要看他的腳和腳筋）；「若要看條理，全在語言中」（要看一個人的言行有無條理，就要從他說話內容和方式來分析）。

37　詳見 Philip A. Kuhn, *Rebellion and Its Enemies in Late Imperial China: Militarization and Social Structure, 1796-1864* (Harvard University Press, 1970)，以及同作者的另一重要著作 *Soulstealers: The Chinese Sorcery Scare of 1768* (Stanford University Press, 1990)。

38　余杰，〈為什麼毛澤東和蔣介石都崇拜曾國藩？〉，《新頭殼》，2019/04/22。楊靜璐編輯，〈毛澤東和蔣介石共同推崇的晚清第一人是誰〉，《華夏經緯網》《深圳新聞網》，2010/05/25。

曾國藩日記記載：「為政之道，得人、治事二者並重。得人不外四條：廣收，慎用，勤教，嚴繩。」第一、「廣收人才」：曾國藩身邊，人才濟濟，凡有一長一技，就不肯輕視。相較於帶有官氣的人，他喜歡帶有鄉氣的人，因為帶有鄉氣個性鮮明、優缺點都明顯，但確實有本事。第二、「慎用」：曾國藩用人精明慎重，講究政治佈局。譬如，他重用滿族將領塔齊步，當然因為能信賴又會打戰，也因為族群考量——要讓滿清朝廷放心，湘軍當中有滿族將領。第三、「勤教」：領導者對手下人才培養，曾國藩每次練兵，都親自訓話，注重思想政治工作。第四、「嚴繩」：領導者對手下人才的管理與駕馭。[39]

然而，曾國藩是爭議性的歷史人物。曾國藩弟曾國銓的幕僚趙烈文（1832-1894）著《能靜居日記》目睹所記，1864年曾國銓率湘軍攻入南京城後的情景：

[湘軍]貪掠奪，頗亂伍。中軍各勇留營者皆去搜括。……沿街死屍十之九皆老者。其幼者未滿二、三歲者亦被戳以為戲，匍匐道上。婦女四十歲以下者一人俱無[均被虜]，老者負傷或十餘刀，數十刀，哀號之聲達於四方。[40]

---

39 智匯網路，〈曾國藩的"用人四部曲"〉。
40 郭廷以《近代中國史綱》引趙烈文《能靜居日記》記載，〈趙烈文〉，《維基百科》。

曾國藩是儒學大師，官至武英殿大學士、兩江總督。曾家兄弟捍衛中國儒家仁義道德之「道統」，但實際行動往往充滿權謀、虛假、殘酷；湘軍所到之處，跟太平天國軍一樣荼毒百姓、屠殺搶掠，以故老百姓給曾國藩一個綽號叫「曾剃頭」，殺人像剃頭匠剃掉頭髮無數。上述違反人道的湘軍屠城慘狀，令人思考：到底學識與道德行為，是否必然關連？

　　徵之世界歷史，1789 年法國大革命「恐怖之治」（Reign of Terror）之政爭，以「斷頭台」（guillotine）互相廝殺者，不乏啟蒙主義思想的飽學之士。[41]1790 年英國政治家與思想家埃德蒙·伯克（Edmund Burke, 1729-1797）的名著《對法國大革命的反思》（*Reflections on the French Revolution*）預言：暴力革命造成社會混亂、將引發對外戰爭，導致軍事強人奪權。法國陷入內憂外患，果然拿破崙（Napoleon Bonaparte）出現——他善用「愛國主義」打壓異己，宣傳「國家危機感」（以敵國威脅入侵為由，誘導恐嚇國會授權），終於奪取專制獨裁權力。歷史上，拿破崙被譽為「啟蒙運動之子」。「愛國主義」極易成為奪取無限權力的政治工具。

　　伯克另一著作，論述學識與道德並無必然關連。1757 年出版《崇高與美的哲學探索》（*A Philosophical Enquiry into the Origin of Our Ideas of the Sublime and Beautiful*）一書，全

41　Lynn Hunt, "I, the People", reviewing Marcel Gauchet's *Robespierre: The Man Who Divides Us the Most* (Princeton Univesity Press) in *The New York Review of Books*, Vol. LXIX, NO. II, June 2 2022, pp.25-26.

然否定有學識且審美觀高雅的人，必定道德高尚、神智正常、心智健康這樣的看法。人性問題難以捉摸，某些時候，人會「幸災樂禍」，享樂觀看他人陷入災難。人類歷史上，時常出現霍布斯式殘酷的人間叢林（Hobbesian state of nature）。[42]

沃赫特律師（Otto Wächter, 1901-1949）博學多聞，喜愛古典音樂及高級文化，疼愛妻子兒女。他是納粹德國駐波蘭地方督軍。某日，在寫給愛妻的信裡，他漫不經心、順便一提：「喔，明天我必須公開處決五十個波蘭人。」如此毫不在意、草菅人命，令人驚悚費解。在其任內，五十二萬五千名無辜的猶太裔波蘭人被迫害殘殺。史學家長期關注一個現象：多位高級納粹黨政府官員，是受過高等教育的醫師、律師、歷史學者、和語言學者。[43]

1942 年 1 月 20 日，在柏林郊外景色優美的萬湖邊（the Wannsee）一別墅，十五位納粹黨政高層聚會（the Wannsee Conference，萬湖會議），討論如何處置猶太裔德國人、半猶太混血人的種族清除問題。這十五位納粹國家部長級的官員當中，八位擁有博士學位。「他們討論宰殺方法、種族清除、滅絕方式」；聚會一個多小時的後半段，他們邊討論如何屠殺、

42　Alan Ryan, "The Dangers of Patriotism," reviewing David Bromwich, *The Intellectual Life of Edmund Burke: From the Sublime and Beautiful to American Revolution* (Harvard University Press), *The New York Review of Books*, March 5, 2015, pp.35-37.

43　David Motadel, "Nazis on the Run," *The New York Review of Books* (Vol. LXVIII, No.19, December 2, 2021), pp.45-47.

邊吃點心喝飲料。[44]

不僅學識與道德無必然關連，宗教信仰與道德行為亦然。十六世紀法國爆發宗教戰爭，新、舊基督教徒互相殘殺。人文主義學者蒙田（Michel de Montaigne, 1533-1592）非常震驚，他撰寫《隨筆集》（Essays）表述宗教存疑主義（agnosticism），認定宗教狂熱主義是世上最大邪惡，宗教與道德並無必然關聯，倫理道德標準來自人性與生活經驗。[45] 蘇格蘭啟蒙運動哲學家大衛·休謨（David Hume, 1711-1776）撰寫《英國史》，揭露英國十七世紀清教徒革命時期，宗教信徒違反人道的殘酷行為。

曾國藩矢志捍衛儒家仁義「道統」，被譽為「中華千古第一完人」；但是湘軍所到之處，跟太平天國軍一樣荼毒百姓、屠殺搶掠、奸淫女子，肆無忌憚。

蔣介石是基督徒。1947 年二二八事件爆發，他派軍來台大屠殺，二萬名台灣人喪生，家破人亡。1975 年他在遺囑裡說道：「我無時不以耶穌基督的信徒自居。」[46]

44　Christopher R. Browning, "When Did They Decide?"(reviewing Peter Longerich, *Wannsee: The Road to the Final Solution*, Oxford University Press), *The New York Review of Books* (vol. LXIX, no. 5, March 24, 2022), pp.29-31.

45　Michel de Montaigne, *The Essays: A Selection*, translated and edited with an introduction and notes by M. A. Screech (London: Penguin Books, 1991), pp.86-87;268.

46　周聯華，《周聯華回憶錄》（台北：聯合文學，1994 年），頁 315。

曾約農：
捍衛道學，擁護黨國體制，對蔣介石忠心耿耿

人用語言來思維，每種語言都有其獨特性。曾約農年輕時代留學英國，他的英文非常好。我們在第六、七章會看到他的英文信函，筆法清晰流暢，簡潔有力，流露他的為人機智、活躍、精明。但是，他用中文的思維發表的報章雜誌文章，往往不用真實、自然、活潑的庶民語言，而是選擇使用陳舊的儒家道統語文與思維，給人一種疏離庶民、稍缺活力的感覺。

下面節錄他一篇〈立元以統天〉，不僅呈現他的道學思維，尚且表露他對蔣介石總統忠心耿耿，甚至極盡諂媚阿諛奉承之能事：

《中國一週》刊印總統訓詞「大學之道」既竟，微文於不佞。以不佞之學殖錮陋，曷敢詞費。然而今日何日也？君子道消，小人道長，蓋生民以來所未有。陰慘晦黑，不啻子夜，剝極必復，此其時矣！……總統既登高一呼，不佞得不作坵坵之應耶？……

古今疏釋《大學》者夥矣，而融鑄中外，以兩講概之，深切著明如總統斯訓者，未之前覯。……

中山先生謂《大學》之道為政治哲學，得總統之疏釋而益信。……

以五千年文明上國，前之以堯舜文武，所以成孔子之大也；後之以曾思孟荀，程朱陸王，所以發孔子之蘊也。……

不佞嘗偶爾涉獵程朱遺著矣，以其言之有物也，深契於心，至今服膺之不敢忘。又嘗略治陸王之學矣，以其言之亦有物也，深契於心，至今響往，不能自已。合程朱陸王而觀之，則無所適從。……今讀總統訓詞而後自知其陋也。……

總統從而一之，不佞如開茅塞矣。意者格物窮現乃朱王兩氏之所同，而所以窮之者則為其所異。方法之別，殊途而同歸；揆其實際，理一而已。程朱陸王似相反而實相成，一如歸納演繹兩法之不可偏廢也。總統此論，發前人之所未發，嘉惠後學可無限量哉！……

實踐之事，願我全民，在總統身教之下，一致勉旃。[47]

蔣介石總統是武夫出身，而曾約農當過學院院長與大學校長（又是孔子弟子曾子的第七十三代後裔），但他卻說拜讀總統訓詞之後，才真正瞭解傳統儒家文化道學之真諦；拜讀總統訓詞之後，才知道「程朱陸王似相反而實相成，一如歸納演繹兩法不可偏廢」之常識。

曾約農在 1949 年避難香港時，「蒙總統介公厚賜，得將（曾祖曾國藩與祖父曾紀鴻）手澤縮印於膠卷」；1951 年來

47　曾約農，〈立元以統天〉，林景淵編選，《曾約農先生言論集》（台北：商務印書館，民國 59 年），頁 123-127。

台後，蒙蔣總統扶持應允，先後獲得台大教職、東海大學校長以及國策顧問等職位。

曾約農忠心耿耿撰寫另文，〈從大學中庸兩篇看孔門道統〉寫道：「凡我中華民族皆應凜遵總統之訓示，服從總統之領導，努力行健自強，修己安人，而做到兼善天下，不獨光復河山指日可期，而且世界大同之局，亦可逐步而就也。」[48]

1950 年代初期，美國「在華基督教大學聯合董事會」（「聯董會」）決定出資，來台創辦一所崇尚自由人文主義的基督教大學。此一喜訊備受大家關注與期待。果然，東海大學 1955 年創校。自由人文主義崇高理想之實踐，端賴校長來領導；因此，如何遴選東海大學校長成為大家關注的焦點，下一章探討這議題。它對當今台灣政治社會情勢有重要的啓示。

48　曾約農，〈從大學中庸兩篇看孔門道統〉，《公教知識》第 587 期，1972 年 12 月，頁 10-11。

「黨國體制」下，
東海大學遴選校長（1950 年代）

我們需要的是一所眞正爲台灣人辦的基督教大學，所以西方人士與中國大陸人士應爲從屬地位。

　　——芳衛廉博士（Dr. William P. Fenn，「聯董會」執行秘書）

　　一個危險的問題是，要如何避免台灣的需要及其人民所希望要的大學，被少數新來統治者的欲望與需要所淹沒取代。

　　——黃彰輝牧師（東海董事）

　　一切都沒有公開誠實辦事，我感到困擾。跟過去處理陳錫恩 [Dr. Theodore Chen] 的同樣技巧，現在又要使用。

　　——吳德耀校長

曾約農與東海大學標示。（東海大學圖書館提供）

創立東海大學有兩位重要的決策與執行人物。一位是范杜蓀博士（Dr. Henry Pitney Van Dusen, 1897-1975），他是紐約協和神學院院長（1945-1963），也是南京金陵神學基金會董事長，以及美國「在華基督教大學聯合董事會」（簡稱「聯董會」）主席。范杜蓀博士是一位自由派神學教育家、著名的基督教國際主義者，「普世教會運動」（ecumenical movement）的領導人物。[1]另一位創立東海大學的重要人物是芳衛廉博士（Dr.William P. Fenn, 1902-1993），「聯董會」執行秘書。從大學開始籌備到正式創立，都是由他領導執行。

東海大學共創者：
美國「聯董會」與台灣基督長老教會

　　1951年底、1952年初，美國聯合長老教會的代表李伯博士（Dr. Charles T. Leber, 1898-1959）來台，僕僕風塵來到台南神學院。他說他的友人范杜蓀博士，特別要他來請教黃彰輝院長，有關在台創設基督教大學的意見。對此，黃彰輝衷心表示歡迎與感謝：「我們台南的男女學生，一直夢寐以求的就是能夠在這附近有一個基督教大學。」[2]聯董會有意來台

1　Paul T. Lauby, *Sailing on Winds of Change: Two Decades in the Life of the United Board for Christian Higher Education in Asia 1969-1990* (N.Y.: United Board for Christian Higher Education in Asia, 1996), p.26. "Van Dusen, Henry Pitney (1897-1975): International Ecumenist," www.bu.edu/missiolgy/missionary-biography.

2　Shoki Coe, *Recollections and Reflections*, introduced and edited by Boris Anderson (New York: Formosan Christians for Self-Determination, second edition, 1993), pp.210-212. Shoki Coe 是黃彰輝以日語發音的英文姓名，也有時拼成 Shoki

創立基督教大學，這是多年來台灣基督長老教會求之不得的大喜訊。

不過，黃彰輝指出：大戰前後，台灣接續在外來的日本人與中國國民黨人統治下的「不正常情況」，可能會導致「台灣的需要及其人民所希望要的大學，被少數新來統治者的欲望與需要所淹沒取代」。這是個「危險」的問題。

當黃彰輝把這問題充分說明之後，李伯博士突然問道：「你認為你們的教會願不願意跟聯董會一起，作為這所基督教大學的共創者（co-founders）？」

黃彰輝簡直不能相信自己的耳朵，驚異地問：「Are you serious?」（你「這句話」認真嗎？）

李伯博士平靜地回答：「Most certainly！（非常確定）」。「你們的教會應該做共創者。如果聯董會的任何人不同意，我會強力反對他們。……如果你們教會成為共創者並善於執行其任務，那麼就可避免你所說的危險問題。」

黃彰輝聽了，再度道謝，並承諾將會向台灣長老教會總會提議參與創立基督教大學。李伯博士說聯董會執行秘書芳衛廉博士即將來台考察有關創校事宜。李伯博士給黃彰輝留下深刻的印象，「他那熱情的個性令人難忘，是一個真正精

Ko。1945 年日本戰敗，中國國民黨來台之後，中文發音拼成 Hwang Chang Hui 或 C. H. Hwang。而台語發音則拼成 Ng Chiong Hui。總共五種寫法。這正是台灣人在外來殖民政權統治下，身不由己，身分認同困境之縮影。

力充沛的人。」[3]

　　1952 年 1 月，芳衛廉博士來台考察二星期，訪問許多教會人士，包括長老教會、台南神學院、昔日大陸教會大學校友、政商人士，以及台灣省主席吳國楨，獲得各界踴躍支持。芳衛廉返美後，向聯董會報告，提出重要的〈備忘錄〉，列舉十四點事項，注重通才教育（全體學生應修哲學與宗教課程，兼顧學業與品格之「全人教育」）、訓練勞動習慣的勞作制度、學術自由以及民主觀念，並強調：

　　這所大學不應該只是大陸任何一所大學的翻版，台灣需要的是不一樣的大學……。這所大學應以服務台灣島上的居民為目的……。許多課程可以為適應台灣社會需要而設計……。這所大學雖具有國際性，但強調國際性並不表示抹殺其台灣的特性……。也歡迎西方人士的參與，不過我們需要的是一所真正為台灣人辦的基督教大學，所以西方人士與中國大陸人士應為從屬地位……。[4]

　　總之，在台灣新創立的基督教大學，將是一所以「服務

3　"His passionate personality was unforgettable-- a real dynamo." Shoki Coe, *Recollections and Reflections*, pp.210-212. 關於創立東海大學的詳細情形，請參閱蔡榮芳，《從宗教到政治：黃彰輝牧師普世神學的實踐》（台北：玉山社，2020 年），第六章。

4　*Memorandum to the Trustees on the Kind of Christian College I Would Like to See on Formosa*.《東海大學五十年校史》（東海大學出版，2007 年），頁 22-24。《東海大學六十年校史 1955-2015》（東海大學出版，2015 年），頁 27-28；感謝東海大學林碧堯教授提供此校史版本。

台灣居民」爲目的、以台灣爲主體的國際性大學。

1952 年 10 月 20 日，芳衛廉博士寫信給教育部長程天放，再次強調，要「從頭開始」（"starting from scratch"），開辦全新的大學；東海「不應是大陸任何一所基督教學院的翻版，而是要創立其獨自形態的大學，以服務台灣之需要。」[5] 程天放部長覆函表示同意。[6]

同時，台南神學院黃彰輝院長，向台灣基督長老教會總會提議，推舉資深牧師黃武東於 1953 年 5 月前往紐約參與聯董會會議。台灣基督長老教會，乃正式成爲東海大學的「共同創辦者」（Co-founder）。[7]

1953 年 6 月芳衛廉博士再度來台，設立大學「籌備委員會」（前教育部長杭立武博士爲主任）；10 月，大學「董事會」成立，董事十五人，包括台灣基督長老教會人士五人（黃彰輝、黃武東、陳明清、高天成、蔡培火），中國來台教育人士「外省人」五人（董事長杭立武、蔡一諤、張靜愚、曾寶蓀、誠恩慈），外籍人士五人〔魏德光（Rev. Arne Sovik）、狄寶賽夫人（Mrs. Constance S. de Beausset）、安慕理（Rev. Boris Anderson）、明有德（Rev. Dr. Hugh MacMillan）、彌迪理（Rev. Harry Daniel Beeby）〕。11 月 13 日，教育部正式批准

5   William P. Fenn's letter to Mr. Cheng Tien-fang, Minister of Education, 1952.10.20.
6   《東海大學六十年校史 1955-2015》，頁 29。
7   《黃武東回憶錄》（Irvine, California: 台灣出版社，1986 年），頁 189-191。

東海大學「董事會」。[8]

1953 年 11 月 12 日，董事會趁美國副總統尼克森（Richard Nixon）來台訪問之便，邀請其蒞臨台中大肚山主持創校動土典禮。大家喜氣洋洋，期望建造一所著重自由民主、人文主義價值、兼顧學業與品格的基督教大學。

然而，歷史環境制約人的行為。從一開始，各方政治社會勢力，就互相角力，試圖掌控主導大學的權力，而最強勢的就是國民黨政權「黨國體制」勢力。以故，遴選大學校長一開始就在國民黨「黨國體制」之下進行。

大學董事會的職責包括遴選校長，那麼讓我們觀察董事會成員的政治傾向。

董事會成員的政治傾向

中國國民黨統治下的台灣，省籍情結關係緊張。因此東海大學董事會的十五位董事，均衡分配本省人、大陸人、和外籍人士各五人。

然而，政治情勢與人際關係，並不單純，權力的分配並不完全依照上述的三分法來決定。在政治掛帥的國民黨統治下，保守勢力占有絕對的優勢。

---

8   Chung-ping Chang, "The United Board for Christian Higher Education in Asia in the Development of Tunghai University in Taiwan, 1955-1980," (Ph.D. thesis, Southern Illinois University, 1982), pp.30-33.

依照教育部的規定，董事長必須是華人——大陸人杭立武（50歲，英國倫敦大學政治學博士），是國府的高官，前教育部長。其他大陸人董事還有湖南籍的蔡一諤（55歲，美國耶魯大學文學士，省農復會會計長）；與河北籍的誠恩慈（44歲，金陵女子學校體育系畢業的女老師）。

五位大陸人董事一致支持國民黨「黨國體制」立場。不過，他們的黨國思想也有輕重之別。其中，湖南籍的曾寶蓀女士（59歲，倫敦大學理科學士）身分特別，她是中國清末名臣曾國藩的曾孫女，她的堂弟曾約農（1893-1986）將成為東海大學首任校長。堂姐弟獲得蔣介石與宋美齡的信任，曾國藩是蔣介石心目中的中興英雄。

山東籍的董事張靜愚（57歲，英國利物浦工學院畢業）是「黨國一體」的強力護衛者，愛國愛教的黨國基督徒。他的黨國意識，凌駕於對基督教的信仰。[9]他從青年時期就追隨黃埔軍校校長蔣介石，擔任其英文秘書，之後官運亨通；1949年遷台後，任立法委員、經濟部政務次長等職。

以上五位大陸人董事意圖辦好東海大學，預備將來「反攻大陸」後對中國有所助益。

另外，五位台灣人董事包括台南神學院院長黃彰輝牧師

9　曾慶豹，〈台灣基要派的愛國愛教：張靜愚與護教反共時期的基督教〉，國史館編輯，《近代中國的宗教發展論文集》（台北：國史館，2015年），頁93-121。

（40 歲，東京帝大文學士，英國劍橋西敏斯特神學院畢業）；
黃武東牧師（45 歲，台南神學院畢業，台灣基督長老教會總
幹事）；高天成醫師（50 歲，台大醫學院院長）；陳明清律
師（51 歲，日本中央大學法學士）；和蔡培火（65 歲，行政
院政務委員）。他們都是從小接受嚴格的日本教育，受到日
本文化熏陶。他們志在創立一所具有台灣特色的基督教自由
人文主義大學，服務台灣居民。

　　高天成（1904-1964）是第一代基督徒高長的長孫高金聲
牧師的長子，林獻堂的女婿（林關關的夫婿，蔡培火爲介紹
人）。高天成少年時代在日本同志社中學、名古屋第八高等
學校受教，然後進入東京帝大學醫，1938 年獲得博士，1953
年任台大醫學院院長。[10]

　　陳明清（1903-1964）出生於關子嶺，台南長老教會中學
畢業後赴日，就學青山學院高等學校，考進日本中央大學獲
得法學士學位，通過嚴格的裁判官檢定考試，任職北海道判
官。這是日治時代台灣人極不尋常的成就。大約 1941 年才回
台當律師，與長榮中學董事長。日本無教會主義者內村鑑三
與矢內原忠雄的影響，形塑他正直的人格，知識分子憑良心、
關心社會和時政的行事作風。[11]

10　高俊明、高李麗珍口述，胡慧玲撰文，《十字架之路──高俊明牧師回憶錄》
　　（台北：望春風，2001 年），頁 95。

11　鄭加泰，〈陳明清長老──推動台灣基督教大專教育的先河〉，《新使者雜
　　誌》，29 期，1995 年 8 月。

蔡培火（1889-1983）跟其他台灣人董事有所不同，他積極支持「黨國體制」。這位傳奇人物，精明能幹，精力旺盛，是個政治社會運動健將。年輕時代留學東京高等師範學校，1920 年代開始從事社會文化活動，跟林獻堂、蔣渭水、林幼春等人成立「台灣文化協會」，發行《台灣民報》、《台灣青年》等刊物，推行台灣議會設置請願運動，要求自由、民權與尊嚴，因此贏得許多台灣人的尊敬。但是他在 1945 年二次大戰結束後，即刻加入國民黨，換來立法委員、政務委員等職位。

　　蔡培火依附國民黨政權之後，一意擁護「反攻大陸」國策。他跟黃彰輝牧師在董事會共事，但相處不融洽。[12] 蔡培火的妥協性，令他成為爭議性人物。他一方面試圖為台灣人爭取權益，另一方面卻積極支持「黨國一體」的專制統治；結果兩邊不討好，有些台灣人對他失望。1955 年徐復觀教授寫道：「台灣光復後，蔡先生對中央之忠誠、對內地人士之友誼，迴出尋常，每以此引起舊日同志之不滿。然蔡先生為人深識大體、性情亢直，從未以此介意。」[13] 另一方面，有些外省人，則對蔡培火不信任。[14]

12　Shoki Coe, *Recollections and Reflections*, pp.91-92.
13　〈徐復觀先生致卜少夫函〉，張漢裕主編、張炎憲總編輯，《蔡培火全集》第一冊，（台北：吳三連台灣史料基金會出版，2000 年），頁 396-397。
14　1955 年 11 月 12 日《新聞天地》刊登作者署名許今野一文，謂：蔡培火曾於日治時代「在日本皇宮廣場高呼日皇萬歲的那一幕，台灣同胞卻永不會健忘」，致使蔡培火致函《新聞天地》社長卜少夫並附上〈徐復觀先生致卜少夫函〉，反駁許文虛構誹謗。《蔡培火全集》第一冊，（台北：吳三連台灣史料基金會出版，2000 年），頁 396-397。

至於，東海大學董事會的外籍董事有何政治傾向？加拿大籍的明有德牧師（Rev. Dr. Hugh MacMillan, 1892-1970）早在 1924 年日治時代就來台宣教，主要在台灣北部，服務三十八年（1924-1962）。他是愛丁堡大學博士，精通日、台語，跟中國甚少淵源。他擔任台灣神學院院長（1927-1931）與淡水中學校長（1935-1936），戰後任台北聖經書院院長（1953-1955）。

魏德光牧師（Rev. Dr. Arne Sovik, 1918-2014）在中國河南出生，父親是在華傳教士。魏德光是耶魯大學博士，來台設立路德教會。他在台北杭州南路的「救恩堂」，掛上蔣介石題字的匾額。

相對年輕、34 歲、美貌的美籍狄寶賽夫人康妮（Mrs. Constance S. de Beausset, 1920-2012）任董事兼董事會秘書。其夫婿（Valery Sergei de Beausset, 1915-2009）在 1948-1958 年間，是懷特（J. G. White）工程公司的工程部主任，本來在中國工作，1949 年隨著蔣介石搬到台灣，掌控美援在台的許多重大建設，夫婦兩人跟蔣家以及台灣中央官員關係極為密切。[15]

這幾位美籍董事誠心誠意，要創立一所基督教自由人文主義的東海大學。但是，他們跟國民黨政權關係密切，就容

15　梁碧峯編著，《細說東海早期風華》（東海大學圖書館出版，2016 年），頁 57-59；81；林碧堯，〈東海六十回顧：東海董事會的架構與功能〉，《民報》，2015/10/17。

易事事迎合其意志，導致學術自由受到折衷妥協。再者，美國國籍也會影響他們的政治考量。1950 至 1960 年代國際冷戰期間，美國外交政策支持世界各地的極右政權（如南美洲諸國、亞洲越南的吳廷琰、韓國的李承晚、台灣的蔣介石、菲律賓的季里諾），聯合對抗共產極權的蔓延，因而往往忽視當地人民的基本人權。

美國副總統尼克森在東海大學創校動土典禮上的演說，配合蔣介石總統的意思，稱讚台灣為「自由中國」。他說：「現在世界上正在進行的衝突，將決定我們所生長的世界，是否是一個自由的世界，抑或奴役的世界？」[16] 馬基維利式「強權政治」，被美化為「自由」對抗奴役。

至於其餘兩位東海大學的英籍董事，政治上他們認同的，不是蔣介石總統的專制體制，而是被統治的台灣人民。安慕理牧師（Rev. Boris Anderson, 1918-2013），牛津大學畢業後，進入劍橋西敏斯特神學院，是黃彰輝的學弟、摯友，1949 年起擔任台南神學院副院長。

彌迪理牧師（Rev. Harry Daniel Beeby, 1920-2013），倫敦大學畢業後，入劍橋西敏斯特神學院，1950 年成為台南神學院教授。他同樣是黃彰輝院長的忘年之友。這兩位牧師認同台灣，精通台語。

事實上，彌迪理牧師 1950 年來到台南就聽說，美國基督

<hr />

16 梁碧峯編著，《細說東海早期風華》，頁 68-70。

教協議會有一百三十萬美元，是屬於中國教會的高等教育基金，等待要給適當的基督教教育院校。於是他就寫信給紐約的基督教高等教育機構。基金會的回信使他感到驚訝，竟是要請他親自前往美國商討探究什麼教育方式象徵新時代的教育理想。於是他就向南神請假三個月，前往美國考察諸多大學的教育狀況，然後提出報告，建議設置手腦並用的教學方式、勞學並重的學府；這就成爲東海大學創校的原始初衷。[17]彌迪理牧師也就順勢被推舉爲東海大學的董事。

1954 年 8 月，黃彰輝牧師赴美參加「普世教會協會」（World Council of Churches, WCC）會議，聯董會主席范杜蓀博士（Dr. Henry Pitney van Dusen）幫他介紹多位學界及教會重要人士，並特別安排兩個晚上，跟芳衛廉博士（Dr. William P.Fenn），三人一起詳談籌辦東海大學事宜。黃彰輝再度坦誠表示，擔憂東海大學會受到國民黨政府的政治干預與控制，因爲他親自體驗到國民黨統治者對台灣人的壓迫，跟過去日本殖民統治並無兩樣。不過，他希望國民政府對東海的干預會比較收斂，因爲它是由美國聯董會出資創辦的大學。[18]

董事會：
強勢的保守派 vs. 弱勢的自由人

東海大學首任校長的遴選過程，可以看出董事會裡，保

17　張瑞雄，《台灣人的先覺──黃彰輝》（台南：南神出版社，2014 年再版），頁 193-194。

18　Shoki Coe, *Recollections and Reflections*, pp.214-216.

守派董事占優勢，因爲他們有國民黨政府做後盾。

在籌備創校期間，董事會最先的構想是設置一名校長（chancellor），兩名副校長；校長由大陸人擔任，副校長則是台灣本省人與美國人各一名。董事會一致同意校長必須是有名望、受尊敬的學者，而不是買辦或官僚。不過，後來董事會改變主意，因爲擔心美國籍的副校長有可能掌控實權，而讓名譽校長成爲傀儡；紐約的「聯董會」也不希望看到它在台灣的代表成爲「國王後面的操控者」（the power behind the throne）。最後，董事會決定設置一名校長（president）與輔助行政的三個學院院長。[19]

校長由大陸人擔任，但是「聯董會」秘書長芳衛廉博士的〈備忘錄〉不是說，外籍與大陸人士必須是從屬地位嗎？很顯然，在「黨國體制」的政治環境下，以台灣爲主體的創校原則已經妥協。

董事會考慮的校長候選人，都是中國大陸人——梅貽琦（無意願）、朱友漁、杭立武、陳錫恩、梁少初、董顯光、浦薛鳳、韓慶濂等人。

台灣人的文化菁英哪裡去了？林茂生博士（1887-1947）、陳炘博士（1893-1947）和其他知識菁英，在 1947 年二二八

19　Chung-ping Chang, "The United Board for Christian Higher Education in Asia in the Development of Tunghai University in Taiwan, 1955-1980," (Ph.D. thesis, Southern Illinois University, 1982), p.38.

事件當中遇害。接著，白色恐怖致使知識分子噤若寒蟬，銷聲匿跡；有的流亡海外，譬如廖文毅博士（1910-1986，台灣獨立運動健將）及其兄廖文奎教授（1905-1952，芝加哥大學哲學博士，1952 年在香港去世）。留在台灣的傑出學者、大多是接受日本文化教育的資深教授學者，默默地工作，譬如杜聰明博士（1893-1986）、洪耀勳教授（1903-1986）、陳紹馨教授（1906-1966）、楊雲萍教授（1906-2000）、高天成博士（1904-1964）、張漢裕教授（1913-1998）、台南神學院長黃彰輝牧師（1914-1988）、還有在霧峰萊園中學默默工作的教育家林攀龍校長（1901-1983）。他們都是台灣人，遴選東海大學校長的董事會，不曾加以考慮。

這些受過日本菁英高等教育的台灣學者，大多精通多種語言（台、中、日、英、德、法語），是具有現代世界觀的文化人。但是，對於來自中國的大陸人而言，台灣人的日本文化教育背景，不是正面、而是負面的因素（liability）。

校長候選人：
陳錫恩博士

從上列大陸人的候選人當中，董事會在 1954 年 8 月 16 日以十一票贊同、二票反對，決議聘請陳錫恩博士（Dr. Theodore Chen，美國南加州大學教授）擔任校長。可是，國府的教育部認為不宜，因為陳錫恩是美方代表，且具有雙重國籍，而陳博士自己亦竭力謙辭。

根據董事會資料：「陳錫恩於 1950 及 1953 年，以南加

州大學名義，發表兩篇文章，指稱台灣為反動政府，所以礙
難同意其擔任東海大學校長。1954 年 8 月 21 日上午因而召開
董事會，指該兩篇文章並沒有如此嚴重。陳錫恩還另有雙重
國籍，不適合擔任校長一職。」可見，陳博士被密告後，以「反
共不積極」被撤換。[20]

　　總之，國府教育部認為陳錫恩思想有問題，不准當校長。
多數東海董事相信學術自由是辦校的最基本原則，但無奈只
能抱怨：「如陳錫恩者尚不能邀其同意，則以後此機構對『思
想』兩字，想能有相當的自由，恐會極為困難。」在同一董
事會上，還有如下記錄：「國防部要求設置保防人員，對校
內員工的思想行動，隨時加以注意。」[21]

校長候選人：
曾約農教授

　　美國《時代周刊》（*Times*）創辦人亨利・魯斯（Henry R.
Luce, 1898-1967）是個極右、反共、擁蔣人物。他的妹妹穆爾
夫人（Mrs. Elizabeth Luce Moore）於 1954 年 10 月 22 日抵台
訪問。她是「聯董會」董事，對校長人選遲遲未決一事表示
關切。她跟蔣夫人同是美國衛斯理學院（Wellesley College）
校友，晉見了蔣夫人，也見了大學董事狄寶賽夫人與曾寶蓀
女士。據曾寶蓀回憶：

20　陳鍾文惠（陳錫恩夫人）著，《陳錫恩傳》（台北，1992 年）。林碧堯，〈東
　　海六十回顧：東海董事會的架構與功能〉，《民報》2015/10/17。
21　梁碧峯編著，《細說東海早期風華》，頁 66。

董事會邀集了幾位與中國教會學校有關係的人士與穆爾夫人見面，希望藉此選出校長。每人都發表了意見，約農與教會無關，我也未推薦，但他的意見卻受到穆爾夫人重視，認為可當校長，董事會就請他出來。[22]

穆爾夫人有很大的權力推薦東海校長人選，蓋「聯董會」經常依賴三個機構捐款：「魯斯基金會」（the Luce Foundation）、「哈佛燕京社」（the Harvard-Yenching Institute）、和「普林斯頓在亞洲」（Princeton in Asia）。穆爾夫人是「魯斯基金會」董事，更將於 1964 年接替范杜蓀成為「聯董會」主席，一直到 1976 年。[23]

董事會當然重視穆爾夫人的推薦，但仍然需要調查曾約農的資格及意願。芳衛廉博士非常關心遴選校長的進度，吳德耀（1916-1994）在台灣隨時跟他通信報告。吳德耀是昔日他在金陵大學的得意門生，畢業後蒙恩師之介，赴美留學，1946 年獲得哈佛大學政治學博士，1954 年應聘赴台協助開辦東海大學。

1955 年 1 月 10 日，吳德耀寫信向芳衛廉博士報告籌辦大學進度，提到：曾約農向「美國在台新聞處」（USIS）申請獎助（fellowship）被拒，但仍然將於 3 月跟其堂姐曾寶蓀

22　李爾康，〈敬悼曾約農先生〉，《傳記文學》50 卷 2 期，1987 年 2 月，頁 39-42。

23　Paul T. Lauby, *Sailing on the Winds of Change*, pp.127-18.William P. Fenn, *Ever New Horizons*, p.96.

赴美，協助她參與一項討論婦女地位之國際會議。[24]

兩天後，1 月 12 日吳德耀又發一信，寫道：

大家對於曾約農的熱心與興致正在下降（There is a declining of enthusiasm for Tseng Yo-nung）。來自各方有關他的資料報告，並不太令人鼓舞。我們發現他並無太多著作，除了發表各別報紙雜誌文章之外。此地並無這些文章。[25]

校長候選人缺乏學術著作是個嚴重的問題。因此，東海大學董事會遲遲未作決定。大家對校長候選人曾約農的評估感覺，忽冷忽熱。1955 年 1 月 22 日，吳德耀寫信給芳衛廉博士報告籌備大學進度，包括這一段：

至於遴選校長，目前看似靜默。大家對於曾先生的熱心與興致，已經幾乎完全消失（Enthusiasm for Mr.Tseng has almost completely disappeared.）。至於 Chao L.，他的名字似乎曾經被考慮過。我只知道這 Chao 家的名字，並曾經在台北很短暫地見過他們。記得當 Chao 博士的名字被提起時，我曾問過 Wei H.。他不認為 Chao 博士有才幹。[26]

24　Wu Teh-yao's letter to Dr. William P. Fenn, January 10, 1955.

25　Wu Teh-yao's letter to Dr. William P. Fenn, January 12, 1955. 十五年後的 1971 年，曾約農編著《漫談繙譯及寫作》（學生英語文摘社印行，1971 年）總共 121 頁，編集講堂練習中英文翻譯講解，包括兩頁曾約農以英文簡介為何學習英語 "Why We Study English."。

26　Wu Teh-yao's letter to Dr. William P. Fenn, January 22, 1955.

董事會遴選校長猶豫不決，但東海大學預定 1955 年秋季開學，該怎麼辦？ 1955 年 3 月 7 日吳德耀的信函報告：

> 魏德光（Rev.Dr.Arne Sovik 董事）這星期某天將會去見曾約農，但他不能確定曾會接受校長職位，也不能確定曾會獲得來自台南的董事們以及董事長的支持。[27]

至此，情勢似乎逐漸明朗：北部保守派的大陸人董事和魏德光，已決定支持曾約農，剩下還需要徵詢南部自由派台灣人董事和兩位南神教授英籍董事的意見。

從零開始，創辦一所大學，是一個艱巨的工作：從開墾荒地，持續興建校舍、教職員及學生宿舍、以及各方面行政工作、決定教育政策、設計院系科目、聘雇教職員、招收學生等等，都需要由校長來領導統籌一切。董事會遴選校長絕不能再拖延。另外，63 歲高齡的曾約農，是否願意放棄相對悠閒輕鬆的台大教職、答應接受這艱巨的校長職位，又是個問題。

1955 年 3 月 26 日，徵詢及遴選結果出爐了。董事會一致通過選聘曾約農教授為校長，任期兩年為限。曾約農欣然接受校長職位。

27　Wu Teh-yao's letter to Dr. William P. Fenn , March 7, 1955.

曾約農校長，
1955-1957 年

　　1955 年 5 月，曾約農校長（63 歲）由文學院長吳德耀博士（39 歲）陪同，應邀赴美，27 日在紐約「聯董會」報告其治校理念。隨後，訪問哥倫比亞大學及其他高等教育機構。

　　六十三歲的曾約農校長留鬍鬚，神態莊重，個子不高，經常穿著中國傳統式黑色或灰色長袍，出國旅行也不例外。筆者就學東海大學期間，不曾看過他換穿其他衣裝樣式或顏色，不能想像如果他穿西裝會是什麼模樣？

　　一個人的衣服穿著，跟他的思想行為有何關聯，卡萊爾（Thomas Carlyle, 1795-1881）有些想法。他的名著《衣裳哲學》（*Sartor Resartus*）說道，衣著表達人的行業、職位與存在。撰寫這部「衣著的哲學」之筆法，正經參雜諷刺、事實參雜虛構，用以論述文化價值觀念，隨著時空環境的移轉而改變。多位曾經在戰前到日本留學的台灣人，津津樂道這本書，包括林攀龍（1901-1983）、黃彰輝（1914-1988）、李嘉嵩（1914-1978）、李登輝（1923-2020）等人。

　　總之，一個人的衣服穿著，跟他的個性、思想與行動，多少有關聯。曾約農校長年輕時代留學英國，接觸西方現代思想，但是他的核心價值終究是中國道統文化，喜愛穿著中國舊式長袍馬褂。

　　練馬可教授（Dr. Mark Thelen）撰寫〈極有個性的曾校長〉

有一段回憶：

第一次見到曾校長，倒不是在東海，而是在一九五五年，春天的奧柏林（Oberlin College,Ohio）。第一印象是他戴著圓圓的眼鏡，穿著一襲長袍，好似個儒家人物。不料他的英文非常好，如果不見其人，只聽其音，你會以爲講話的是個受過良好教育英國紳士。吳［德耀］院長那時跟在他旁邊，西裝筆挺，好像個企業家，我以爲是這個中國老先生的翻譯員。[28]

東海大學創校時的董事蔡培火老先生，66 歲的台灣人，在 1945 年台灣「光復」之後，經常穿著中國式長袍，留鬍鬚，似乎刻意表態認同中國爲「祖國」。相較於他過去在日治時代，習慣穿帥氣的現代西裝，志氣十足的眼神儀表，今非昔比。

1955 年 11 月 2 日東海大學創校始業典禮，董事長杭立武博士代表董事會，以大學行政責任託付穿著黑長袍的曾約農校長。11 月 14 日美國《時代周刊》（*Time*）以「拓荒者」（The Pioneers）專題報導東海的創校日，結尾引述曾校長的話：

東海最偉大的力量之一是在它的實驗性，因爲在中國的

28　練馬可教授 (Mark Thelen)，〈極有個性的曾校長〉，《東海風 —— 東海大學創校四十週年特刊》，（台中：東海大學出版社，民國 84 年 11 月），頁 166-167。

教育中毫無先例可援，它必須在前進中學習。……開創將是我們的格言（Pioneering will be our watchword.）。[29]

　　曾約農校長高深的學問、辦事的魄力，備受師生敬佩。他以高薪延攬優秀的教師來東海執教。祁樂同教授回憶，1956 年「國立大學教授薪水，大約一千元，東海教授薪水，大約是國立大學的三倍。」[30] 東海的師資結構有兩大特色，即外籍教師比例為全台大學院校之冠，而華籍教授很多是大師級的學者。因此，吸引不少全台名牌高中畢業生來投考東海，放棄國立大學而選擇東海者，更不在少數。數年之間，東海即進入一流大學之列。[31]

　　「聯董會」芳衛廉博士在 1952 年的〈備忘錄〉中列舉十四點創校事項，其中兩項是勞作教育與通才教育。曾校長主持東海最重要的貢獻就是推行這兩項。1956 年他發表一篇〈宏通教育淺釋〉申論：

　　宏通教育，論方法則重理性（rationalism），論宗旨則重人文（humanism）。……大學教育，當以求真為前提，既窺其全，復扼其要。得全則宏，扼要則通，既宏且通，教育以成，敢引習見之格言為三命以結束鄙見：一命曰：正其誼不謀其利；明其道不計其功。再命曰：大學之道：在明明德，在新民，

29　《東海大學六十年校史 1955-2015》，頁 48。
30　見《曾約農校長紀念專輯新編》，頁 262。
31　《東海大學六十年校史 1955-2015》，頁 49。

在止於至善。三命曰：唯眞理，爲能釋爾於自縛。[32]

所謂三命，是合併中西、整合漢儒董仲舒（公元前 179-104）、〈大學〉、與基督教教義，融合貫通之論述。

至於勞作教育，同學們自己操作一切勞作，包括清理環境、打掃廁所、傳遞公文、餐廳服務等等；除了提供若干清寒學生，依其工作時間，酌給酬勞之外，每位同學每週定時義務勞作服務。曾校長以身作則，與學生共同參與勞作，給同學們留下深刻印象，令人敬佩。

從 1949 年到 1987 年的三十八年間，中國國民黨政權來到台灣強制執行軍事戒嚴。然而，相較於其他院校，東海校園享有稍許學術自由，難能可貴。曾校長上任之初，即照會政府各單位，在校內減少國民黨團活動，以符合國際慣例。[33]「曾校長的教育理想和特殊地位，在那白色恐怖時代給東海留出了一點空隙，讓學生可以多呼吸到一口稍微自由的空氣。」[34]

事實上，1950 至 1960 年代的東海大學，曾經是台灣自由主義思想的重鎭。歷史系的楊紹震教授讚揚古希臘雅典的

---

32 曾約農，〈宏通教育淺釋〉，《中國學術史論集》，（台北：中華文化事業委員會，1956 年），頁 1-12。

33 石家孝，〈尋夢東海、生涯瑣憶〉，《大度山風雲：我們第一屆東海人的故事》（東海大學圖書館電子書，2015 年），頁 48-51。

34 陸志舜，〈東海、朋友們、和我〉，《大度山風雲：我們第一屆東海人的故事》，頁 132-143。

自由民主制度、以及歐洲文藝復興時期的自由人文主義思想，給大家留下深刻的印象。中文系的徐復觀與牟宗三，以及政治系的張佛泉、徐道鄰與沈乃正，都是講求自由與人權的教授大師。[35]

不過，曾校長認為依照政府規定，可在校內施行對國旗與「國父遺像」敬禮，[36] 令人想起日治時代的「神社參拜」，以及學校師生必須面向東方的日本皇宮、鞠躬敬禮的回憶。

曾約農誠心擁護蔣介石
「反共抗俄」、「反攻大陸」與「黨國體制」

曾校長的辦學宗旨是：「以基督教精神，遵循國策，實現三民主義，並發揚中國固有文化。」[37] 他真心誠意擁護蔣介石總統「反共抗俄」、「反攻大陸」、與「黨國體制」——亦即遵循國策。

如上所述，創辦大學，工作繁雜艱巨：從開墾荒地，興建校舍及宿舍、到行政工作、制定教育政策、設計院系科目、聘雇教職員、招收學生等等，都由校長領導統籌一切。此外，還有國際高等教育會議需要參與。

在 1955 年 9 月 23 日的信函裡，曾校長告訴芳衛廉博士

---

35 詳見蔡榮芳，〈東海大學曾經是台灣自由主義思想的重鎮〉，《民報》2020/11/22。

36 〈曾約農先生致杭立武董事長函譯文〉，1955/03/26，《曾約農校長紀念專輯新編》，頁 290-291。

37 《曾約農校長紀念專輯新編》，頁 23。

說，他疲憊不堪，「幾乎瀕臨完全崩潰（I am threatened with a complete break-down），所以當台北的辦事處轉移到台中後，我要稍作休息。」[38]

1955年11月2日東海大學正式開學當天，曾校長致函「聯董會」主席范杜蓀博士（Dr. Henry P. Van Dusen），報告創校典禮儀式簡單隆重，順利完成。他特別提起：

十月三十一日接獲你的賀電那天，正好巧合是蔣總統六十九歲誕辰。逢此吉祥際會，賀電文印在特別製作的紀念華誕紙張。因為中國人特別敬重誕辰日子，我們對此巧合頗為喜愛。[39]

曾約農對蔣介石總統忠心耿耿。1955年12月，哈佛大學教授賴紹爾（Dr. Edwin O. Reischauer, 1910-1990）來台訪問。曾校長和他餐敘後，就得即刻請托同僚招待客人，因為曾校長突然接獲蔣介石總統的召見。當時蔣總統和夫人宋美齡女士來到南投日月潭隱遁，焦慮思考聯合國安全理事會即將對中國代表問題投票之大事。曾校長趕快前往日月潭，晉見蔣總統夫婦，共度一個長週末。[40]

曾約農校長對蔣家的私人要求，特別寬容。筆者記得

38　President Tseng's letter to Dr. Willaim P. Fenn, September 23, 1955.

39　President Tseng's letter to Dr. Henry P. Van Dusen, November 2, 1955.

40　President Tseng's letter to Miss Mary E. Ferguson, Associate Executive Secretary, United Board for Christian Colleges in China, N.Y., December 23, 1955.

1956 年，同學們風聞蔣經國的女兒蔣孝章，學業不盡理想，一度參加大學聯考失利，但要來就讀東海。這果然是事實。蔣經國致信曾校長，詢及女兒孝章有何管道免試進入東海大學。曾校長回信說：孝章係「總統孫女，特准免試入學」。[41] 不過，同學們注意到蔣孝章入學不久，學期未結束就擅自離開東海，跑到美國去了。後來在美國，跟大她二十歲的俞揚和（國防部長俞大維的公子）熱戀結婚，不顧蔣經國強烈的反對。

曾校長在 1956 年 8 月 7 日致函芳衛廉博士，報告幾件重要事務：一、教育部已正式准許東海「通才教育」之創新試驗；二、他正在籌備「聯董會」屬下大學校長的校際會議；三、他預備前往印度參與有關聯合國文教組織（UNESCO）的國際會議。另外，信函提起，他亟需找四、五天的時間稍作休假，預備訪問外海島嶼馬祖。

芳衛廉博士在 8 月 22 日回覆，讚賞曾校長的成就與計劃。然後，加上這麼一句：

至於前往馬祖訪問，既然這是一個休假，可能會有些不同的意見。不過，我很瞭解，有個改變，是休息的一個重要因素。（As for a visit to Matsu, being a vacation, there may be some difference of opinion. However, I well realize that a change

---

41　翁元口述、王丰撰寫，《揭秘蔣經國的風流人生》（團結出版社和訊讀書），2015/09/29。

is an important element in rest.）[42]

　　休假的目的，通常是要休息養神。顯然，芳衛廉博士對於曾校長要休假期間走訪馬祖一事，並不以為然，但又不便反對。不管如何，曾校長還是到馬祖去了，那是「反攻大陸」的最前線，從那裡可以眺望對岸大陸江山輪廓。想想看，曾約農在五年前的 1951 年，才首次來到台灣。人在台灣，心繫中國大陸的心情，可以瞭解同情；國家認同是他的選擇，必須給予尊重。

　　從馬祖返回東海大學後，8 月 27 日曾校長給芳衛廉博士的信，第一段這麼說：

　　　我已造訪馬祖，那是距離大陸最鄰近的群島。我必須說，那裡市民與軍隊的士氣，真正給我很好的印象。他們大部分用徒手建造的工程，超乎常人想像。我們曾經對於東海過去一年的成就感到驚喜。但是，當它跟同一時間馬祖那邊的成就相比較，則相形失色、甚至於微不足道（it pales into insignificance）。[43]

　　曾校長熱愛中國，堅決反對共產主義。他一心一意要把東海大學辦好，期望大學教育對「反攻大陸、收回國土」有所貢獻。他在 1957 年《東海大學校刊》第一期，刊登〈留別

42　Dr.Wiliam P. Fenn's letter to President Beauson Tseng, August 22, 1956.

43　President Tseng's letter to Dr. Willaim P. Fenn , August 27, 1956.

東海〉詩句，特別呼籲：「相期東海鯨吹浪，一為中原洗劫灰。」1960 年，曾前校長給東海第二屆畢業生的贈言，也念念不忘「大陸同胞之奴役於蘇俄……度牛馬不如之生活」，勉勵「諸同學畢業後，以所學獻身社會……藉以發揚，則改造邦家，復興國運」。[44]

曾校長與芳衛廉博士
意見相左，關係緊張，導致辭職

　　曾約農擔任校長念茲在茲的是，遵循蔣介石總統「反攻大陸」的國策。他似乎忘了當初美國「聯董會」出資來台創校的目的，是為了「服務台灣島上的居民」、「適應台灣社會需要而設」。

　　芳衛廉博士的創校〈備忘錄〉強調：東海是全新的大學、不是昔日中國大陸教會學校的翻版。但是，曾校長卻指出大陸十三所教會大學之在台校友對「自由中國」的復興運動有熱情，有助於復興中國，所以他建議讓他們參與提名東海大學董事會董事的人選。[45]

　　另外，為了要設立第三學院一事，曾校長堅執己意，與芳衛廉博士意見相左。依照國府教育部規定，大學至少要有三個學院。東海大學除了文、理學院之外，需要設立一個第三學院。芳衛廉博士的意向是一個社會科學院，但當時台灣

44　《曾約農校長紀念專輯新編》，頁 54-56。
45　President Tseng's letter to Dr. Willaim P. Fenn, April 28, 1956.

的白色恐怖情況下，國府不會准許自由研究社會科學方面「爭議性的議題」。國府官員的意向是工學院，可是設立工學院所需費用超過「聯董會」的資金預算。[46]

曾約農校長配合教育部的堅持，主張設立工學院。曾校長堅持己意，因為他已經向蔣總統請示。1955 年 12 月 22 日，曾校長致函芳衛廉博士，寫道：

> 當我跟蔣總統和教育部長談話的時候，必然談到第三學院的問題。政府的態度未變。我得到的印象是：如果我們完全排除設立醫學院或工學院的所有希望的話，他們一向對我們東海的熱情支持，將會相當地消減。[47]

曾約農校長措辭強硬，因為他要貫徹蔣介石總統的意願。曾校長與芳衛廉博士，兩人關係愈趨緊張。事實上，在 1955 年 12 月 13 日的信函裡，他直截了當對芳衛廉博士說：「你知道，我已經退出第三學院問題的爭論競賽，董事會就隨意投票吧（the Board may vote what it likes）。」[48]

隨後，1956 年 2 月 28 日，曾校長寫了一封更強硬、霸氣的信函給芳衛廉博士，以不惜辭職說出重話。先禮後兵，他寫道：

46　Shoki Coe, *Recollections and Reflections*, p.213.
47　President Tseng's letter to Dr. Willaim P. Fenn, December 22, 1955.
48　President Tseng's letter to Dr. Willaim P. Fenn, December 13, 1955.

你最近來函提起坦誠，引發我的共鳴。由於你對我重大的信任，我把你當作一位值得敬重與信賴的朋友。所以我要坦誠說話才是對你公平：我要告訴你為什麼我急著想卸任校長的職位（"to tell you why I am so anxious to get off the presidential saddle"）。

　　第一、「聯董會」有限的財力，未能充分資助化工系一事，我無怨言。事實就是事實，我們必須接受現實。但是，我總難以擺脫幻覺，感到「聯董會」會很高興，假如能夠令我明白事理。（"I cannot shake myself out of the illusion that the U.B. would be more than pleased if only I could be brought to reason."）。「聯董會」要我冷靜下來的同時，我希望「聯董會」稍作暖身活動。（"I wish the U.B. will warm up while U.B. wishes me to cool down."）。老實說，我們之間有如此無法接合的根本分歧，我還能夠留住當校長嗎？

　　第二、我不熟悉美國制度的辦學方式。例如：a.「聯董會」將預算從六萬美元砍到四萬美元。此事未經磋商，我感到驚訝，是我天真無知。我認定這是美式作法，我以沉默的抗議來接受。b. 美式制度有一個會計長（Comptroller）負責財務長（Treasurer）以及總務長（Dean of General Affairs）的業務。……導致混亂與效率消失，由我負起責任。……

　　總之，容許我建議，你真正需要的是，一位擁有豐富經驗、熟悉由美國資助創設的大學之辦事方式的校長。[49]

49　President Tseng's letter to Dr. Willaim P. Fenn, February 28, 1956.

芳衛廉博士的回覆試圖緩和僵局：他指出化工系一事，並非嚴重到需要決定校長的去留；曾校長信上所提無磋商而砍減預算的「美國制度辦校方式」，是一種誤會，芳博士自認必須負起部分責任：沒有預先告知，應該道歉；至於會計長負責掌管財務主管以及總務長的業務一事，這並非「聯董會」的旨意，而是因為我們知道校長的工作已經非常繁重，必須有人分擔業務，不可再加重你的負擔。總之，芳博士肯定需要「曾約農擔任校長」，希望校長「明確告知我們該如何行事，我們將盡可能配合、歡欣合作」，「畢竟，我們在許多根本事務方面都有一致的想法。」[50]

這封信緩和了僵局。兩個月後，1956 年 5 月 3 日，曾約農校長給芳衛廉博士的信函，有這麼一段：

> 我至少會履行合約 [做滿兩年的校長]，之後要如何，我不便考慮那麼遠。我很感謝你對我真誠的同情與仁慈。以後我再充分地書寫。

> 至於我是否應該同意續約再服務一段時間（a renewed period of service），我強烈對你建議：好好考慮任命吳 [德耀] 院長當我的行政助理（administrative assistant）。有吳院長擔任大學第二號主政人（Second in Command），以及賈爾信博士（Dr. Arthur Carson）在此做為友人與顧問，我相信大學必

50　Dr. William P. Fenn's letter to President Tseng, February 28, 1956.

然一切安好。[51]

　　很顯然，芳衛廉博士對曾校長提過請考慮「續約服務」一事，雖然他們沒有進一步討論。另外，芳博士對於曾校長用「行政助理」一詞形容吳德耀院長，並不以為然，因為當時相對年輕（40 歲）的吳院長是他最器重的門生與愛將，是他心目中下任校長的理想人選。此事我們稍後會討論。

　　當時，芳衛廉博士的主要考量是：東海大學剛創立，必須穩健發展，不可遽然更換校長。然而，他和曾校長兩人的緊張關係，仍然存在。有關設立工學院為第三學院的問題，以及會計長的權限問題，皆未解決；而且兩人同樣強勢的性格，亦依然如故。

　　曾約農校長致函芳衛廉博士說，自己年紀大了，堅持己意，本性難改，猶如「永恆不變的豹紋」（"A leopard can't change its spots"）。[52] 芳博士也以「豹紋」比喻回敬，致信寫道：

　　雖然我希望你可以改變一些斑紋 —— 到底人的能力比豹高超！—— 我確信有一斑紋永恆不變，那就是我們為東海的理想而奮鬥的斑紋。（"Though I'm hoping you may find it possible to change some spots —— man rises above the leopard in His ability to do so! —— One spot I'm sure won't change is the

51　President Tseng's letter to Dr. Willaim P. Fenn, May 3, 1956.

52　President Tseng's letter to Dr. Willaim P. Fenn, October 18, 1955.

spot of consecration to the cause for which Tunghai stands.") [53]

閱讀兩人的信函往來，非常有趣：兩人鬥智亦鬥志；兩人互相認定是可敬的對手；兩人皆是英語文學教授；兩人皆具優等的英文書寫筆法。有一次，曾校長讚揚芳博士所寫的信函這麼說：

你致函董顯光（1887-1971）是好時機。讓我告訴你，那是一封大師熟練寫成的公函。那麼令人信服、那麼強有力、那麼客氣、而且那麼簡短。你說了所有須說的話——而且就是打字的一頁！（"it was a masterly-composed official letter. So cogent, so powerful, so courteous, and so brief. You said all that need to be said——and all that in one typed page!") [54]

兩人的文筆有個共同的特徵：簡潔明確就是好文章。
Good writing is concise and precise. [55]

校長與「聯董會」秘書長之間關係緊張，關鍵的問題在於曾約農要求：校長在大學裡要有「至上的權威」（supreme

53　William P. Fenn's letter to President Tseng, November 7, 1955.

54　President Tseng's letter to Dr. William P. Fenn, August 27, 1956.

55　也許並不盡然，不僅是 "clear, simple, and logical"，尚需講究詩文音韻 poetic rhyme，書寫文筆的藝術，極難達到完美境界。詳見 Ange Mlinko, "His Nemesis Was Stupidity," (reviewing the 19th-century French Romantic poet and critic Charles Baudelaire's work), *The New York Review of Books*, April 7, 2022, pp.29-31. 林攀龍 1922 年論文指出，Baudelaire 是象徵派文學先驅；見本書第一章。

authority）。他對芳衛廉博士提出的大學章程，感到不舒適，因為依照該章程，董事會任命校長與會計長（Controller），兩人都對董事會負責；而且會計長同時是董事會的財務主管（Treasurer），因此會計長擁有很大的權力，在大學行政結構中，占有跟校長同等的地位。況且 53 歲強勢的會計長畢律斯女士（Miss. Elsie Priest）讓曾校長覺得地位被威脅，造成兩人嚴重的心結。[56]

強勢的曾約農校長，碰撞強勢的芳衛廉博士與畢律斯女士，結果曾校長於 1956 年 12 月 29 日遞給大學董事會信函，表示將於 1957 年 7 月 31 日兩年任期期滿時辭去校長職位。董事會試圖慰留，未果，乃於 1957 年 3 月 6 日投票決議接受曾校長辭職，任命他為名譽校長，同時指定吳德耀博士在 1957 年 7 月 31 日之後代理校長，一直到新校長選定之日。[57]

前校長曾約農，
心不甘、情不願

當初，1955 年大學董事會遴選校長委員會，提名台大教授曾約農時，他的意願並不高。他已是 63 歲高齡，而創立一所新的大學，是非常艱巨的工作，他還在考慮是否要放棄相對悠閑輕鬆的教職，來負此重擔。後來他有條件地接受，只

---

56 Chung-Ping Chang, "The United Board for Christian Higher Education in Asia in the Development of Tunghai University in Taiwan, 1955-1980,"pp.67; 85-86.

57 Chung-Ping Chang, "The United Board for Christian Higher Education in Asia in the Development of Tunghai University in Taiwan, 1955-1980," pp.35-37; 46-49.

做兩年為限。

1955 年 4 月 21 日，他上任後，果然發現工作繁重，疲憊不堪。除了教學、行政方面的工作之外，想想看，在即將開學之一個月前，校長還在為了在大肚山上學校的水電供應，焦慮著急。在山上鑽井取水，並非易事。沒有水，學生宿舍的抽水馬桶不能用。[58] 高壓電線運送到來，大肚山上的教室及宿舍，才有水電供應。[59] 創新建造大學，工作繁雜沉重。所以剛上任，大學尚未正式開學之前，在 8 月 6 日，他致函芳衛廉博士，請求遴選委員會，開始安靜地物色兩年後可繼承他的校長人選：

> 昨日在遴選任命委員會開會中，我提議他們開始安靜地物色候選人、在我任期終結時可接替我的人選。我們需要有足夠的時間做此重要的工作。我強調這必需不公開地進行，不要讓大學人員知情，否則會令我困難行事。你和東海委員會是否也可試圖尋找人選？[60]

光陰似箭，特別是忙碌的工作，令人對時光的流逝沒感覺。任職兩年期限已至。1957 年 7 月 31 日，曾約農校長辭職生效，交棒給代理校長吳德耀；8 月，返回台大外文系執教。

58　President Tseng's letter to Mary Ferguson, October 28, 1955.

59　President Tseng's letter to Dr. William P. Fenn, September 3, 1955.

60　President Beauson Tseng's letter to Dr. William P. Fenn, August 6, 1955.

前校長曾約農卸任後，生活步調劇變：過往擔任東海大學校長時，有地位、有名望，有專用轎車、有駕駛員服侍開車，辦公室有中文秘書、也有英文秘書幫忙用打字機打字（當時沒有電腦或手機）。但辭職回台大教書後，出門時步行走路、或乘腳踏車、或叫人力車「三輪車」、或站在路邊等待坐公車，再也沒有專用轎車。（1950 至 1960 年代的台灣，只有大官和富豪才有私人汽車。）一直到 1966 年曾約農受聘為總統府國策顧問，才有轎車接送。

曾前校長辭職卸任後，越覺得心不甘、情不願，因為他有被迫辭職的感覺。他和芳衛廉博士的心結，越演越烈，演化到引起反對美國的「大中國民族主義」情緒。

今日，我們回顧這個演變，非常有趣，而且有重要的歷史含義，留待本章結語再討論。在此，我們先來觀察曾約農卸任後所表現反對美國的「大中國民族主義」情緒、如何導致遴選繼任校長出問題，以及代理校長吳德耀如何克服困難繼任校長職位。這個過程再度顯示，國民黨威權統治時代，「黨國一體」政治掛帥，遴選大學校長過程，罔顧學術自由、民主程序、或大學自治。

遴選繼任校長問題，
吳德耀如何克服困難

1957 年 8 月 19 日，代理校長吳德耀博士致函芳衛廉博士，指出：東海大學董事會董事長張靜愚出示教育部來函，堅持必須盡速選定正式校長，教育部長希望在 10 月 10 日之前決

定。吳德耀的信函詳細報告幾件要事：

一、張靜愚目前「正為了沉重障礙而掙扎」，蓋他同時是中原理工學院的董事長，而該學院陷入財務困難，導致教育部鄙視該學院。這也嚴重影響到張董事長跟東海的關係。

二、首任校長曾約農原本認為校方承諾他可續任，但沒實現，令他覺得丟臉、尷尬（"loss of face and embarrassment"）、甚至心懷責難（"a feeling of blame"）。這連累到教育部的負責官員，因此該官員責怪、甚至「威脅董事長」（"intimidating the chairman"）。「我們必須知道，董事長很懼怕膽怯。他跟教育部的某些通信讓我感到困擾。」

三、「前校長，不只是他、特別是他的親戚，懷著極大的憤恨，這並非秘密」。這些親戚包括他的堂姐曾寶蓀和國防部長俞大維等人（俞大維的母親曾廣珊是曾國藩的孫女）。前校長認為沒有實現許諾續任，讓他為難、「名望受挫」（"has suffered prestige"）。他的憤恨是那麼強烈，以致於「退回董事會給他的等同兩個月薪水的支票」；憤怒的目標指向「你的國家」——美國。「所有跟他接觸的人、似乎都有一種、有時候強烈的情緒、反對你的國家與東海。」[61]

吳德耀博士在信裡，接著指出，教育部告訴董事長說：「我〔吳德耀〕只做了兩年院長，沒資格〔當校長〕。為了東海和所有私立學校，我感到必須挑戰這一點。依據明文規定，

61　Wu Teh-yao's letter to Dr. William P. Fenn, August 19, 1957.

我的資格是足夠的。」

接著，吳德耀向芳衛廉報告三個事項：第一、由於友人、前台北警備司令 Hwang C. 將軍的介紹，吳德耀見了一位跟蔣介石總統很親近的 Cheng K. 將軍。「我們有個愉快的對話。」Cheng 將軍說，他會去見教育部長；會安排吳德耀晉見蔣總統；並會安排吳德耀會見蔣經國、向他「澄清誤會」——「前校長被迫離職，由於美國施壓」的誤會。「通常的印象是，如果你有機會跟蔣總統談話，他總會叫你去見他的兒子〔蔣經國〕！」。另外，跟想像相反，「我們的董事長〔張靜愚〕並沒有接近權力的核心。」

第二、張靜愚建議，「或許你〔芳衛廉博士〕可以請穆爾夫人（Mrs. Elizabeth Luce Moore）為我寫私人信函給〔蔣介石〕夫人〔宋美齡〕」。

第三、張靜愚還建議，芳衛廉博士可以請總統府秘書長張羣來幫忙。吳德耀自己也建議，請芳衛廉博士找駐美大使董顯光幫忙。

至於東海校園情況，吳德耀報告一切和平安好，大家靜待迎接新學年的來臨。最後，他加上一句，「時間會幫助解決許多問題」，請芳博士不必為他要繼任校長一事太過於堅持操勞（"not try to press the issue"）；「容許我再重述前言，我樂見東海大學依照最好的方式進展，如果有其他某位適合的校長人選，我相信你會瞭解那是完全令人滿意的。」[62]

大致上，吳德耀這封信，算是理性平穩，反映他的個性。他將前校長卸任後衍生的問題、遴選繼任校長、以及各方的反應，盡可能據實以告。

　　1957 年 9 月 5 日，吳德耀再函告芳衛廉博士，他上台北見了許多人：教育部次長和其下的官員都很誠懇親切，但是教育部長張其昀並不友善。[63] 據說即將於年底離職的教育部長告訴張靜愚董事長說，代理校長不可繼任校長，新校長必須在 10 月 31 日之前選定。又，張靜愚認爲更麻煩的是，前校長曾約農家人跟副總統陳誠的私人友好關係。（曾約農與堂姐曾寶蓀來到台灣時，1951 年春即蒙陳誠副總統撥借宿舍暫居。）[64]

　　另外，吳德耀說，農復會主委蔣夢麟博士很誠懇親切地建言，順利辦好東海大學的一切，遴選校長一事順其自然，時間一過即將平安就緒。

62　Wu Teh-yao's letter to Dr. William P. Fenn, August 19, 1957.
63　教育部長張其昀是曾約農的好友。1961 年 11 月 10 日曾約農投書《中國一周》，建議於留學考試之國文與史地命題，能取材張其昀《中華五千年史》，藉以收瞭解本國文化之功效。見《曾約農校長紀念專輯新編》，頁 10。另，《胡適日記》1943 年 10 月 12 日寫道：張其昀與錢穆是未曾出洋留學的「苦學者」，其研究中國文化，取向保守反動，擁護集權；見翟志成，〈錢穆的院士之路〉，《中央研究院近代史研究所集刊》第 103 期（民國 108 年 3 月），頁 116-117。又，記得 1950 年代東海大學同學，笑談教育部長張其昀，稱他為「原子部長」，因為他曾說：中國兩千年前就發明原子學說，蓋《中庸》有句「天行健，君子自強不息」。
64　《曾約農校長紀念專輯新編》，頁 5。

還有，吳德耀與兩位將軍朋友，有個高興的餐敍。他還會見了蔣經國——「他誠懇愉快」。晉見蔣介石總統則需等候，因為目前有許多客人。

　　吳德耀寫完信後，加上「補筆」（P.S., postscript）一則：

　　我從一位與教育部長有接觸的朋友得知，真正的麻煩製造者是前校長的 [堂] 姐 [曾寶蓀]；很明顯地，她試圖損害我以及我們在此地努力從事的工作。[65]

　　前校長的堂姐曾寶蓀怎麼樣「製造麻煩」呢？教育部長張其昀是曾寶蓀姐弟的友人，對他有影響力。

　　1957 年 9 月 17 日，吳德耀函告芳衛廉博士說，董事長張靜愚毫不客氣地出示教育部長張其昀的信，規定必須在三個月內決定任命新校長。張靜愚並要求吳德耀遞交一份 Vita 履歷書，呈交教育部，跟其他候選人一起評估審查資格。對此要求，吳德耀覺得不可思議：

　　一切都沒有公開誠實辦事，我感到困擾。……跟過去處理陳錫恩 [Dr. Theodore Chen] 的同樣技巧，現在又要使用。也就是說，呈上名單讓教育部長做最後的裁決。當然我們已知道這位部長的決定。今早，聽我報告之後，有幾位主要的華人教授非常關心。他們自願聯名撰寫一封信，請董事長即刻

65　Wu Teh-yao's letter to Dr. William P. Fenn, September 5, 1957.

來學校。他們認為此時最重要的是團結和安定。他們認為董事長的態度，是團結之中很微弱的一環。[66]

那麼，芳衛廉博士如何因應？ 1957 年 9 月 17 日他函告吳德耀說：一、已經寫私人信函給總統府秘書長張羣將軍，請他瞭解東海大學的全面真相。私函請托詹姆斯·亨特博士（Dr. Jim Hunter）親手遞交給張羣將軍。

二、已經向中華民國駐美大使董顯光（Dr. Hollington Tong）說明東海情況，他答應直接致函教育部長張其昀。該信函不會提到芳衛廉與董事會，而僅是關切，強調必需給東海完整的機會發展，不要加以不必要的控制，這才是中美合作傑出的表現。

三、已經跟 Dr. H. R. Wei 討論過。他也會直接致函教育部長張其昀。該函也會避免提到芳衛廉與董事會，而僅強調他對長年認識的吳德耀之信任。

總之，芳衛廉避免親自公開出面。他強調時間會解決問題，東海不應屈服於外部壓力而倉促行動。最後他重述對吳德耀完全信任。

芳衛廉博士的因應奏效。1958 年 8 月 1 日，吳德耀接受董事會聘請，由代理校長真除，成為第二任校長。

66　Wu Teh-yao's letter to Dr. William P. Fenn, September 17, 1957.

為了避免私立東海大學完全失去學術自由權力，芳衛廉博士不得不介入。當初美國「聯董會」出資來台創校的目的，是要推動自由人文主義理想的基督教大學教育。黃彰輝牧師和其他台灣本土自由派董事們，最耿耿於懷的，就是國府控制教育、「黨國體制」壓迫學術自由的殿堂。

　　1950 年代東海大學遴選校長，揭露台灣在蔣介石總統威權統治下「黨國體制」的官場習俗、複雜的人事關係、政治干預學術教育，遴選校長無視程序正義或大學自治。

結語：
觀察「大中國民族主義」現象

　　檢閱歷史文件，往往從細節才可看到生動的事情真相。前校長曾約農卸任後，非常憤怒，以致於「退回董事會給他的等同兩個月薪水的支票」；而憤怒的目標指向芳衛廉博士和他的國家——美國。曾約農的「大中國民族主義」意識強烈。

　　這似乎反映中國國民黨統治台灣時期、許多在台「外省人」知識人的心情。他們對美國抱著含糊（ambiguous）、矛盾（ambivalent）的心理：一方面渴望美國介入支持「中華民國」；另一方面，卻屢屢指責美國多方介入干預內政，宣洩其「大中國民族主義」情緒。

　　而 2000 年台灣政黨輪替之後，頓時下野的中國國民黨、即刻轉向「聯共制台」的情勢下，凡涉及中國與美國之間有

所爭執，台灣的「統派外省人」，往往袒護中國、指責美國，以宣洩其「大中國民族主義」情緒。

然而，與此相反，今日大多數台灣人則認為：美國雖然干預台灣政治、卻對台灣的領土與主權沒野心，所以台灣應該跟美國建立邦交，推展台、美互惠關係，以防止中國併吞台灣。[67]

至於中國大陸方面，「大中國民族主義」意識，支配（possess）許多中國人。這個現象，有其歷史淵源，特別是多年來，中共為了護衛其政權的正當性，一意鼓動一般民眾的愛國主義情緒——中共利用近代史上帝國主義侵華之歷史記憶、宣揚「國家危機感」、建造「中國的崛起」、以對抗美國帝國主義領導的外國「反華勢力」——使得大陸民眾的「大中國民族主義」傾向非理性化，形成「民粹主義」（demagogic populism）現象；其影響所及，不僅限於一般民眾，有相當多來自中國留學美國一流大學的博士生，亦然。

「愛國主義」（patriotism）、「國民主義」或「民族主義」（nationalism）的好壞視情況而定，它可以跟各種不同的政治理念結合——諸如自由、民主、保守、反動、種族、極權、民粹等理念。排他性、侵略性的愛國主義，就成為非理性的「沙文主義」（chauvinism），煽動性的愛國主義就成為「民

67　請參考拙著，蔡榮芳《從宗教到政治：黃彰輝牧師普世神學的實踐》（台北：玉山社，2020 年），頁 247-248。

粹主義」（demagogic populism）。[68]

　十八世紀末葉，英國政治家、思想家伯克（Edmund Burke）嚴肅地警告「愛國主義」的危險性。二十世紀中葉，台灣的教育家林攀龍論述「自由人文主義」，展示世界主義國際觀（cosmopolitanism），超越狹窄的民族國家主義。他斷然指出：「科學技術之發達，事實上已撤除各國藩籬，造成整個國際的社會。從經濟上、技術上、文化上說來，世界是一個單位。可惜，近年來偏狹的國家主義，愈加顯著；逆世界一體的潮流。」[69]相較於曾約農的「中國文化民族主義」，林攀龍關注重視人類文明之進展與人類的命運，其論述之道德高度，比曾約農更勝一籌。

　一般而論，現代中國知識分子的民族主義（nationalism）意識，往往制約（conditions）自由主義（liberalism）思想的發展。此一現象，有其歷史淵源，留待下一章再討論。

　總之，1950年代東海大學遴選校長過程中，揭發出的「中國民族主義」意識，啓發吾人認真思考今日台灣與中國的政治文化現象。歷史是過去與現在，不斷地對話。

68　詳見拙著 Jung-fang Tsai, *Hong Kong in Chinese History: Community and Social Unrest in the British Colony, 1842-1913,* (New York: Columbia University Press, 1993), pp.147-148, 150, 294。蔡榮芳，《香港人之香港史，1841-1945》（香港：牛津大學出版社，2001年），頁60-62，及第七章結語：「愛國史學」迷思及「民族主義」之曖昧複雜性與危險性，頁276-296。

69　林攀龍，〈現代文明之考察〉，《人生隨筆及其他》，頁43-60。

柒

當台灣知識菁英，碰到黨國精英：
林攀龍對上曾約農

教育本義，不宜教人想什麼；乃在教人如何想法。

——林攀龍（1901-1983）

民主政治的本身，即含有政治的自我否定，權力的自我否定的高貴品質。

——徐復觀（1904-1982）

國父孫中山先生遠承聖賢道統，發明三民主義。總統蔣公繼承大業，付之實行，……凡我中華民族皆應凜遵總統之訓示，服從總統之領導，……光復河山指日可期。

——曾約農（1893-1986）

大學用地的困擾就是一個具體的例子，說明當我們把重大的責任交給未受訓練的台灣人的時候，會有什麼後果。

——曾約農

[二二八事件] 這不辛的悲劇之起因，是來自短視、別有用心、不講道理的政客，刻意煽動、靈巧地鼓動而起。

——曾約農

杭立武宣佈曾約農爲校長。（東海大學圖書館提供）

台灣人林攀龍與來自中國的曾約農，同樣是教育界人士，但是兩人相互疏離（alienated）──蓋社會族群背景、意識形態不同，個性、興趣、為人處世都不相同。

　　出生於台灣霧峰巨富家庭，林攀龍小時候受儒家社會倫理的薰陶；從小學三年級到大學，從孩童到成人，在日本留學十五年，受日本文化影響極深，養成他敬業的態度，重視禮儀、守信、守時、守紀律。1925 年（大正 14 年）東京帝大畢業時二十五歲，接著留學歐洲五年（1925-1928；1930-1932），先後入英國牛津大學、法國巴黎大學、及德國慕尼黑大學進修，通曉六國（台、中、日、英、法、德）語文，憧憬歐美浪漫主義文學、自由人文主義思想。回台後，1930年代他在霧峰、偕同父親林獻堂先生從事啟蒙文化運動，戰後主持萊園中學多年。他深愛台灣家鄉，胸懷世界主義國際觀，著書《人生隨筆及其他》，評論文學、宗教、哲學與科學，立論關懷人類文明之演進。

　　另外，我們在前兩章已詳論，東海大學校長曾約農來自中國湖南，是清末重臣儒學大師曾國藩的曾孫。雖然年輕時代留學英國，曾約農的核心思想是中國儒家道統。1951 年來台之前，他歷經滄桑，目睹軍閥割據中國的混亂局勢，接著是中日戰爭以及國共內戰，在流離失所的逃難中，度過他的前大半生。

　　在國難當中，士大夫「先天下之憂而憂」，曾約農憂慮國家民族之存亡，產生強烈的「中國文化民族主義」（Chinese

cultural nationalism）愛國意識。1945 年戰後來台的中國知識人，大多是中國文化民族主義者，其「愛國」意識，往往制約其自由思想。

「中國知識人」的民族主義、
制約自由主義思想

自從清末鴉片戰爭（1839-1842）以降，中國知識分子，尋求「救國」之道，認為外來帝國主義國家之強盛，在於「船堅炮利」；故此，他們發起「洋務運動」，試圖「師夷之長、以夷制夷」。

但，1894-1895 年甲午戰爭，清國遭受挫敗，「洋務運動」徒然無功。中國有識之士，乃進而推動政治制度改革之改良主義運動。這又激起君主立憲改革派與革命派之爭。1911 年武昌起義、推翻滿清政府，1912 年建立中華民國政府。但是1911 年的政治革命，仍然不足以「救國」。

於是，1919 年「五四運動」進一步試圖從文化層面尋求「救國」之道。新知識分子挑戰中國傳統文化，推動「新文化運動」，主張根本改造中國文化思想——「白話文運動」挑戰壟斷知識的傳統儒家士大夫；新時代的知識分子，引進現代西方「啟蒙」思想（Enlightenment），一時各種西方現代思潮在中國百花齊放。新知識分子高呼「打倒孔家店」，高倡解放個人自由、反對傳統儒家舊禮教。他們相信唯有「德先生」（Mr. Democracy，自由民主思想制度）與「賽先生」（Mr. Science，科學新知識）才能救中國。這是五四時期，新

思潮運動的主流。[1]

在國難當中，中國知識人大多認爲「救亡圖存」是主要目的（the end），而自由、民主、科學是「手段」（the means）。既然如此，那麼：當他們發現，用其他「手段」（反民主的集權手段）可以達到「救國」的「目的」，他們就不惜拋棄自由、民主、與科學，轉而支持專制極權勢力，以達到「救國」的「目的」。[2]

故此，「五四運動」時代，高唱自由、民主、科學的健將陳獨秀（1879-1942）與李大釗（1889-1927），就是受到1917年俄國蘇維埃革命成功的影響，即刻左轉彎，拋棄自由主義，擁抱共產主義，於1921年成爲中國共產黨的創黨領袖。[3]

1920年代之後，除了迅速左轉彎的極左共產主義人士之外，其他以「救亡圖存」爲首要考慮的自由主義知識人，許多向右轉，支持極右專制集權的國民黨。國民黨之所以「反共」，並不是因爲要捍衛「自由民主」，而是因爲「共匪」要爭奪政治權力。顯然，中國知識人無論左轉或右轉，都代

---

1 Tse-tsung Chow, *The May Fourth Movement: Intellectual Revolution in Modern China* (Cambridge: Harvard University Press, 1960).

2 Vera Schwarez, *The Chinese Enlightenment: Intellectuals and the Legacy of the May Fourth Movement of 1919* (Berkeley and Los Angeles: University of California Press, 1986.) , pp.283-302.

3 Maurice Meisner, *Li Ta-chao and the Origins of Chinese Marxism* (Cambridge: Harvard University Press, 1967). Lee Feigon (1983), *Chen Duxiu, Founder of the Chinese Communist Party* (Princeton, N. J.: Princeton University Press, 1983).

表自由主義的倒退。

然而，夾在國、共左右兩大集權政黨之間的少數第三勢力，難以生存。直到 1949 年，自由主義在中國宣告死亡。而在蔣氏政權統治下的台灣，自由主義只剩奄奄一息。

總之，因為中國自從鴉片戰爭以後，積弱不振，故此，多數中國知識分子，乃以國家富強為首要考慮，凌駕他們對自由民主的信念——「民族主義」高於自由民主「普世價值」。他們信仰自由民主是次要的，自由主義意識淺薄。

論其終究原因：畢竟，兩千多年來，在儒家傳統封建文化耕耘的土壤上、種下現代自由主義（liberalism）的幼苗，根基淺薄（shallow roots），亦即是說西化的知識菁英階層，社會基礎薄弱，故此，其自由主義勢力，被極右的國民黨專制政權所壓制，最終被極左的共產集權所消滅。

1945 年二戰結束後，來台灣的中國知識人，大多數是「中國民族主義者」，他們總以「中國五千年悠久的歷史文化」為榮，信奉「中國文化民族主義」（Chinese cultural nationalism），矢志復興中華文化，振興中國。

然而。他們之間的自由民主思想，又有相對深淺之別，因個人而異。下面以曾約農與徐復觀為例，比較兩人的自由主義思想。

在台「中國知識人」的自由主義思想：
曾約農對比徐復觀

東海大學校長曾約農的辦學宗旨是：「以基督教精神，遵循國策，實現三民主義，並發揚中國固有文化。」[4] 他真心誠意擁護蔣介石總統的黨國體制「反共抗俄」、「反攻大陸」。但是，能夠跟黨國體制、軍事戒嚴融合的「自由主義思想」，必定非常淺薄。

相較之下，徐復觀（1904-1982）則是自由主義言論健將，不畏權勢。他在《民主評論》與《自由中國》雜誌撰文，公開反對國民黨一黨專政的獨裁體制。他的自由民主主義思想，相對開放。他強調：「民主政治的本身，即含有政治的自我否定，權力的自我否定的高貴品質。」[5] 徐復觀在《學術與政治之間》寫道：

政治與學術，各有其領域。學術的真價，是要在學術的領域中去決定，而不是在政治的領域中決定。……任何學術思想，若要變成政治的設施，……必須通過民意的選擇。……萬不可以絕對是真、是善等為理由，要逕直強制在政治上實現。[6]

---

4   《曾約農校長紀念專輯新編》，頁 23。

5   徐復觀，《學術與政治之間》，（台北：學生書局出版），頁 99-100。

6   徐復觀，《學術與政治之間》，頁 166。

這是強力反對「黨國體制」國策的言論。他寫道：「以社會中各個人的立場來爭取自由權利，其本身即係一絕大之文化價值。」[7] 徐復觀主張中華民國必須改革，落實自由民主法治。

　　但是，徐復觀的「中國民族主義」凌駕他對自由民主「普世文化價值」的信念，他否定台灣人選擇國家認同的「自由權利」，他反對台灣自主獨立於中國之外。1971 至 1972 年他撰文寫道：台灣人是中國人，「台灣是中國領土的一部分……是由一千多萬中國人的『心態』所決定。」他嚴厲抨擊「台獨分子」：「人民有反對政府的權利，沒有反對自己的國家民族的權利。」他甚至用情緒上的語言說，台獨分子是「學壞了」，是美國日本兩國的流氓教給他們的。[8]「大中國文化

7　徐復觀，〈從現實中守住人類平等自由的理想〉，黎漢基、李明輝編，《徐復觀文集補編》第二冊，頁 13。徐復觀著、蕭欣義編，《儒家政治思想與民主自由人權》（台北：學生書局，1988 年）。鄭欽仁對恩師徐復觀的教學與為人，有精彩有趣的描述，見《鄭欽仁先生訪談錄》（國史館，民國 93 年），頁 16-21。有多位學者研究徐復觀的思想：黃俊傑，《東亞儒學視域中的徐復觀及其思想》（台灣大學出版中心，2018 年增訂新版）；高焜源，《徐復觀思想研究——一個台灣戰後思想史的考察》（台灣師範大學博士論文，2008 年）；何卓恩，《自由主義的新遺產：殷海光、夏道平、徐復觀政治經濟文化論說》（台北：崧燁文化，2019 年）；汪曉君，《社群式自由主義：徐復觀政治思想研究》（國立中山大學碩士論文，2013 年）；曹永洋等編，《徐復觀紀念文集》（台北：時報文化，1984 年）。

8　徐復觀，〈中國人對於國家問題的心態〉（1971）；〈「台獨」是什麼東西！〉（1972），《徐復觀雜文補編》第 6 冊（台北：中研院文哲所，2001 年）。蔡士瑋，〈正義的延異：台灣幽靈認同考察〉，洪子偉、鄧敦民主編，《啓蒙與反叛：台灣哲學的百年浪潮》（台北：台大出版中心，2019 年），頁 77-98。

民族主義」是一種保守主義政治文化信仰。

蔣介石與蔣經國兩位總統時代（1945-1988），「台獨」被抹紅抹黑，被醜化成「台毒」，「台獨分子」被誣控爲「共匪的同路人」，遭到槍斃或鋃鐺入獄。因此，這裡有必要大略說明「台獨」及其源起。

1947 年二二八事件、大屠殺、白色恐怖、歷時三十八年的軍事戒嚴（1949-1987），令多數台灣人對「祖國」失望，甚至絕望。有些台獨知識分子被迫流亡海外，公開進行台獨運動。而留在台灣的許多直接、間接受害者，只能內心感嘆台灣人無法自由自主 —— 被屠殺的兩萬人之家屬親友、以及上萬受傷者，與多達十萬被關在牢裡的政治犯及其家屬，[9] 夢想獨立自主、卻被白色恐怖的軍警壓制迫害。

至於其餘多數台灣人，間接受害，嚴重的心理創傷，難於輕易修復。事實上，二二八事件，至今還沒有成爲過去，台灣人集體心理創傷尚待醫治。已經七十五年後的今天（2022），人們還在要求「轉型正義」、懲罰二二八事件與白色恐怖的加害者。在此情況下，近幾年來中共政權對台灣文攻武嚇，更助長台獨意識高漲。

總之，1947 年二二八事件之後，許多台灣人內心祈望

---

9   1954 年 4 月，學者胡適透露台灣的政治犯有十萬人之多。見殷惠敏，《誰怕吳國楨？世襲專制在台灣緣起緣滅》（台北：允晨文化，2016 年），頁 175。金恆煒，《面對獨裁：胡適與殷海光的兩種態度》（台北：允晨文化，2017 年），頁 118。

台灣獨立成為一個自由、民主、法治的新國家。這個被壓制的潛在台獨意識，等到 1970 至 1980 年代、中國國民黨政府面臨「內憂外患」的危機時刻（1971 年聯合國席次被取代、1972 年日本與北京建交、1979 年美國與北京建交、1979 年美麗島事件、1980 年林宅血案、1981 年陳文成命案、1984 年江南刺殺案等等）才乘機復興、推進台獨運動——為台灣爭取自由、民主、法治、人權等「普世價值」，追求台灣主權獨立於中國之外。

可是，很難找到逃難來台的中國知識人，贊同台灣人爭取獨立自主的願望。此一現象，有兩大原因。第一、「中國民族主義」意識，制約他們的自由主義思想——重演「五四運動」時代、西化知識人拋棄自由主義的歷史故事——「愛國」（「愛中國」、「救國」）取代「啓蒙」（「德先生、賽先生」「自由、民主、科學」）——「國家民族主義」凌駕自由、民主、人權等普世價值。

第二，中國國民黨在台的高壓殖民統治，以省籍分裂族群而治之（divide and rule）。政府宣傳不分族群大家都是「中國人」，實際上是政府刻意分裂族群（不平等待遇，外省人壟斷中央政府官位職位、禁止台灣學生說母語、打壓本土語言文化、禁唱台語流行歌……等等），外省人成為統治族群，台灣人是被統治族群，造成省籍之間的疏離緊張關係。另一方面，論人口比例，外省人是少數族群，缺乏安全感，必需依附國民黨政府，接受黨國體制獨裁專制，犧牲個人自由與權利。因此，外省族群也是黨國體制的受害者。但是只有極

少數的中國人知識分子，如吳國楨、雷震、傅正、殷海光、徐復觀……等人，有道德勇氣，站出來批評黨國體制違背公平正義。

　　總而言之，相較於曾約農公開擁護「黨國體制」，徐復觀的政治思想自由開放。而政治思想，影響社會交往，令他比較容易跟台灣本地人士、知識人結識為友──包括莊垂勝（1897-1962）、葉榮鐘（1900-1978）、蔡培火（1889-1983）、陳虛谷（1896-1965）、林培英（1907-1975）、張深切（1904-1965）、楊逵（1986-1985）等人。雙方對中國詩詞文學之興趣，以及相對自由開放的思想，令他們結交為友。[10]徐復觀年輕時代留學日本，對日語文化多少有所認識，有助於跟台灣人士交友。[11]上列台灣友人都是留學日本歸來的詩人作家，戰前都是台灣文化協會的活動者。其中莊垂勝在戰後，曾任台中市二二八事件時局處理委員會主任委員，卻一度被捕關押。

　　徐復觀跟台灣友人密切交往，並引介東海大學師生參訪

10　廖振富著、路寒袖主編，《尋求時代：領航者林獻堂》（台中市政府文化局，2016 年），頁 135，有跟他們當中幾位的合照。
11　徐復觀從 1947 年就與蔡培火交友，「曾讀其在日治時代以日文寫成，在東京出版之著作兩種：一為傾訴日本對台灣之殘暴統治，一為悲慟日本對中國之侵略。字裡行間，充滿慷慨激昂之氣。非豪傑之士、血性之人，斷不能、亦不敢有此種文字。……台灣光復後，蔡先生對中央之忠誠、對內地人士之友誼，迥出尋常，每以此引起舊日同志之不滿。然蔡先生為人深識大體、性情亢直，從未以此介意。」〈徐復觀先生致卜少夫函〉，張漢裕主編、張炎憲總編輯，《蔡培火全集》第一冊，（台北：吳三連台灣史料基金會出版，2000 年），頁 396-397。

霧峰林家萊園，因而善於詩詞的孫克寬教授（1905-1993）成為他們的友人。1963 年孫克寬與戴君仁教授同赴霧峰林培英醉月樓之宴。徐復觀也引介陳兼善與梁容若教授赴葉榮鐘所組餐會，與林培英等多位台灣藝文人士交往。總之，這幾位東海大學老師（包括徐道鄰），「與台籍志士、作家相酬唱砥礪的情景，英雄相惜，肝膽相照，何等豪邁！」[12]

孫克寬教授是孫立人將軍（1900-1990）侄子，是白色恐怖受害者的親屬。[13] 他戴深厚的眼鏡，全然一副專注學問的讀書人模樣，對元代史、宋元道教及詩詞有精深的研究。2006 年《東海中文學報》刊出一篇精詳的論文，說自從 1960 年左右，孫老師陸續撰寫〈山中人語〉，表述其人生哲學，述說人生苦樂：「天下最苦者，莫過於哀樂非眞，隨人啼笑。」他善飲酒、作詩、好交友、旅遊。孫老師的個性特徵是：戀妻、

---

12 許建崑，〈孫克寬先生行誼考述〉，《東海中文學報》，第 18 期，2006 年 7 月，頁 79-112。

13 1955 年震撼人心的「孫立人事件」始末簡介如下：年輕時代留學美國普渡大學及維吉尼亞軍校的孫立人，是傑出的國民黨將領。二次大戰期間，他在緬甸立下戰功，救出七千名英軍與五百名西方記者與傳教士，獲授英國與美國的戰功勳章，是備受美國政府敬重信賴的在台國民黨將領，因而引起蔣介石總統的猜忌。1955 年蔣總統指控孫立人縱容部屬郭廷亮等人預謀兵變，將他居家拘禁 33 年，前後有三百多人被捕下獄。當時監察院陶百川等「五人小組」之調查結果認為，孫將軍舊部郭廷亮等確係主張軍事改革，但絕無興兵叛亂之情節；所謂遭人檢舉，乃屬國民黨軍隊內部派系構陷，不足為憑，孫立人對此應毫無責任。監院調查結果最後僅在院內會議秘密報告後即以極機密封存，不再公開。一直到 2001 年 1 月 8 日，監察院通過決議，稱孫案乃「被陰謀設局的假案」。1988 年 1 月 13 日蔣經國過世後，同年 5 月接任總統的李登輝，下令解除了孫長達 33 年的軟禁，恢復其自由。1990 年 11 月 19 日，孫立人病逝於台中市西區的寓所，享壽 89 歲。《維基百科：自由的維基》。

懷友、愛護學生。「師母過世之後，每年都有悼詩，也期許夢中相會。在墓園中，也準備了雙穴，期盼歸葬師母身旁。」令人動容！由於徐復觀的引介，孫克寬跟台籍民主人士義氣相挺，批評政壇鉅公。[14]

徐復觀早期在東海大學最賞識的學生，包括本省籍第一屆的鄭欽仁、蕭欣義、和陳淑女，他鼓勵他們強化日文做學問，後來鄭欽仁和陳淑女留學日本，蕭欣義則留美哈佛大學。徐復觀很欣賞沈榮嘉的作文。可是，我年輕時代任性好玩，不求甚解，大一作文，提到住校偏僻遙遠大肚山上，寂寞想家，徐老師評語直率寫道：「讀書就不會想家！」此話我畢生難忘，所以一直到今天，沒有一天不認真讀書，對徐老師心懷感恩。

曾約農校長也很照顧同學們，特別是 1957 年他卸任校長之後，返回台大教書比較悠閑的日子裡。他住在台北市安東街和平東路口、一個小小的日式宿舍，有個很小的庭院。當東海大學校長、備受師生敬重的那兩年，是他最得意美好的時日。「他對東海畢業生很呵護，對有求職者亦熱心協助，對要求證婚者更樂在其中。」[15] 譬如，他幫忙沈榮嘉求職，寫推薦信給美國銀行（Bank of America）。東海學生必修兩年英文，由美籍老師授課，畢業生英文較好，果然沈榮嘉過幾

---

14 許建崑，〈孫克寬先生行誼考述〉，《東海中文學報》，第 18 期，2006 年 7 月，頁 79-112。

15 沈榮嘉（1959 年第一屆東海大學畢業校友）給筆者的電子郵件，2022/01/07。

年就升爲銀行襄理了。

然而，跟徐復觀教授比較，曾約農校長政治思想保守。
而政治思想，影響其社交往來，大致上只限於大陸來台人士
以及政界國民黨高官。在他主政東海大學的二年內（1955-
1957），舉辦文史演講會，被邀請的學者包括沈剛伯、李濟、
屈萬里、蕭一山、李宗侗、臺靜農、毛子水、孔德成等人，
大都是他的台大外省同僚。

曾約農校長與台灣本土知識階層之間的關係，相當疏離
（alienated）。就連東海大學董事會裡的數位台籍董事也不例
外，他以「冰塊」一詞來形容跟他們的關係。而台灣知識人
林攀龍跟他更是無緣，雖然兩人都是教育界人士。兩人的思
想、社會背景、個性、與爲人，形成極大的對比。

曾約農對照林攀龍：
政治文化、語言、學識、思想、個性

曾約農教授深諳中、英兩國語言文字。他的英文非常好，
方東美教授（Thome H. Fang, 1899-1977）以英文寫著《中
國人生哲學》（*The Chinese View of Life: The Philosophy of
Comprehensive Harmony*）一書，請他潤色。蔣介石總統著《三
民主義育樂兩篇補述》（1968）請他翻譯成英文。[16] 但是未見
他自己有英文學術著作。

---

16 吳化鵬，〈曾約農（1893-1986）〉，《中外雜誌》63 卷 1 期，民國 87 年 1 月，
　　頁 80-81。

人用語文來思維，每種語文都有其獨特性。曾約農用英文的思維所寫的信函，筆法清晰流暢、簡潔有力，表露他的爲人機智（witty）、精明、時而幽默、時而霸氣嚴厲。這是他個性的一面。

但是，他用中文的思維發表的報章雜誌文章，時常沿襲儒家道統，參雜「反共抗俄、反攻大陸」文學作風，難免給人老生常談的印象。以中文書寫，也有菁英與庶民、古老與現代的用語之別。曾約農少用活潑的現代語文、或真實自然的庶民語言與思維；他常選擇使用儒家道統語文與思維。茲節錄曾約農一首中文詩以及三篇文章的三小段如下：

五教敷民德，先賢啓駿圖，維新明峻德，稽古膺嘉謨，格物期修己，良知必愼孤，妙叁三一諦，至道在斯乎。[17]

赤匪之殘忍刻毒，滅絕天理，竟得橫行一時，莫敢抑制。雖以美國之強，艾森豪聲望之高，亦對鐵幕各國，不敢不高唱姑息之調。……能肩負此時代使命者，豈能舍我堅苦卓絕，受共匪之摧殘屠殺最慘，而反共意志最強之中華民族哉？[18]

今日世界除了鐵幕國家以外，沒有不朝著民主的標桿而邁進的。甚至共匪也還要喊出新民主主義的口號，以資號召！

---

17 曾約農，〈題私立東海大學慶祝首屆畢業同學〉，《東風》第八期，頁4，民國48年6月。
18 曾約農，〈今日中國青年之使命〉，林景淵編選，《曾約農先生言論集》（台北：台灣商務印書館，民國59年），頁131-133。

雖然共匪掛的是羊頭，賣的是狗肉，可是民主的重要，也因此可以相見了。民主政體之成功與失敗，和國民之道德與智慧成正比。[19]

國父孫中山先生遠承聖賢道統，發明三民主義。總統蔣公繼承大業，付之實行，忠於謀國，恕以寬敵，舉世同欽。……近因國際局勢變幻多端，復昭示全民「莊敬自強，處變不驚，慎謀能斷」，具備智仁勇三達德之精神，從今以後，凡我中華民族皆應凜遵總統之訓示，服從總統之領導，……光復河山指日可期，而且世界大同之局，亦可逐步而就也。[20]

穿著傳統長袍的學者曾約農教授作詩，引用儒家道統典故，艱深晦澀。他寫散文，歌頌「蔣公」領導「中華民族」「光復河山」的偉業，言必「炎黃子孫」之「孔門道統」，行文加上「共匪」「赤匪」等用詞，表現典型的「反攻大陸、反共抗俄文學」。

相較之下，林攀龍（1901-1983）的著作，用多種語文的思維（包括他非常嫻熟的日語），論政治文筆收斂理性，論人生哲學則博引東西洋哲人之名言，論自然抒情詩文則熱情洋溢、展示自由浪漫主義思想，令人喜悅愛讀。其詩文深度，流露一位博學多聞、純粹教育哲學家的品格與智慧。

---

19 曾約農，〈中西文化之關係〉，《中西文化之關係》（台北：新中國出版社，民國 57 年），頁 73-89。

20 曾約農，〈從大學中庸兩篇看孔門道統〉，《公教知識》第 587 期，頁 10-11，1972 年 12 月。

林攀龍對日本文學哲學非常嫻熟、對歐美文學哲學有高深的研究。假設 1950 年代他有機會來東海大學講課，同學們可有機會聆聽他敘說日本的《源氏物語》、《平家物語》、西行、宗祇、松尾芭蕉……，以及歐美的巴斯噶、歌德、卡萊爾、惠特曼、愛默生、梭羅、托爾斯泰、羅曼·羅蘭、佛郎士、左拉……。他有說不完的故事。

　　還有，大家可以聽取他對「通才教育」的論述：「**文化**本質，究局是**倫理**的問題。要了解善是什麼，須自**哲學**獲得啟示;要實踐善的行為，須自**宗教**獲得助力。**科學**之外的哲學、宗教，能增加社會生活的**智慧**，發見人類將來的晨曦。」[21]

　　再者，東海大學同學們必定很好奇、聽他縷述留學日本、英國、法國、德國二十年的求學與生活經驗。當時國人出國不易，在戒嚴時代，台灣的封閉社會，大家希望知道世界的真相，亟須聽取來自海外的新知識、新智慧、呼吸新鮮的空氣。

　　研究霧峰林家多年的謝仁芳著有《風起雲湧阿罩霧：霧峰林家開拓發展史》，對林攀龍有這段描述：

　　耆老說：「他是一個人格者。」名利都看得很淡薄。雖然他博學多聞，學貫中西，精通許多外語，對待任何人，總是客客氣氣的，如同一束成熟飽滿的稻穗，為人很謙虛。他

21　林攀龍，〈現代文明之考察〉，《人生隨筆及其他》，頁 43-60。

唯一期望的是：從霧峰社區營造起，推展「新生活運動」，將台灣建設成為有氣質、純潔現代化的美麗寶島。[22]

曾約農跟林攀龍兩人的個性與為人處世風格，顯然不同。曾約農機智精明、極有幹勁魄力、霸氣嚴厲、外省籍觀念以及中國文化道統意識極其濃厚。他的精明個性和幹勁魄力，跟東海大學董事蔡培火先生相似，但曾約農校長有黨政高層的政治靠山，聲量大。

蔡培火推薦林攀龍任職東海大學，以備候選繼任校長，曾約農強烈反對

蔡培火（1889-1983）的日文非常好，日治時代，常揮筆成章投稿報章雜誌。他用流暢的日語，跟日人統治者理論。天賦一流口才，在大眾聚會場所，他可以即興演說，日語滔滔不絕，道理一大套。林獻堂晉見台灣總督、日本首相與其他政要，蔡培火時常擔任翻譯，以流利的日語據理力爭台灣人的權益（譬如議會設置請願）；雖然講得很有道理，但常被當作耳邊風的空氣看待。

接著，1945 年日本戰敗，日本語言文化勢力重挫，優勢不再，取而代之的是中國國民黨的「國語」勢力，以及風靡全球的美國語言政治文化。蔡培火有四國語文能力（台、日、

22　謝仁芳，〈霧峰林家的基督徒──林攀龍〉，許雪姬主編，《日記與台灣史研究：林獻堂先生逝世 50 週年紀念論文集》（台北：中研院台灣史研究所，2008 年 6 月）。謝仁芳著，《風起雲湧阿罩霧：霧峰林家開拓發展史》。

中、英），但他的英語不流暢，帶著台、日腔調。在中國國民黨統治下的台灣，蔡培火的主張，依然不被重視。這是戰前與戰後、在外來政權統治下，一般台灣知識人的宿命。

1955 年 8 月 16 日曾約農校長寫信給駐在紐約的「聯合董事會」執行秘書芳衛廉博士（Dr. William Fenn），報告東海大學準備開學情況。信中附上蔡培火（大學董事會董事）爲大學寫作的一首歌曲；蔡培火建議公開徵求歌曲，從中遴選一首爲校歌。接著，曾校長報告一件要事：

前些時候，蔡培火先生來信強力推薦林攀龍先生受聘爲大學高層一個重要職位。他（蔡培火）口頭對我解釋說，希望大學以某種身分送他（林攀龍）出去美國，以賦予他足夠的聲望有資格成爲大學校長的候選人。我已經作了獨立的調查，發現他是個甚少從事公共事務生涯的人。他的學術資格與經驗，讓大學幾乎不可能給他高層的職位。另一方面，若永遠擱置蔡先生的推薦，我將會是失當（"it would be impolitic of me"）。

我們跟台中地方人士之間的困難，大多由於我們缺乏某種能跟政府中下層官員聯絡的人員（liaison personnel）。而當我們［台北辦事處］搬移到台中時，在高層方面或會有相似的缺失。所以，我們可能需要任命一、二個聯絡人員。[23]

---

23 President Beauson Tseng's letter to Dr. William P. Fenn, August 16, 1955.

發出這封信之後，意猶未盡，曾校長再發另一封措辭嚴厲的信件，流露出他對「台灣人」頗有意見，而且有定見。這是重要的文件。為了慎重翻譯精準，原來的英文關鍵字，列在括弧內：

　　在我們 [東海大學] 董事會（Board of Directors）裡最強勢的台灣人董事或許是蔡培火先生。他有一位很特別的朋友，林攀龍先生。他希望推崇 [林先生] 的地位，使之成為繼承我 [校長] 職位的候選人（to be boosted as a candidate to step into my shoes）。我質疑他 [林先生] 的資格（I am skeptical of his qualifications）。直截了當地説吧，他似乎是相當一個庸才（To put it bluntly, he seems to be quite a nonentity）。許多瞭解台灣人的人，都同意這評估（This estimate is shared by many people who know the Taiwanese）。蔡先生的主意是，東海應該初步給他（林攀龍）一個職位，然後送他出去美國一段長久時間，一年或十八個月，並非去學習進修，而是去考察教育機構。

　　……我所能做的，最多是依照他（林攀龍）的能力，給他某種職位。就是這樣的決定，助長 [大家的] 誤解，説大陸人不給台灣人機會（It's decisions like this that helps to snowball the misunderstanding that the mainlanders are giving the Taiwanese no chance.）。[目前] 大學用地的困擾就是一個具體的例子，説明當我們把重大的責任交給未受訓練的台灣人的時候，會有什麼後果（The university site trouble is a concrete instance of what to expect when we do give untrained Taiwanese heavy responsibilities.）。當我們接受台中所提供的用地時，我們自己的 [大學] 董事會同樣缺乏審慎遠見。[24]

芳衛廉博士回信，雖然贊同蔡培火建議公開徵求遴選校歌，但他認爲這事不急，可暫緩決定。另外，芳衛廉說當他三年半前（1952 年 1 月）初次訪台時，蔡培火曾安排在台中跟林攀龍見了面：

從那時候，我多次詢問過有關他的事。我所收到的消息證實我自己的印象，認爲他並非我們爲東海所要尋找的那形態的人。每次訪台，蔡培火都向我提起他，但我總是不置可否地回答，示意不熱心但未做任何決定。從初次接觸至今，沒任何事讓我改變我的意見。

芳衛廉的信接著說：至於，只是爲了要跟地方官員而任命聯絡人的「政治任命」（political appointment），「老實說，這種想法，讓我非常不高興」（"makes me most unhappy"）。對曾校長完美的奉勸是，「希望你能找到一位既具學識資格又善於做對外公關的人。」「有關林 [攀龍] 先生，我不禁要問，他具有什麼資格收受這種政治任命。我也嚴肅地質疑是否應該爲了滿足任何一個人的願望而任命

24　President Tseng's letter to Dr. William P. Fenn, 1955, Letter No MF (9).

他。」[25]

接獲此信的曾校長，即刻回函表示：

接獲來信令我釋懷（a sense of relief）。我自己對這位關係人［林攀龍］並不感興趣（I am not keen on the gentleman concerned myself），所以我將此事交付給你。我相信杭［立武］博士和蔡［培火］先生正要寫信給你，提議聯合董事會送林先生赴美。我拒絕作任何推薦，因為我不適合涉入干預遴選或預備我的繼承人的人事。那是董事會的事務。我對林先生毫無怨言（I have nothing against Mr. Lin.）。我只是認為東海大學的校長職位，必需是由一位擁有更大名望、比林先生更積極、更有幹勁（more active go-at-it-ness）的人來擔任。

我信裡所說「政治任命」，並非指國家政治，……而是單純地指為大學順利行事所作的任命。我覺得台中地方的緊張公共關係，是來自有心人圖謀私利的故意操作。拉攏蔡［培火］先生可望改善情勢。此事讓我感到相當大的壓力。我個人質疑這樣做事的智慧。退讓一次會再有下次。另一方面，我不願意以堅守大原則之美名、固執己意，以致損害大學的將來。這就是我徵求你真實意見的原因所在。[26]

之後，曾校長在 1955 年 9 月 22 日的信函裡，再一次告訴芳衛廉博士說：遴選下屆校長是董事會的事務，但「我必

25　William P. Fenn's letter to President Beauson Tseng, August 26, 1955.
26　President Tseng's lette to William P. Fenn, September 1, 1955.

須把事情說清楚，很確定地說，至今爲止，我無意任命林 [攀龍] 先生在大學擔任任何負責的職位。」[27]

總之，曾約農強烈反對林攀龍來東海大學任職，而芳衛廉博士也對他興趣缺缺。那麼，如何分析此中原因？這件事有何含義？有什麼歷史重要性？也就是說，對於 1950 年代以及之後，在國府統治下的台灣政治、社會與文化方面，它告訴了我們什麼？

芳衛廉博士對林攀龍興趣缺缺，
原因何在？

芳衛廉博士對林攀龍興趣缺缺，有些重要原因。首先，芳衛廉博士缺乏台灣經驗。他過去在中國大陸有多年豐富的教育經驗，結識許多學界與教會界的中國友人（多位戰後來台的高官是他過去的學生），但他在 1952 年 1 月才首次來台。他結識的台灣友人甚少，大致上僅限於幾位東海董事黃彰輝、黃武東、蔡培火、陳明清、高天成、林宗義等人；這些都是受過日本高等教育的台灣人。

芳衛廉博士對台灣的瞭解，主要來自這幾位新朋友，其中他最熟悉信賴的大概是黃彰輝牧師。當然芳博士也很尊重其他幾位。台灣人的董事們，深怕東海大學被大陸人（外省人）的政治控制，而成爲大陸人的大學。蔡培火和陳明清屢次建議東海大學必須聘任台灣人的意見，芳衛廉博士都非常

27　President Tseng's letter to William P. Fenn, September 22, 1955.

在意，認眞催促曾約農校長遵行。[28] 曾校長屢次回函，都表示非常贊同此建議，並說非常認眞、盡可能在做，但屢次都說找不到適合的台灣人。曾校長堅決否認省籍差別看待，並指出大學「受大陸人的政治控制」之懼怕是多慮、毫無事實根據。（"this fear of 'mainland and political control' is very real though unfounded"）。[29] 但，陳明清董事終於 1963 年「因以本土爲主的教育理念，與其他主事者不合，以致退出董事會。」[30]

芳衛廉博士是一位精明、愼重的人，他對於蔡培火的信任（相較於對其他幾位）似乎比較謹愼（discreet）。經蔡培火的介紹，芳博士見了林攀龍，並多次詢問過有關林攀龍的事，但認爲「並非東海所要尋找的那形態的人。」芳博士沒說明，或許他贊同曾校長所說的：林攀龍缺乏積極的幹勁（more active go-at-it-ness）。

林攀龍的個性確實是內向、孤僻、客氣、低調；他信奉斯多噶主義（Stoicism）哲學，隨遇而安，大智若愚。他喜歡孤獨，因爲沉思需要孤獨；他說過：「一切藝術、哲學、宗教，概由孤獨氛圍中創造出來。」[31] 孤獨沉思的知識人，內心充滿

28 Dr. William P. Fenn's letters to President Tseng, November 23, 1955; January 6, 1956.

29 President Tseng's letters to Dr. William P. Fenn, December 5 and 22, 1955. President Tseng's letter to Miss. Mary E. Ferguson, July 14, 1955.

30 鄭加泰，〈推動台灣基督教大專教育的先河──陳明清長老〉，《新使者雜誌》第 29 期。

31 林攀龍，〈修築象牙之塔〉，《人生隨筆及其他》，頁 71-74。

自信。事實上，他擁抱積極的人生觀、開明的世界觀。

林攀龍對自由人文主義人生價值的堅持、對生命價值的尊重、對大自然的喜愛、對基督教堅定的信仰、對教育學子的熱情，處處展示他積極的人生觀、開明的世界觀。他充滿智慧的論文、熱情洋溢的詩詞、對西洋交響樂古典音樂的喜愛，則展現他豐富燦爛的內心精神生活。他主持萊園中學多年，一股熱情，樂在其中，有豐富成功的教育行政經驗。[32]

相較於曾約農與吳德耀兩位前後任校長，當年（1955）五十五歲林攀龍的學識及學術資格（論著作、學識廣度與深度、六種語言能力、國際觀）則比他們兩位高強多多。林攀龍的多種語文能力、以及日本歷史文化知識，是曾約農與吳德耀兩人所缺乏的。在戰前日本菁英教育制度下，頂尖的東京帝國大學秀才畢業生，是社會菁英中之菁英，奈何 1945 年日本戰敗後，是美國文化至上的新時代；深諳日本歷史文化的林攀龍，也就不被重視了。然而，他留歐五年，入牛津大學、巴黎大學、慕尼黑大學進修，對歐美文學造詣精深，又出版一本三百多頁的經典文學、文化評論著作。曾約農校長自己則未見出版學術著作，當年（1957）四十二歲的吳德耀校長亦然。

32　二次大戰前與後，「日本治台時期的日本人，跟中國治台時期的 KMT，都不讓台灣人在政治舞台多所發揮，因此有骨氣不願臣服 KMT 的知識分子都自己辦學：北部有延平中學，南部有長榮中學，中部有萊園中學，」老友沈榮嘉兄如此提醒筆者；咱兩人的生活經驗橫跨日本治台與中國 KMT 治台兩個時代。

1957 年遴選東海繼任校長另有一個重要因素：芳衛廉博士屬意吳德耀（最信任的昔日得意門生、哈佛大學博士）擔任第二屆校長。當時我們首屆東海同學們之間有一種傳聞：1955 年東海大學創校時，吳德耀三十九歲可以當文學院長、要當校長太年輕，只好找六十三歲的曾約農任之。兩年後（1957），四十二歲的吳德耀可繼任了。當時這個傳聞，果然是眞。芳衛廉博士既然屬意吳德耀繼任校長，也就不考慮林攀龍或其他候選人了。創立東海大學的靈魂人物、聯董會秘書長芳衛廉博士，對大學董事會有重大的影響力。

　　芳衛廉博士器重吳德耀這件事，也是後來引起曾校長與吳院長之間、緊張關係的一個因素。吳德耀於 1954 年應聘來台灣協助籌辦東海大學，隨時跟芳衛廉博士通信報告籌辦情況，包括遴選校長的進度。1955 年曾約農校長就任後，吳德耀院長鼎力協助校務，曾校長時常表示讚賞。兩人相差二十四歲，曾校長自然以家長式的態度，看待吳院長是一位年輕有爲的後輩，鼓勵他力求上進。

　　1956 年 5 月 3 日曾校長致函芳衛廉博士，建議任命吳院長爲他的「行政助理」、「大學第二號長官」（"administrative assistant","as Second in Command of the University"）。[33] 但是，芳博士認爲「行政助理」這名稱很奇怪，回函告訴曾校長說，賈爾信博士和他都對這名稱「感到不是太高興」（"both Dr. Carson and I do not feel too happy about the term 'administrative

---

33　President Tseng's letter to Dr. William P. Fenn, May 3, 1956.

assistant'"）。[34]

　　曾約農校長致函聯董會助理執行秘書，討論考慮聘請一位「行政助理」，對吳德耀院長作如下評論：

　　吳院長是第一個人自己會承認，他對中國古典語文沒有足夠的全面理解（"his classical Chinese...is not sufficiently comprehensive"）。如果擔任這個 [行政助理的] 責任，他將會毀掉他作為一個學者的生涯。他將會沒有時間去讀書、去作他喜歡而且一定會成功的寫作。另一方面，為大學著想，我很想要請他犧牲他將來的學術生涯、來做教育行政工作。[35]

　　哈佛大學政治學博士、相對年輕的吳德耀院長，默默工作、正直忠厚，值得信賴，這是芳衛廉博士讚賞他的原因之一。這裡先說個給同學們留下非常深刻印象的小故事，它流露吳德耀的真實謙虛個性（modesty）：1959 年 6 月 22 日東海大學第一屆畢業典禮，備受同學們崇拜的曾約農前校長回校參加典禮，同學們給以歡呼及鼓掌聲歷時不絕，而沉穩的吳德耀校長默默地站在旁邊，一點也不以光彩被奪為忤。[36] 對於那情景，筆者當時很感動——被吳德耀謙讓的個性所感動。大多數第一屆東海同學是「外省人」（中國大陸人）。六十

34　Dr. William P. Fenn's letter to President Tseng, June 1, 1956.

35　President Tseng's letter to Miss. Mary E. Ferguson, United Board, 150 Fifth Ave. N. Y., April 28, 1956.

36　第三屆東海同學也有這回憶，見阮大年，〈憶吳校長德耀先生〉，《吳德耀校長紀念專輯新編》，頁 237。

週年後的回憶錄裡，有一位外省女同學寫道，當年對曾校長「帶著些盲目的崇拜情緒」。[37]

曾約農校長在公眾場合評論吳院長，引起爭議。記得有一次曾校長在講台上公開評論，大意是說：

我要重用吳院長的人才。他勤於學習，為了要加強對中國文化的認識，經常旁聽中文系牟宗三教授的課，跟同學們一起上課，這樣的精神，令人佩服。

這句話的含義如何，有很大的空間，隨人解讀，包括一種屈尊俯就對待他人的感覺（patronizing, condescending）。

曾約農校長鼓勵吳德耀院長加強對中國文化的理解的同時，大學董事彌迪理牧師（Rev. Daniel Beeby）則「熱烈地希望吳德耀院長可以有機會用一年的時間研習神學。」[38]

總之，遴選學術殿堂的大學校長，主要考量應該是候選人的學識深度、學術資格、國際觀、教育哲學與理念、以及行政經驗與魄力。那麼，林攀龍擔任東海大學校長的資格，比他人優越。

事實上，無論是在戰前 1930 年代從事「霧峰一新會」文

---

37 陳廷美，〈憶舊遊〉，《大度山風雲：我們第一屆東海人的故事》（東海大學圖書館發行電子書，2016 年），頁 22-24。

38 Rev. H. Daniel Beeby's letter to Miss. Mary E. Ferguson, October 22, 1958.

化啓蒙運動，或是戰後主持萊園中學，林攀龍已展現出其辦事魄力與領導能力。只是因為父親林獻堂太有名，導致很少人注意到兒子。父親 1956 年逝世，攀龍的二弟與三弟於 1955 年、1959 年相繼去世。為了家族生計，林攀龍毅然挺身而出，召集親朋募股，主導創立「明台產物保險公司」。他特請摯友著名藝術家顏水龍設計公司商標，表示「明朗台灣」之意。林攀龍的高學歷、知識、智慧與國際觀，令人敬畏，自然被選任為第一屆董事長，連續七屆，至 1983 年逝於任上。每次公司同仁照相留念，林攀龍正坐在中央、或站立主持會議，高大的身材，儼然董事長領導人尊嚴氛圍（an aura of dignity）。成功的企業經營，令他身後留下億萬家產。[39]

　　然而，1950 年代東海大學遴選校長的過程揭露：強大的國民黨勢力、複雜的政治社會環境與人際關係；在國民黨統治下，政治凌駕學術專業，決定校長人選。東海大學失去了聘任這位傑出的台灣知識菁英之機會。

曾約農反對林攀龍之歷史涵義：
黨國意識，與「疏離感」（alienation）

　　曾約農校長的大陸人省籍觀念濃厚，對「台灣人」有定見；他的政治思想與感情，跟台灣一般民眾，落差太大，跟台灣本土知識人，疏離（alienated）深遠。

39　秦賢次編，〈林攀龍（南陽）先生年表〉，《人生隨筆及其他》，頁329-335。

1947 年二二八事件是極頂關鍵的台灣現代史轉捩點。曾約農校長與「聯董會」的代表，在商討擬定通才教育課目的過程中，無意間流露出曾校長對台灣人以及 1947 年二二八事件的看法。

　　這位「聯董會」的代表，是賈爾信博士（Dr. Arthur L. Carson, 1895-1985）。他是資深傳道士、教育家、康乃爾大學博士，從 1921 年到 1939 年在中國大陸服務，之後，於 1939 年到 1953 年在菲律賓擔任 Silliman 基督教大學校長，然後返回紐約「聯董會」服務。

　　「通才教育」（Liberal Arts General Education）是 1950 年代美國高等教育的潮流，深受哈佛大學通才教育理論的影響，聯董會徵得曾約農校長的同意，聘請賈爾信博士來東海大學擬定「通才教育」大綱。又聘請朱有光博士（紐約州 Slidmore 大學的教育系主任、前嶺南大學文學院長）前來研討，編成東海通才教育的藍本。[40]

　　曾約農校長熱烈期待歡迎賈爾信博士蒞臨東海、提供諮詢協助校務。他致函「聯董會」表示：在得知賈博士即將啓程來台時，非常高興——「我幾乎興奮地歡呼戰勝、舞劍跳躍」（"I nearly yelled a war whoop and danced the sword dance"）。[41] 我們可以想像那有趣的情景：穿著中國傳統長袍、

40　吳德耀，〈東海的教育理想和特色——為紀念芳衛廉博士而寫〉，《吳德耀校長紀念專輯新編》，頁 66。

41　President Tseng's letter to Miss. Mary E. Ferguson, United Board, N.Y. , October

平時莊重嚴肅的曾校長，幾乎失常、歡呼舞劍跳躍！

資深教育家賈爾信博士，確實對東海大學的課程計劃及一般校務，貢獻重大。曾校長致函芳衛廉博士，誇獎道：

賈爾信博士是恩賜，他深入的洞察力、加上他對實際情況的堅實掌握，令他所作判斷非常健全。他的儀態顯然真誠，［自然］解除［所有］異議。（Dr.Carson is a boon, his penetrating insight plus his firm grasp on realities makes his judgment unusually sound.His manners and obvious sincerity disarm opposition.）……我們一起到台南和高雄——那是個頂有趣且獲益的旅程。……此行我很高興陪伴他，因為我感到在我們很坦誠地交換意見的結果、台南的冰塊已開始融化（the Tainan ice beginning to thaw）。[42]

曾約農校長跟台南方面的東海董事們（黃彰輝、黃武東、陳明清、蔡培火、安慕理、彌迪理），關係冷淡，因為雙方理念有所不同——諸如：東海董事會裡的長老教會代表問題、聘雇教職員的省籍問題。（這些人事問題，往往牽涉到對待本土意識及文化教育問題。）這理念差異在曾校長的信裡，無意間流露出來。它也表露曾校長感佩賈爾信博士的為人、處事、以及對事情的洞察力。

28, 1955.

42　President Tseng's letter to Dr. William P. Fenn, February 27, 1956.

1956 年春，賈爾信博士回到紐約的聯董會之後，發表一篇有關東海大學的文章。閱讀後，曾校長致函賈博士，稱讚該篇文章寫得非常好（"extremely well written"），只是曾校長對其中一段有意見——因爲該段評論台灣時政，指出台灣人與大陸人的緊張關係，由於 1947 年二二八事件的暴動與政府殘酷對待民眾之慘痛記憶；該段文章還提到，受過日本教育、通曉日語的台灣人、不歡迎學習中國話。

在檢視曾校長的信函對二二八事件的看法之前，我們先稍討論，受過日本教育的台灣人，學習中國話的問題。黃彰輝（1914-1988）留學東京帝國大學畢業後，赴英國劍橋留學，在二戰期間，他非常反對日本帝國主義對外軍事侵略，決意戰後他要做爲一個「自由的華人」，乃於 1942 年 10 月，到倫敦大學亞非學院學習中國的北京話。可是，他發現那是一種很困難的「新語言」，跟家鄉的台灣話非常不同，所以懷疑自己是在「浪費時間、精力、與金錢」。戰後，1947 年二二八事件，令他對中國的幻想破滅，不願意學中國話。[43]

1945 年日本戰敗後，對於台灣人來說，中國話確實是一種新語言。筆者第一次聽到有人說「國語」，是 1945 年小學三年級：有一天學校請來兩位穿 kaki 色制服的中國女青年（其中一位眉目清秀微笑，很好看），有一男人翻譯；可是，她們講「國語」我和同學們一句都聽不懂，覺得不好聽、發

---

43 Shoki Coe's letter to Rev. T.W. Douglas James, 1943.1.24. 蔡榮芳，《從宗教到政治：黃彰輝牧師普世神學的實踐》，頁 15。

音很奇怪。這是當時一般台灣人的感覺。後來，經過 1947 年二二八大屠殺的慘痛經驗，許多台灣人對「祖國」失望、絕望，甚至感到厭惡恐怖。許多受過日本教育、通曉日語的台灣人、不歡迎學習中國話，確實有此現象。

那時台灣人用台語交談時，常夾雜日語，而用日語交談時，則常夾雜台語，因此每每出現「台語式日語」。[44] 當時觀察到父執輩及兄長他們，喜歡說日語。「台語式日語」成為台灣人自我識別，用以抗拒中國人的語言。

總之，戰後初期，多數台灣人認為中國人的國語「不好聽」。然而政治環境會改變，中國國民黨長期統治台灣共計六十三年（1945-2000，2008-2016），特別是軍事戒嚴時代，打壓醜化台灣母語文化。接著 2016 年民進黨執政六年之後的今日（2022），許多年輕的台灣人變得不會說台灣話，認為台灣人的母語「不好聽」。這是台灣現狀。

那麼，讓我們回顧 1950 年代，曾約農校長如何置評賈爾信博士那段尖銳評論台灣時政的話。他曾經誇獎過賈博士的洞察力，他對賈博士的為人處世頗為敬重，所以他用很客氣的語調致函賈博士。為了確定此重要文件的中譯文精確，茲將曾校長原來的英文函件並陳於下，請讀者鑒定。在稱讚賈博士的文章寫得非常好之後，他寫道：

44　吳文星，《日據時期台灣社會領導階層之研究》（台北：正中書局，1992 年），頁 365。

不過，請問是否可將緊張與慘痛記憶那一段話（第三頁），稍微降低音調。通曉日語的人、不歡迎學習中國話，這說法似乎太籠統。有關 1947 年嚴厲對待民眾一事，也似乎是一面之詞。集體暴動是由地方民眾肇始。我相信：這不幸的悲劇之起因，是來自短視、別有用心、不講道理的政客，刻意煽動、靈巧地鼓動而起。讓我們用創造性的愛心，來治癒傷痕；這事業值得我們、以奉獻服務的友誼、祝福我們全體人民，包括台灣人和大陸人，帶著甜美撫慰的寬恕遺忘。[筆者劃線]

如果你能夠設法重寫那一段話，那麼我會徵求你的允許，將它油印在台灣分發。

I wonder, however,if the paragraph on the tensions and bitter memories（page 3）should not be toned down a little.It seems too sweeping to say that those who have acquired the Japanese language felt the task of learning Mandarin an unwelcome one. The reference to the harsh treatment in 1947 seems also to reflect one side of the picture only.The communal riot was initiated by the local people.I believe the unfortunate tragedy had its origin in deliberate agitation adroitly fomented by unscrupulous politicians with short-sighted ambitions.Let us try to heal the wound with creative love; with fellowship in dedicated service for something which is worthwhile and which brings blessings to us all,whether Taiwanese or Mainlanders; and with the sweet soothing touch of orgiveness.

If you could see your way to re-phrasing this paragraph, I would like to ask for your permission to mimeograph it for distribution in Taiwan.[45]

　　曾校長請求賈博士將「緊張與慘痛記憶那一段話，稍微降低音調」，「設法重寫」稍加修飾。對於 1947 年二二八事件暴動與大屠殺二萬人喪生的創傷哀痛，曾校長呼籲大家以「創造性的愛心」（"creative love"）「寬恕遺忘」（"forgiveness"）！

　　二二八事件爆發時，曾約農和堂姐曾寶蓀還在中國，兩人並非事件目擊者。他們在事發後四年的 1951 年春才來到台灣，才從大陸人和國民黨官員聽聞該事件。以致他對二二八事件暴動及大屠殺，完全採信官方說法。故此，他的國民黨「黨國一體」思想與感情，跟台灣一般民眾的落差甚大、「疏離感」（alienation）深遠。

　　曾約農跟台灣本土知識人士毫無交集。擁護「黨國體制」的曾約農校長，熱愛中國，念茲在茲，關注「共匪」竊據大陸神州。他一心一意要把東海大學辦好，期望大學教育對「反攻大陸、收回國土」有所貢獻。他 1957 年刊登〈留別東海〉詩句，特別呼籲：「相期東海鯨吹浪，一為中原洗劫灰。」1960 年，他給東海第二屆畢業生的贈言，也念念不忘「大陸

45　President Beauson Tseng's letter to Dr. Arthur L. Carson, United Board, 150 Fifth Avenue, NY, June 14, 1956.

同胞之奴役於蘇俄……度牛馬不如之生活」，勉勵「諸同學畢業後，以所學獻身社會……藉以發揚，則改造邦家，復興國運」。[46]

1949 年中國大陸淪陷赤化，曾約農撰文寫道：「據《香港時報》載，舍下及湘綺樓藏書，合一萬七千餘箱，均遭土共焚燬。」[47] 曾約農非常憤怒，痛恨土共。這種心情，很可以理解，很值得同情。曾校長面對的是中國共產黨占據中國大陸的問題。

然而，台灣人面對的是國民黨極權統治的問題。台灣人的歷史背景和生活經驗跟中國人不一樣，林攀龍畢生沒有見過共產黨，不知道他們長得什麼模樣。當時台灣人有自己的問題 ── 國民黨的白色恐怖、軍事戒嚴問題 ── 和自己的想望。

私立萊園中學校長林攀龍只能隱居霧峰、默默教育家鄉學子，著書談論歐美浪漫主義文學、論述自由人文主義思想。他著述寫作，鼓勵讀者，追求「真、善、美」理想主義人生價值。他熱愛台灣，對台灣鄉土之描述，令人感動：

> 田園晚景是可愛的；我常踽行賞覽。……偶聞村婦喊著「鵝來！鵝來！」這是清晨放畜，薄暮散失，……急于追回

46　《曾約農校長紀念專輯新編》，頁 54-56。
47　曾約農，〈先文正惠敏兩公日記原本搶救記略〉，《傳記文學》第 65 期，1965 年 5 月，頁 4。

的尖切呼喚。我聽過之後，急盼她能立刻找到目的物。觸景生感，不禁想起村婦散失一鵝，知道追尋。現代生活人，受物慾纏繞，放失本心，反而不知收回。……

想收攬全部生活，必須探討哲學、宗教，藉資確立人生觀、宇宙觀。……喪失人生觀、宇宙觀的人，就會變成職業的奴隸與工具。……[48]

台灣四季常春，山川草木很少自然變化。……農田每年兩次播種、插秧、除莠、結穗、收割，其間轉換很多。稻穀收穫之後的中耕，同樣使田土改觀。再加上白鷺鷥、烏秋等等飛鳥的添景；水牛動態，青蛙叫聲，也促成地面之蛻變。……無論何時何地，只要走進田園，隨時總會看到莊稼們臉向地面，弓背搓繩、翻土、墾殖、完全不看左右、前後、和上天。他們這種心理，我往往加以揣測。……[49]

台灣本土知識菁英林攀龍，年輕時代留學日本及歐洲共二十年，通曉台、中、日、英、法、德六國語文；多種語文能力，是擴展心胸眼界、瞭解社會文化的媒介，因而助長廣博的學識、開明的人生觀、世界主義國際觀。他的著作立足本土，放眼世界，評論文學、宗教、哲學與科學，立論關懷人類文明之進展。

然而，強勢的東海大學校長曾約農，不屑一顧，措辭嚴

48　林攀龍著，〈職業與人生〉，《人生隨筆及其他》，頁124-137。
49　林攀龍著，〈天面 地面 人面〉，《人生隨筆及其他》，頁82-83。

屬、摒除（dismiss）林攀龍是一個無足輕重的「庸才」，"He is a non-entity"，亦即 "He is a nobody"。

這句話，令人想起十九世紀美國詩人艾蜜莉・狄金生（Emily Dickinson, 1830-1886）著名的一首詩：

I'm nobody! Who are you?
我是個庸人！你是誰？

Are you nobody, too?
你也是庸人嗎？

Then there's a pair of us--don't tell!
那麼我們是一對——不要說！

They'd banish us, you know.
你知道，他們會驅逐我們。

How dreary to be somebody!
當個重要的人物多麼納悶！

How public, like a frog
多麼公開地，像一隻青蛙

To tell your name the livelong day
整天說你的名字

To an admiring bog!
嘩眾取寵！[50]

在這首詩裡，詩人狄金生自稱是個「庸人」（Nobody），
她內心猜忌有權有勢的「重要人物」（Somebody），她鄙
視那些缺乏誠信的政界與社會權貴，充分表達「社會批評」
（social criticism）的意義。她訴諸讀者、祈尋同情同感的夥
伴。

狄金生這首詩，頗為著名，備受世人讚賞，因為她陳述
普世一個重要的政治社會現象——無權無勢之平民大眾的「疏
離感」（alienation）——他們對政治權威和社會權貴，有所
猜忌，無法信任（distrust）。

2020 年諾貝爾文學獎得主，露易絲·葛綠珂（Louise
Gluck）寫的一篇得獎感言，敘說下層卑微人物的心聲最令人
感動。例如：英國詩人威廉·布萊克（William Blake, 1757-
1827）的詩集《天真與經驗之歌》（*The Songs of Innocence
and of Experience*）裡，無辜的黑人小男孩的生活經驗，黑皮
膚，包裹著一顆純真潔白的心靈，令人感動喜愛。又如：葛
綠珂少女時代特別喜愛狄金生〈I'm nobody!〉那首詩。社會
上的平庸常人，對於公共社會的權貴，抱著猜疑不信任的態
度，因為他們缺乏誠信，往往言不由衷，發言以偏概全，虛假，
掩蓋真相。[51]

50　Emily Dickinson, "I'm Nobody! Who are you? "*Wikipedia.* 台灣俚語有一個巧合的
　　比喻（metaphor）：「膨風水蛙」（*phòng-hong Tsuícsui,-ke*）形容自吹自擂的人。
　　另一台灣俚語「大官虎」（*tuā kuann hóo*），比喻權貴大官是吃人的老虎。

51　Louise Gluck, "The Poet and the Reader", in *The New York Review of Books* (Vol.
　　LXVIII, No.1, 1/14/2021), p.29.

然而，林攀龍是傑出的台灣本土知識菁英，只因為時代政治背景、社會群族的疏離關係，而遭到歧視對待，被社會權貴摒除是個無足輕重的「庸才」。

　　總之，曾約農校長跟台灣民眾及本土知識人毫無交集。黨國思維與狹窄的族群觀念是問題所在——「物以類聚，人以群分」，1956 年農曆新年，梅可望（1918-2016，曾約農的湖南同鄉與遠親）到曾府拜年，曾校長很高興地告訴他：「可望呀！我做了一件很痛快的事，我把東海所在地的大肚山改名為大度山，我要東海學生都是雍容大度，不是大腹便便，你看好不好？」[52]

　　「黨國思維」的同志梅可望，是蔣經國總統的親信，前中央警官學校校長（1966-1973）。從 1978 年他開始出任東海大學校長，共計十四年（1978-1992）。梅校長深化了東海校園的「黨國威權」氛圍——在追求「真理」的學術殿堂，建造「蔣公銅像」，它至今仍然聳立在東海大學校園！

　　曾約農前校長要東海學生「雍容大度」是好主意，但大肚山上世世代代的居民習慣稱之為「大肚山」，本土庶民的語言真實、自然、親切、且含有情感。然而，來自中國的黨國菁英隨意更改當地庶民喜愛的用語。這似乎是小事情，卻象徵著外來黨國菁英與本土民眾之間深遠的「疏離感」（alienation）——它有待智慧與「轉型正義」來紓解超越。

52　梅可望，《大度山傳奇——東海十四年的秘辛、歡笑和眼淚》，東海大學全球資訊網，2005 年 4 月 11 日。

結論

自由人的想望，
學術文化轉型正義，台灣建國論述

在任何一個社會，最想掩蓋社會如何運作的人，總是 [既得利益的] 統治群組。

——巴林頓‧摩爾（Barrington Moore Jr., 1913-2005）

美洲殖民地人民的性格熱愛自由，讓他們永遠保有 [自由] 的公民權利，那麼他們將對你 [英國] 永遠友善。（1775）

——伯克（Edmund Burke, 1729-1797，
英國政治家思想家，贊同美國獨立）

A nation's existence is a daily plebiscite.（公民國家的存在，是每日的公民投票。）

——雷南（Ernest Renan, 1823-1892）

我國人民，也必能徹悟台灣在國際上立場之重要性，自尊自愛。從心理上說，如認定台灣是地球的中心，世界萬事都據此運轉，亦無詫怪。

——林攀龍

東海大學內已登錄爲國定古蹟的路思義教堂。

在族群相對融合的今日台灣社會，大家容易忘記，1950至1970年代白色恐怖時代、強勢的「外省人」與弱勢的「本省人」，族群疏離對立相當普遍。撰寫歷史，回顧昔日情景，可望提醒年輕讀者，今日台灣民主自由得來不易，必須珍惜守護，蓋民主自由運動如同行舟，不進則退。昔日先賢的想望、行徑與智慧，可供今日新世代之借鏡，「以銅爲鏡，可以正衣冠；以史爲鏡，可以知興替；以人爲鏡，可以明得失。」我主張族群大融合，寫書的目的，是想邀請所謂「台派」與「統派」讀者，爲台灣全體人民著想，平心靜氣一起來討論，如何面對歷史與今日台灣眞相、共同合作建立我們美麗島新國家。

綜觀兩位教育家知識人的想望

1951年來自中國大陸的知識人曾約農（1893-1986）是第一代「外省人」，而林攀龍（1901-1983）則是在日治時代台灣出生、從小在日本受教成長、深受日本文化影響的台灣本土知識人。兩人前半生所處歷史地理環境、與生活經驗有極大的差異，形塑兩人不同的人生觀與世界觀。戰後，兩人後半生同樣居住在國民黨軍事戒嚴、一黨專制統治下的台灣；同樣是教育界人士，但兩人互相疏離，蓋社會族群背景、意識形態不同，個性、興趣、爲人處世都不同。

綜觀兩位教育家知識人的想望，最大的差異在於兩人所關注的政治文化價值觀的焦點不同——一位是專注「反共抗俄、反攻大陸」、復興中華文化的「中國文化民族主義者」，

熱愛中國的知識人；另一位是憧憬歐美浪漫主義文學、崇尚自由人文主義心靈價值、關懷人類文明發展、既「普世」亦「本土」的台灣知識人。

　　清末重臣儒學大師曾國藩的曾孫，曾約農的核心思想是中國儒家文化道統。1949 年中國大陸淪陷赤化後，逃難來到台灣，在中國國難當中，表現士大夫愛國情懷，憂慮中國國家民族之存亡，信仰「中國文化民族主義」。當時，同樣逃難來台的中國國民黨政權，在蔣介石總統領導下，矢志「反共抗俄、反攻大陸」，復興中華文化，恢復中華民國在大陸的政權。蔣介石心目中的中興英雄就是清末同治中興重臣曾國藩，因而推崇曾國藩為復興中華文化的偶像。

　　故此，曾約農的想望，與蔣介石的志向相當吻合。擔任東海大學校長的曾約農，宣告辦學宗旨：「以基督教精神，遵循國策，實現三民主義，並發揚中國固有文化。」[1] 曾校長成績優異，政治正確，而獲得蔣介石召見嘉勉。曾約農真心誠意擁護「黨國體制」──亦即是黨國一體，國民黨主席即是中華民國總統，一黨專政。東海大學校長卸任後，曾約農回台大教書，1966 年應聘為總統府國策顧問。他的政治立場跟國府一致：對於台灣現代史上最受矚目的政治事件二二八事變，他採信官方說法，跟台灣人民的想法落差極大，因此疏離深遠。曾約農教授跟台灣本土地方人士之間的人際關係，

1　《曾約農校長紀念專輯新編》，頁 23。

缺乏交集，語言、情感與思想互不相同。[2]

　　那麼，林攀龍家族的政治立場如何？父親林獻堂加入國民黨，林攀龍夫人曾珠如獲選爲國民大會代表。爲了保住林家事業與家產，林家頻頻對國府表示善意順服。但是，林獻堂突然於 1949 年 9 月 23 日飛赴東京「治療頭眩之宿疾」，從此滯日不歸，過著自我放逐生活。原來，在戰前思念「祖國」的林獻堂，戰後看到「祖國」的軍隊來台灣大屠殺、軍事戒嚴、白色恐怖，情治特務極權統治，比日本殖民統治更嚴厲——令他終於對「祖國」幻滅。林獻堂留下一段詩文，道出他那一代台灣人的悲哀：「異國山水堪小住，故園花草有誰憐？」[3]

　　然而，長子林攀龍則留居霧峰家鄉，擔任萊園中學校長，默默教育家鄉學子。相對於曾約農辦學宗旨：「以基督教精神，遵循國策，實現三民主義，並發揚中國固有文化」，林攀龍認爲：「教育本義，不宜教人想什麼；乃在教人如何想法。」[4]他年輕時代留學日本及歐洲共計二十年，通曉台、中、日、英、法、德六國語文，助長其學識與開明的世界觀。自由人文主義是他的核心價值。他倡導「眞、善、美」三位一體的哲學——創造眞善美，言行必求眞實、追求眞理，有「眞」才有「善」，而「善」即是「美」——他引述濟慈（John

---

2　詳見拙著《從宗教到政治：黃彰輝牧師普世神學的實踐》（台北：玉山社，2020 年），頁 254-257。

3　李筱峰，〈盼來了祖國又避祖國 —— 林獻堂的心路〉，《民報》，2015/05/16。

4　林攀龍，〈學園生活〉，《人生隨筆及其他》，頁 111-114。

Keats, 1795-1821）名詩：「美是眞，眞是美」；「美的東西，是永遠歡樂」。[5] 他宣稱「只有眞理才能使人自由。」[6]

雖然曾約農有時候也提起「世界大同、天下爲公、四海之內皆兄弟」等觀念，但並未多加申論。他的核心價值是中國儒家道統。在中國遭遇國難當中，曾約農展現傳統士大夫「先天下之憂而憂」的愛國精神與社會責任感，教育學子以復興中華文化爲矢志，宣揚「中國文化民族主義」，擁護蔣介石反攻大陸，建立新中國。

而林攀龍著述評論文學、宗教、科學與哲學，立論關愛台灣鄉土、關懷人類文明。他關注的焦點是自由人文主義價值觀、現代文明之演進與人類的命運；擁抱自由、民主、法治、人權普世價值的世界主義國際觀（cosmopolitanism），與憐愛鄉土的本土情（nativism; local particularism），相輔相成。其論述之道德高度、學識深度與廣度，比曾約農更勝一籌。

在族群融合的今日（2022），人們容易忘記，1950 至 1960 年代白色恐怖如火如荼進行時代、強勢的「外省人」與弱勢的「本省人」，族群疏離對立，相當普遍。1955 年 8 月，東海大學董事蔡培火先生推薦林攀龍就職東海大學、以備候選大學繼任校長，但強勢的曾約農校長不屑一顧、認定他是個不足輕重的「庸才」（"Nonentity"; Nobody）。

5　林攀龍，〈理想與人生〉，《人生隨筆及其他》，頁 143-153。

6　林攀龍，〈要活於創造才能打開解放之路──前輩的努力有這種誤算〉，《人生隨筆及其他》，頁 296-300。

然而，教育家林攀龍奉行斯多噶派哲學（Stoicism），泰然自若，大智若愚，隨遇而安。他不求名利，隱居霧峰家鄉，默默教育萊園學子，自己安靜讀書、寫作、賞花，「時而開開留聲機，欣賞偉大的交響樂或優雅小曲」[7]，修養生息，怡然自得。

　　林攀龍淡薄看待錢財。但是，二弟猶龍在 1955 年逝世於彰化銀行董事長任內；1959 年三弟雲龍逝世於台灣省議會議員任內；於是，林家重擔落在林攀龍身上，他不得不從事經營企業，在 1961 年創設明台產業保險公司擔任董事長，1965 年擔任紅十字會台灣省分會常務理事，並任私立延平中學董事，1966 年成為明台輪船公司首任董事長，1967 年擔任彰化銀行董事。不幸，夫人曾珠如 1979 年 3 月 11 日病逝於台大醫院，享年六十四。之後，1983 年 1 月 16 日林攀龍因心臟病突發病逝，享年八十三，遺體火化後，安葬於台中東海公墓。可惜，他終身未能看到台灣美麗島上自由民主的一道曙光。

　　來自中國大陸的教育家曾約農教授，同樣在台灣解嚴前去世。他懇切想望的「反攻大陸，解救同胞」亦未見實現。無情歲月不饒人，曾約農晚年，因老衰性帕金森氏症行動不便，1977 年中風住進台北榮民總醫院長達八年，1986 年 12 月 31 日，以九十五歲高齡，與世長辭。[8]

7　林攀龍，〈閑日月〉，《人生隨筆及其他》，頁 154-161。
8　《曾約農校長紀念專輯新編》，頁 15；267。

「中華文化民族主義」在今日台灣

　　總之，曾約農與林攀龍兩位知識人，在生前皆未能見到他們各別的想望獲得實現。然而，兩人的政治文化思想，持續挑戰台灣新世代的知識人——曾約農想望台灣「中國化」、「傳統化」、「保守化」；而林攀龍則想望台灣「自由化」、「本土化」、「普世化」。1980 年代以後，林攀龍想望的自由主義逐漸成為新時代的思潮，推進台灣自由民主化運動。另一方面，曾約農倡導的「中國文化民族主義」仍然健在，吸引「統派」人士以及少數的第二代、第三代「外省人」。

　　其實，今日 2020 年代，由於自由民主化、教育普及化，民智已開，更多人會獨立思考，判斷是非；通過職業同事、朋友、婚姻關係，族群逐漸大融合，省籍意識已然淡化；越來越多所謂外省第二代、特別是年輕的第三代，不再像他們的父祖輩，被狹隘省籍觀念或「大中國民族主義」綁住。多年來，中共獨裁政權宣揚「中國的崛起」對台灣文攻武嚇，更加造成台灣人民的反感。歷年民調顯示，主張跟中國統一的「統派」人士，已成為台灣人口中的極少數。

　　但是，少數的「統派」人士聲量大，因為他們非常活躍，而且在社會上各領域占據重要權力地位，蓋他們大多是長期以來國民黨「中國史觀」培育出來的「菁英」，形成「深層權力結構」，因而掌握「話語權」。在政界，他們綁住中國國民黨與民眾黨。（許多人不會忘記，中國軍機、軍艦擾台時日，民眾黨主席柯文哲市長宣稱「兩岸一家親」）。在學

術界與文化界，自從 1960 年代到今天，中華民國政府專門設置一個「中華文化總會」推行中華文化復興運動。於是，「中國文化民族主義」色彩、與「偉大的中華文化」之類書籍與報章雜誌文章，充滿圖書館與坊間書店。

「中華文化」有一部分確實偉大，值得欣賞讚揚。但是，另有一大部分違反人道、草菅人命、踐踏人權的「中華醬缸歷史文化」則相對未受注視探究討論。二十世紀末葉，黃彰輝牧師曾經指出：在台灣的中國大陸人，動輒誇耀「我們五千年歷史文化」，「好像這麼說，他們就可以為所欲為」。[9]

「統派」人士的言行，令人懷疑——他們有幾個人真正希望專制極權的中國來合併「統一」台灣？或許，他們只是藉由「統一」的言行、反對台獨、反對自由民主化、希望堅持保住他們在台灣的既得權益與權力地位、以及在中國的某種利益？不過，這是另一話題。

總之，聲量大的「統派」言行，廣泛影響台灣政界、媒體、出版業與文化界；甚至連「台派」人士也受其影響，有自我檢查、約束、自我設限之現象——認定批評時政言論不要「太辣、太尖銳」、少談「太敏感」的政治議題，以免被指控「撕裂族群」「破壞社會和諧」「影響政治安定」，寧可持續掩蓋某些事實真相，犧牲公義換取暫時社會安寧——這種保守

---

9   Shoki Coe, *Recollections and Reflections*, introduced and edited by Boris Anderson (New York: Formosan Christians for Self-Determination, second edition, 1993), p.196; 參閱拙著《從宗教到政治：黃彰輝牧師普世神學的實踐》，頁 202。

傾向、導致一切「維持現狀」，甚至民主自由法治倒退。那麼，所謂「台派」與「統派」有何差異？今日台灣最需要的是，願意「面對歷史與今日台灣真相、說實話」的公民與知識人。

要探求社會真相，真正「客觀」之評論，往往需要具有尖銳的批判性與曝露性（critical exposures），[10] 才可望遏止聲量大的言論、隨意誘導民眾，掩蓋事實真相。距今一百年前，1922 年，22 歲留學東京帝大的林攀龍曾引述左拉（Émile Zola, 1840-1902）的話：「要不是暴露所有的罪惡，改革是不可期求的。」十九、二十世紀之交，自然主義作家左拉，為了社會公義，勇敢地揭發法國一大政治司法弊案（Dreyfus Affairs），而成為民粹主義的犧牲者。（詳見本書第一、二章。）

人類社會，偶爾會出現如此擁有道德勇氣的歷史人物。

曾約農倡導的「中國文化民族主義」是一種保守主義政治文化信仰，它令人想起十八世紀末葉英國保守主義思想家、政治家埃德蒙·伯克。但是，伯克的思想非常靈活，他同時倡導自由主義，他對美國獨立革命的言論，展現無比的道德勇氣。

---

10   Barrington Moore, Jr., *Social Origins of Dictatorship and Democracy: Lord and Peasant in the Making of the Modern World* (N.Y.: Beacon Press, 1966) .

伯克（Edmund Burke, 1729–1797）：英國政治家思想家維護美國獨立革命

埃德蒙・伯克是 1790 年名著《對法國大革命的反思》（*Reflections on the Revolution in France*）的作者。我們在第五章已跟他見過面。伯克堅信「保守主義」（Conservatism）哲學，同時也深信「自由權利」價值，所以他可說是一位「保守的自由主義者」。伯克的「保守主義」哲學強調歷史傳統（historical tradition）的演變（evolution）與社會階層結構（hierarchical social order）安定社會的重要性。他的理想是，由菁英貴族（aristocracy）領導，維持社會秩序，保護個人自由權利。他認爲自由權利是由歷史傳統逐漸演進得來，而不是如「啓蒙運動」（Enlightenment）思想家抽象地論述每個人天生具有「自然權利」（natural rights）。蓋歐洲中世紀的封建社會階層、社會制度下，每一個人（上自王侯貴族，下至農奴）都有各自不可被剝奪的權利，此歷史傳統經過幾世紀的演變，而成爲近代英國社會個人自由權利觀念與制度。

值得注視的是，伯克對 1776 年美國獨立運動有獨特開明的看法。他是英國下議院輝格黨（Whig）議員。1775 年 3 月，他在英國國會發表演說〈跟美洲協調〉（*Conciliation with America*），竟然強力維護美洲殖民地人民、反抗英國殖民統治的革命運動。他認爲大英帝國在美洲的軍事獨裁殖民政策缺乏充分的道德正當性；美洲殖民地人民的自由觀念來自英國，而且他們已發展出美洲本土的獨特自由生活方式；既然

如此，大英帝國不可能、也不該硬要以軍事獨裁強制他們就範。伯克舉出許多理由，其中重要一項大意是說：「美洲殖民地人民的性格熱愛自由，讓他們永遠保有［自由］的公民權利，那麼他們將對你［英國］永遠友善。」伯克的道德勇氣與政治遠見，令人敬佩。十八世紀英國的伯克不愧爲留名青史的傑出政治家與思想家。[11]

伯克的想望與行徑，或許可供大家認眞這麼思考──台灣人民已發展出台灣本土的獨特自由生活方式；既然如此，中國不可能、也不該硬要以軍事獨裁強制他們就範；等到將來中國自由民主化之後，雙方永遠友善，再來談「一家親」或和平統一。然而，台灣的前途，仍然必需由台灣全體人民來決定。

前面說過，宣揚「中國文化民族主義」的「統派」人士聲量大，乃是因爲他們在台灣社會各領域占有重要權力崗位。上世紀林攀龍倡導自由人文主義。今日台灣的自由人，想望「轉型正義」仍需挑戰「深層權力結構」。

自由人的想望：
「轉型正義」挑戰「深層權力結構」

中國國民黨在台灣執政長達六十三年（1945-2000，2008-

11　Alan Ryan, "The Dangers of Patriotism,"reviewing David Bromwich, *The Intellectual Life of Edmund Burke: From the Sublime and Beautiful to American Revolution* (Harvard University Press), *The New York Review of Books*, March 5, 2015.

2016），國民黨政府（特別是長達三十八年的軍事戒嚴時期）打壓台灣本土母語文化（稱它是「低俗下流」），強力推行以中國為中心的「中國史觀」（認為中原文化，才是正統「高雅」），宣揚「中國文化民族主義」、以及「黨國一體」思維。結果，中國國民黨政治文化，已然滲透台灣社會各領域（包括政治、經濟、社會、司法、學術、教育、文化）。長期以來，占據各領域權力崗位的人，大部分是「中國史觀」教育培養出來的「菁英」，造成堅固的「深層權力結構」。

那麼，經過三次政黨輪替後的今日（2022），為什麼各領域的「轉型正義」改革困難？資深媒體人吳國棟直白說道：因為掌權辦事的，「攏是他們的人嘛！」一語道破問題所在。

「轉型正義」試圖挑戰既存「深層權力結構」，並不容易。今日台灣的民主法治制度尚未成熟，基礎相當薄弱，可用英文辭彙 "fledgling democracy"（直譯「幼鳥民主」）來形容——猶如羽翼未豐、正在學習飛翔的幼鳥，必須小心翼翼護育，不可讓風雨阻擾牠自由飛翔。「自由人」擔憂發育成長中的台灣民主自由制度被風雨阻擾。

許多人擔憂，台灣風雨飄搖中的司法體系，猶如「政治風向雞」（political weathercock）隨著行政威權而轉動——民調顯示，大多數民眾對司法體系不信任。[12] 超然獨立的司法體

12　《天下雜誌》2016/05/24 台灣社會信任度調查發現，67.7% 民眾不信任台灣司法體系。另外，《ETtoday 新聞雲：雲論》2021/02/17 刊文，指出，民間司法改革團體對司法公信力調查結果，68.9% 民眾對台灣司法審判制度不信任。

系，是民主法治的必要條件。但很可惜，多年來許多重大政治刑事冤案，皆未平反，程序正義有瑕疵，事實真相尚被掩蓋。要真正落實行政、立法、司法三權分立，就得挑戰「深層權力結構」。羽翼未豐的「幼鳥民主」碰到「司法政治風向雞」，是「自由人」重大憂慮所在。

重建台灣各族群母語文化，是「轉型正義」的另一重要環節。長時間「中國史觀」教育的結果，造成今日大多數台灣年輕人不會說母語，各族群母語面臨即將消失的危機。每一族群以其母語來傳承其歷史文化。母語的消失，即是該族群歷史文化記憶之消失。失去記憶的族群就是失了靈魂，該族群就名存實亡。[13] 目前，小學每週只有幾小時母語課程，而且多數中央與地方官員自己，在職場與公眾場所不講母語，只講中國話當「國語」，缺乏族群自信與本土意識，這乃是「中國史觀」教育造成的心理創傷。

總之，政治、司法、立法、社會、教育、文化各方面的許多問題，要求吾人正視關注；否則，自由民主運動如同行舟，不進則退。

13　詳見拙著《從宗教到政治：黃彰輝牧師普世神學的實踐》（台北：玉山社，2020 年），頁 21-24。黃彰輝牧師（1914-1988）是台南神學院院長（1949-1965）、東海大學創校董事會董事（1955-1965）、1965 年應聘赴倫敦主持「普世基督教會協會」（Director of the World Council of Churches, WCC, 1965-1979）。黃彰輝牧師特別關注重建族群母語文化的重要性。他是 1970 年代海外「台灣人民自決運動」的領導者、台灣獨立運動的先覺者，配合台灣島內他的學生高俊明牧師等人領導的自由民主化運動，對抗國民黨政府。

自從上世紀末葉到今日二十一世紀，國際情勢以及台灣內部，政治經濟社會各方面，變動巨大。自由化、民主化、普世化是現代化的趨勢。新時代的問題，需要新思維，過往「中國史觀」與「黨國一體」思維（無論任何政黨的「黨國一體」思維）都不適合新時代的要求。

　　過去兩蔣國民政府時代，曾約農信仰中國文化民族主義，是官方認定的主流思想。然而，二十一世紀台灣民主化以來，林攀龍想望的自由化、民主化、本土化、普世化，已成為大多數台灣人民的想望，可稱之為「自由人的想望」。

　　學術文化教育界的「轉型正義」最為重要關鍵，是當務之急；否則，舊意識（「中國史觀」、「黨國一體」思維）的「菁英」，持續培育其子弟，一代複製一代，導致一切維持現狀。

　　遴選大學校長與學術自由極其重要，因為大學為國家培育下一代各領域的人才 —— 政府官員、司法官、金融家、企業家、文化人、藝術家、學者、教育家等等。學術教育界最需要首先「轉型正義」。

　　近聞中央研究院院內，對該院「正名」問題，有所討論。下面讓我們稍微回顧中央研究院的歷史，並展望其將來。

中央研究院：
回顧歷史，期望「正名」

　　早在 1948 年 3 月 26 日中央研究院在中國南京第一屆院

士選舉，學界就有「諸子皆出於王官」之譏評。中研院遷到台灣之後，歷史語言研究所（史語所）所長傅斯年出任國立台灣大學校長，大批中研院研究員到台大出任合聘教授，從而壟斷了台灣學界的話語權（「學術霸權」）。而史語所的學術標準也成為中研院人文院士遴選的唯一準繩。史語所的精神領袖是胡適，他在學術上的興趣主要是考證；從狹隘的泛科學主義和實證主義出發，他對形而上的哲學缺乏興趣，對涉及義理和價值的一切問題則回避排斥。「而在傅斯年領導的史語所，也往往以考據成績的高低，來權衡人文學術研究的優劣。如此一來，凡與考據無關係的人文學術研究，勢必在中研院院士的遴選中，難以獲得公平合理的待遇。這種態勢，要一直到了 1980 年代後期，才逐漸有所改善。」[14]

由於上述原因，當代新儒學大師唐君毅、牟宗三和徐復觀終身都與中央研究院的院士桂冠無緣。另一位史學大師錢穆，一直到 1968 年 7 月，才當選為第七屆中央研究院的院士。當時中央研究院院長王世杰嘲笑錢穆的西方知識「簡直是笑話」時，何炳棣院士力言錢穆在中國史學方面自有不可及之處。然而，遲遲未被遴選為院士，泰半緣於錢穆的文化保守主義學術立場和觀點，與當時尊奉胡適和傅斯年兩位反傳統巨擘為精神領袖的的中研院頗不相同。中研院向來排斥不同學派。[15]

---

14 翟志成，〈錢穆的院士之路〉，《中央研究院近代史研究所集刊》第 103 期（民國 108 年 3 月），頁 95-96。

15 翟志成，〈錢穆的院士之路〉，《中央研究院近代史研究所集刊》第 103 期（民

那麼，中研院是否排斥不同政治意識形態？上述新儒學保守主義學派，與胡適、傅斯年的反保守主義學派，兩者同樣抱持「大中國主義」（主張中國統一合併台灣）政治意識形態；兩者皆與「以台灣為主體」的本土意識相對立。以故，人文及社會科學方面的卓越本土意識學者，難於進入中研院院士之行列——蓋大多數院士皆是「大中國主義者」，在藍綠對立的政治文化籠罩下，投票遴選新院士，很難輪到卓越的本土意識人文社會學科學者。[16]

　　近聞中研院院內，提出四項中研院外文名稱變更選項，包括現行名稱 "Academia Sinica"（「中國的研究院」）、"Taiwan Central Research Academy"、"Academy of Sciences Taiwan" 與 "Taiwan Academy of Sciences"（「台灣科學研究院」）。在立法院質詢時，一位中國國民黨立委說，「研究實力」比名稱重要，他好像認為「正名」就不能加強「研究實力」，而中研院院長廖俊智表示「同意」！另一位，民進黨立委詢問他對四項選項的看法，廖院長說他「個人沒有意見，也不便表示意見」。[17]廖俊智院長是台灣出生卓越的自然科學家，但是在中研院大多數「大中國主義」的同仁包圍之下，他對攸關台灣學術文化「正名」「轉型正義」的重大議題，只好說「沒有意見，不便表示意見」了！

<hr>

　　國 108 年 3 月），頁 92；106。

16　請參閱拙著《從宗教到政治：黃彰輝牧師普世神學的實踐》（台北：玉山社，2020 年），頁 401-403。

17　《自由時報》，2021/10/04。

詩人李敏勇形容目前的中央研究院是台灣社會的「裝飾性頭腦」，脖子以下的身體在地上行走，頭漂浮在雲海：

　　在台灣的中華民國，國家定位不清、國家意理不明，做為最高學術機構的中央研究院也一樣陷於這種糾葛。廖俊智院長……繼李遠哲、翁啓惠之後，均為台灣出身的卓越學者，但對於國家定位糾葛也無能為力。……科學面對政治，也束手無策。……終身職的院士們就像黨國體制時期的萬年國會議員。……鞏固中研院中國意理的院士兼為中國科學院院士者，大有人在。台灣的經濟和台灣的政治就演示著台灣社會的身體，但文化卻陷於中國的心靈或精神牢結，這是……台灣的桎梏所在。[18]

　　在台灣學界、文化界，首先清楚地闡明必須建立「台灣主體性的歷史觀」的，是鄭欽仁教授。1983 年他在《台灣文藝》發表〈台灣史研究與歷史意識之檢討〉一文指出：自從 1945 年以後，「中原文化本位主義」根深蒂固成為國民黨政權統治理念的一部分，因而造成黨國體制的諸多弊病；他呼籲必須建立以台灣為主體的歷史觀，以培養台灣人的「國民意識」。[19]

　　同樣，莊萬壽教授多年來，致力於中國思想批判學術研

---

18 李敏勇，〈裝飾性頭腦!?〉，《自由時報》，2018/07/10。
19 鄭欽仁，〈台灣史研究與歷史意識之檢討〉《台灣文藝》（1983/09/15），收入《鄭欽仁先生訪談錄》（台北：國史館，民 93 年）選錄二，頁 238-248。蕭阿勤《重構台灣：當代民族主義的文化政治》（台北：聯經，2012 年），頁 305-308，有詳細評論。

究、漢學的本土化，及潛心台灣文化思想論述。他直接指出：心無台灣的中研院院士、教授們，是大中國主義者；他／她們掌握文化權及語文權，反對本土化與民主化：

> 當台灣的教科書隨語文教育的現代化、本土化而有所更改，能確實結合台灣當代社會生活與語文發展，且減少古代的文言文，增加當代白話文，這是像台灣走向民主化一樣，是天經地義、不可阻擋的大勢。居然幾位中央研究院院士，出來反對。……台灣表面上已經民主化，然而文化權、語文權仍然掌握在外來心無台灣的大中國主義者的手中，這些所謂的院士、教授……。反對減少文言文和反對年金改革一樣，都是同一個心態。反的是台灣的民主化，[要]讓台灣回到共產中國的懷抱。若說到源頭，這個中央研究院 Sinica 的中國之名要正名，也要全盤推翻，建立新機構。[20]

總之，台灣須建立一個屬於台灣全體人民的「台灣中央研究院」。林擇義教授用直白、具體的一句話，來表達台灣人民的心聲：「他們的院士走下神壇時，我們的院士登壇拜將日。」[21]

20　莊萬壽，〈【泥痕錄】台灣文學是台灣語文的主要教材！──中央研究院 Sinica 的中國之名要正名了〉，《民報》，2018/08/28。莊萬壽，〈【專欄】莊萬壽學術文化的論述與實踐──從校園經營到主體性文化、國民意識、台灣精神的建構〉，《民報》，2021/11/08-09。
21　林擇義，〈他們的院士走下神壇時，我們的院士登壇拜將日〉，《民報》，2018/07/08。

試圖改變現狀、挑戰「深層權力結構」既定秩序，並不容易。社會學家巴林頓‧摩爾（Barrington Moore Jr., 1913-2005）名著《獨裁與民主的社會根源》（*Social Origins of Dictatorship and Democracy*）寫道：「在任何一個社會，最想掩蓋社會如何運作的人，總是［既得利益的］統治群組；所以，探究真相必然展現批判性、暴露性。研究人類社會的學者，要同情歷史過程的受害者、懷疑勝利者的說辭，才能避免被統制主導的神話（dominant mythology）所矇騙。這是尋求客觀的學者必備的心情。」[22]

　　2020 年大選之後完全執政的民進黨，在立法院席次已占多數，人民期待各領域的「轉型正義」。但是台灣的「國號」仍然叫「中華民國」；「國歌」仍然唱「三民主義，吾黨所宗」；「國旗」仍然標誌國民黨黨徽的「青天白日滿地紅」；「國法」仍然是國民黨制定的「五權憲法」；「蔣公銅像」仍然聳立於公園、校園、以及龐大的「中正紀念堂」；「國營」航空仍然叫「China Airline」；台灣參與奧運仍然自稱「Chinese Taipei」（中國的台北）──這一切令人思考是否真的有「政

22　Barrington Moore, Jr., *Social Origins of Dictatorship and Democracy: Lord and Peasant in the Making of the Modern World* (N.Y.: Beacon Press, 1966) 寫道："In any society the dominant groups are the ones with the most to hide about the way society works. Very often therefore truthful analyses are bound to have a critical ring, to seem like exposures. For all students of human society, sympathy with the victims of historical processes and skepticism about the victors' claims provide essential safeguards against being taken in by the dominant mythology. A scholar who tries to be objective needs these feelings as part of his ordinary working equipment."

黨輪替」？這一切是否反映台灣的眞實情況？或者是虛構？
是否符合台灣「自由人」追求眞善美的想望？值得大家認眞
思考的這些問題，正在挑戰台灣人民（選民）的智慧與決心。

　　「自由人」揮別昔日的虛構，想望建構眞實、眞理、良
善、美麗島的新台灣。「自由人」的想望，超越狹窄的種族
與省籍觀念。不論何時從何地來台，凡是認同自由、民主、
法治與人權等普世價值、認同台灣爲家鄉、爲唯一最優先的
祖國的人，都是台灣人。

回顧林攀龍的行徑、
「自由人」的想望

　　二十世紀初葉，1920 年代，林攀龍（1901-1983）在東
京帝國大學的學生時代，開始積極參與父親林獻堂（1881-
1956）領導的台灣人政治文化運動。後來留學歐洲返台後、
1930 年代，父子兩人熱情投入「一新會」新文化啓蒙運動，
想望從地方啓蒙教育建設台灣新社會：「我們應該重新評估
一切，要在植根於尊重生活追求眞善美的大磐石上建設文化
殿堂。」；「只有眞理才能使人自由。堅決實行靠眞理的自
我解放。這樣，我們台灣同胞才能相稱於美麗島的居民。要
拯救台灣之路，除此之外是沒有的。」[23]

　　二次大戰結束後，1950 年代、中國國民黨一黨專制、軍

23　林攀龍，〈要活於創造才能打開解放之路──前輩的努力有這種誤算〉，《人
　　生隨筆及其他》，頁 296-300。

事戒嚴、「大中國主義」掛帥時代，林攀龍持續表述自由人文主義思想：「自由人」追求真善美的人生價值，想望建立以台灣為主體的政治文化：「我國人民，也必能徹悟台灣在國際上立場之重要性，自尊自愛。從心理上說，如認定台灣是地球的中心，世界萬事都據此運轉，亦無詫怪。」[24] 他論述國際主義世界觀（cosmopolitanism），超越狹窄的民族國家主義：「科學技術之發達，事實上已撤除各國藩籬，造成整個國際的社會。從經濟上、技術上、文化上說來，世界是一個單位。可惜，近年來偏狹的國家主義，愈加顯著；逆世界一體的潮流。」[25]

台灣的自由主義知識人，擁抱國際主義世界觀。肯定民主、自由、法治、人權的普世價值之國際觀，與熱愛台灣鄉土的本土情，相輔相成。林攀龍呼籲；自由人「為自己生長而努力，為實現人格價值而奮鬥。不作任何人的奴隸，也不作任何人的暴主。高擎創造人類文化之號角，吹播太平洋的遠方。」[26] 總之，教育哲學家林攀龍為台灣指出現代化、自由化、本土化、及普世化的大方向。

比他年紀小十三歲的東京帝大畢業學弟校友黃彰輝（1914-1988）更進一步，1953 年在日內瓦一個國際宗教會議上，最早說出「一中國、一台灣、和平共存」這句名言。接

24　林攀龍，〈台灣〉，《人生隨筆及其他》，頁 138-139。
25　林攀龍，〈現代文明之考察〉，《人生隨筆及其他》，頁 43-60。
26　林攀龍，〈人生大學〉，《人生隨筆及其他》，頁 15-23。

著在世紀末葉，1970-1980 年代，神學家黃彰輝論述神學「實況化」，同時領導「台灣人民自決運動」，倡導台灣獨立政治運動。

黃彰輝的後輩學者同志（彭明敏，1923-2022）與學生（高俊明，1929-2019）等許多知識人接棒傳承，矢志建立台灣為一個獨立的新國家。長期以來，這就是多數台灣知識人與自由人的想望。

獨立建國論述，需要面對真實的台灣，展現台灣真相。

台灣建國論述：
展現真相，建國目的及想望

台灣建國論述，需根基於在地實況，並陳述建國之目的及理想，特別是以下八個事項，請讀者參考：

一、台灣是一個包容多元族群文化、多種宗教信仰、自由開放的海島國家。不論何時從何地來台，凡是認同台灣為家鄉、為唯一最優先祖國的人，都是「台灣人」。

二、「獨特獨立的台灣文化」是一個「多元族群文化綜合體」（a multi-ethno-cultural synthesis）——它不僅含有中國文化成分，也含有台灣本地福佬、客家、原住民文化，部分日本文化、現代歐美文化，以及近二、三十年來東南亞新移民的新文化養分。多姿多彩的「台灣文化」不等同於中國文化。台灣人最珍惜自傲的自由、民主、法治、人權等「普世

價值」，正是中國最缺乏的重要文化元素。[27]

　　三、公民國家（civic nation）之構成，並非由於人們用同一語言、或屬同一族群，而是由於人們在過往有共同的經驗與成就，在將來有共同期待達成的願景。[28] 公民共同的經驗、心願、與對未來的期望所構成的國家「命運共同體」，「主權在民」（popular sovereignty）。[29]

　　四、鞏固「獨特獨立的台灣歷史文化」，創造「以台灣為主體的文化價值」，建立台灣「自由公民國家意識」，才可望擺脫中國共產極權之糾纏、解脫中國儒教封建文化之桎梏。

27　詳見拙著《從宗教到政治：黃彰輝牧師普世神學的實踐》，頁 399-400；26。

28　法國哲學家雷南（Ernest Renan, 1823-1892）撰寫 *"What is a Nation?"* 論文，宣稱："What constitutes a nation is not speaking the same tongue or belonging to the same ethnic group but having accomplished great things in common in the past and the wish to accomplish them in the future." 雷南這句經典名言，對世界各地影響深遠。台灣的獨派前輩彭明敏與盧主義（黃彰輝的學生）都直接引述雷南的經典名言。Jay Loo, *Free Formosa: A Memoir* (iUniverse, 2019), p.47.

29　為了強調「主權在民」，1882 年雷南在巴黎大學一場著名的演講宣稱："A nation's existence is a daily plebiscite ."（公民國家的存在是每日的公民投票。）Ernest Renan, "Qu'est-ce qu'une nation?" (What is a Nation?) , in Geoff Eley and R.G. Sung, eds., *Becoming National: A Reader* (Oxford University Press, 1996), pp.42-55. 日本學界的詞語「命運共同體」非常適合表達雷南的「公民國家」論述。「命運共同體」一詞，自從 1995 年鄭欽仁從日本學界引述以來，已成為台灣本土學界常用詞語。鄭欽仁指出：「命運共同體是國民主義最大理論基礎。」「台灣的國民主義建立在台灣命運共同體的基礎上。」詳見鄭欽仁〈論台獨〉，《財訊》1995 年 3 月號，《鄭欽仁先生訪談錄》（國史館印行，民國 93 年），頁 320-326。另，鄭欽仁著《台灣的灰色年代》（稻鄉出版社，2022 年），頁 109-121，詳論〈中華民族論非台灣國民主義基礎〉。

五、「一個中國、一個台灣、和平共存」[30]，以友善的心態對待鄰邦中國的人民大眾，祝福他們，在可能範圍內幫助他們，祈望中國早日成為自由、民主、法治、人權的文明國家。

六、吾人今日「反共保台」之意義，在於保衛自由、民主、法治、人權等普世價值及台灣文化價值。捍衛價值是手段，也是目的。（但是，過去兩蔣為了保衛其政權，以專制集權手段「反共保台」，就如雷震所說，是「以暴易暴」的高壓政治吧了。）今日吾人以捍衛價值為手段及目的——人民要嚴厲監督政府實行自由民主、法治人權，才是真正「反共保台」之意義。總之，過去蔣政權的「反共保台」，與今日台灣的「反共保台」，兩者之意義迥異，不可混淆。

七、「普世價值」（公平正義、自由民主、法治人權、社會福利）是吾人最高的優先考量，高於國家政權。獨立國家之政權，是為了保障人民權益與「普世價值」而存在。

八、獨立建國的目的，在使台灣成為一個主權獨立、正常的、一流的文明國家——在國內建立行政、立法、司法

---

30 台灣獨立的先知先覺者黃彰輝 (1914-1988) 牧師，在 1953 年日內瓦「普世教會協會」籌備會議上，首次喊出「一個中國、一個台灣、和平共存」這句名言。他是公然在國際會議場合為台灣人民自決權發言的第一人。十一年後的 1964 年，他的後輩同志彭明敏教授跟進，與謝聰敏和魏廷朝發表〈台灣人民自救運動宣言〉。黃彰輝牧師在 1970 年代是海外「台灣人民自決運動」的領導人，他在美國召集同志黃武東牧師、林宗義博士與宋泉盛博士發起自決運動。詳見拙著《從宗教到政治：黃彰輝牧師普世神學的實踐》，第五章及第九章，頁 192-195；347-388。

三權分立、以及公平的「社會民主主義福利國家」（a social democratic welfare state）以保障低層勞工及弱勢團體權益 ；在國際上為人類社會伸張公平正義，促進世界繁榮與和平；吾人期望跟其他愛好公義與和平的國家與民族，共同推進人類文明與福祉。

致謝

寫致謝是最愉快的事！——每次出書都這麼感覺。

東海大學林碧堯教授是早期東海通才教育培養出來的校友，他在東海任教多年，對東海歷史及其演變最清楚。1950年代台灣基督長老教會在台南神學院黃彰輝院長與黃武東牧師領導下，對東海大學創校扮演重要的角色。在其影響下，美國「聯董會」的創校初衷是一個「以台灣為主體的國際性大學」。但此事似乎早被遺忘。官版的東海校史是個鏡子，照出中國國民黨「黨國體制」遺緒瀰漫全台灣的大學校園，因此台灣的學術教育機構跟中國政治文化道統糾纏不清。林教授是最早提出東海大學歷史轉型正義問題的人。我前年出書（《從宗教到政治：黃彰輝牧師普世神學的實踐》，玉山社，2020年）有關東海部分，得助於他提供的資料以及他在《民報》的多篇文章。之後，他仍然時而提供母校重要訊息，有助於本書論述東海的章節。

2019年筆者到耶魯大學神學院圖書館找資料，感謝館員親切協助。該館擁有「聯董會」初創東海的檔案，並早已提供線上閱覽。我希望母校東海圖書館開放創校時的複印檔案，

讓國內大眾也可閱讀，瞭解歷史實況。盼望東海實踐創校初衷，成為「以台灣為主體的國際性大學」——在強調學術自由、人文主義「普世價值」之同時，應注重台灣各族群母語文化之探討、教學與研究，期望能帶動台灣文化文藝復興。這是筆者對母校與故鄉的想望。

我有多位家人與好友是東海校友，熱愛母校，包括外甥女陳菁菲。她勞駕雙親（我的妹妹蔡玉瑞、妹婿陳勝基）一起在國內東奔西跑，替我收集購買與寄送有關林獻堂與林攀龍父子的資料。另，他／她們勤快協助家裡許多事，讓我放心、感念、敬愛。

筆者在台灣兩次出書，沈榮嘉先生非常熱心興奮。他是我從嘉義中學與東海大學學生時代的多年老友。他樂於分享求學及人生經驗、閱讀心得（譬如最近傳給我一則《野玫瑰》動人的故事，舒伯特作曲、歌德作詞）、以及提供研究資料（譬如，他請千金 Jessica 去影印郵寄一篇中央研究院史語所的論文）。榮嘉兄是首屆東海大學通才教育培養出來的知識人，中、英文俱佳，抱持自由人文主義思想。他細心評閱本書部分初稿，改正錯字，提出修正意見。榮嘉兄為人真實（truthful）、正直（straight）、愉快（cheerful）、機智（witty；resourceful）、寬容體諒（tolerant），因此贏得許多朋友，真令人羨慕；他豁達的人生見識，令人敬佩。

台大法律系榮退的李鴻禧教授是筆者從嘉義中學時代的老友，我 2020 年在台灣出書，鴻禧兄爽快迅速寫序。記得

過去在中學時代，他的國文作文一流，全班第一。後來，台大畢業後留學東京大學。他上個月（2022年8月）打來越洋電話表示，林攀龍是他景仰的東京帝國大學畢業「先輩」。1955年鴻禧兄同時考上台大和東海大學時，曾接獲東海校長曾約農的信，鼓勵他選擇東海。鴻禧兄很熱心表示對拙著新書非常有興趣，這是很大的鼓勵。

台大歷史系榮退的鄭欽仁教授是我自從東海大學時代的好友。他為人正經、正直、忠實，治學嚴謹，著作甚豐。多年前我從他的著述學到以台灣為主體的歷史觀；本書第八章也兩度引述他的論說。他屢次贈書讓我瞭解國內史學研究及政治社會情況。近兩年我和他的電子通訊，大多由鄭家公子光勛君勤快轉遞。他寫推薦序，我至感榮幸。本書第七章討論到徐復觀老師的政治思想，欣聞欽仁兄提到徐師晚年對台獨看法似乎有所改變。其實關於恩師的教學與為人，欽仁兄最清楚。今天讀到他的序文，才知道恩師住院時臥病在床，陳淑女同學曾經為恩師換過尿布這樣令人感動的事。徐復觀老師的治學、想望與行逕很值得深入研究，希望能看到完整的學術著作出現。欽仁兄是最適合挑起這重擔的學者。他已經有豐碩的著作令人羨慕。多年來我從他學到許多重要的觀念，這就是他所說「與子同袍」的由來吧。

今年（2022）春天台大歷史系周婉窈教授發電子信來問候，我回信順便告知正在撰寫有關林攀龍的書稿，她即刻回函表示驚訝，因為台灣很多人知道林獻堂，很少人知道林攀龍；她說林攀龍很特別，非常值得深入研究。她同時寄來她

一篇五十頁長文，論林氏父子創立「一新會」的文化啟蒙運動。那是深思的佳作，正好值得參考引述。她描述林攀龍積極的、正面的人生觀，喜歡光亮，不喜歡灰暗，欣賞西歐文明中崇尚代表陽光的阿波羅（Apollonian）精神，而不是悲觀耽樂的酒神（Dionysian）的傳統，也不是東方式的人生悲慨。這話說的真好。我在本書第四章提到谷崎潤一郎（Tanizaki Jun'ichirō, 1886-1965）的經典《陰影禮讚》（*In'ei raisan*），以日本傳統文藝崇尚「陰影」（及其延申之「寂靜」、「低聲」、「低調」、「古樸」、「古雅」）的審美價值觀、對照現代西洋人對「光亮」的崇拜。林攀龍對這部經典必然嫻熟。我發現跟婉窈教授有某些共同的基本理念與學術興趣——這好像是無意中點唱一支共同喜歡的歌曲，那種喜悅的感覺。有她寫推薦序，本人至感榮幸。她說「要能想像過去，才能想像未來」；很顯然，她直接掌握到本書論述的重點與出書的目的，而且她的文筆更是簡潔有力。

欽仁教授的序文，同樣明確掌握本書論述重點——「轉型正義」應該挑戰長期以來 KMT／ROC「黨國體制」建造的「深層權力結構」；而且他以犀利的文筆指出，本書提到的台人「自我設限」，是「歷史產物，即使政黨輪替，支配者本身也被同化，故轉型正義只是虛張聲勢。」婉窈教授也同樣尖銳地指出：「在黨國體制下成功往上爬的人，基本上就是最受馴化、吸收最好的人，你怎麼可能要他／她反省讓他／她得以成功的東西？」

台灣本土知識人如此憂國憂民的諍言，近幾年來在國內

已經甚少聽聞，蓋台灣三大政黨（民進黨、國民黨、民眾黨）的「幫派化」造成各自政黨的「一言堂」現象（不能容許異議，特別是違背程序正義，沒收黨內初選制度），重大影響台灣的媒體、學界與社會，導致自由、民主、法治的大倒退。本土知識人寫作的目的，只是希望邀請國人共同思考，認清事實真相，共同來想像台灣的過去與未來。

總而言之，欽仁兄指出：「榮芳這一本著作的用意是要台灣人找回自己，正如日本大儒福澤諭吉所說的：個人獨立，……爾後國家應獨立。」

前衛出版社林文欽社長多年來發行許多傑出、重要的書籍，他重視拙著，表示高度肯定與興趣。筆者用電腦傳文稍嫌笨拙，幸虧出版社主編楊佩穎女士有耐性，她負責主導審稿，並細心閱讀改錯字，特別是修正許多外國人名之華文音譯字。跟她合作很愉快，她時而用「非常有興趣」及「很吸引人」等字樣來鼓勵。編輯工作還包括安排書的封面設計與插圖。佩穎女士充分尊重、參考作者的意見，留給作者良好的印象；她是一位頗為值得敬重信賴的出版社主編。

林攀龍的孫子林明弘先生是國際聞名藝術家，目前旅居比利時。感謝他提供數張很棒的照片，包括一張全家福，以及 1927 年林獻堂率領攀龍與猶龍周遊世界時，在法國尼斯 (Nice) 父子三人帥氣的相片。

請容許筆者利用這機會向巫永福文化基金會道謝，因為我撰寫《從宗教到政治：黃彰輝牧師普世神學的實踐》（玉

山社，2020 年）獲得 2021 年度巫永福文化評論獎，本人深感榮幸。國內每年發行那麼多傑出的著作，沒有料想到會輪到我得獎，心想大概是靠運氣，台語講（*kóng*）：「睛瞑雞啄著蟲」。台灣本土各族群語言文化，非常有趣，充滿智慧。無論如何，多謝巫永福文化基金會對筆者的鼓勵。

北港老同鄉賴信雄兄是五十年前在洛杉磯相處愉快融洽的友人。他 1958 年萊園中學畢業後，進入台南神學院，之後留學紐約協和神學院畢業。今年五月底他忽然來信詢問拙書《從宗教到政治》，我把身邊剩下的一本寄送給他。六月八日他迅速來信寫道（筆者譯成華文）：

昨日下午接獲你的書，多謝。晚餐後即刻開始閱讀。我繼續閱讀，不能停止閱讀，因為書中提到的人都是我認識的人。有幾位是今昔好友。我不能相信我繼續不斷地閱讀到清晨六點半。在過去二十多年期間，從來沒有任何書籍讓我這樣整夜不睡覺。閱讀此書把我帶回到六十年前的人物、事件、地方 —— 黃彰輝、教室、諸多昔日記憶，猶如活動電影一般呈現在眼前腦海裡。……

信雄兄說林攀龍和黃彰輝是在他一生中對他影響重大的「偉大的老師」("Great Teachers")，感謝他這封生動有趣的電子信。不過，我即刻去信請他告知有關老師的事，他卻一直沒回應。忽然出現之後，又忽然消失，如同幻影。這是他一向的行動模式。奈何！

每一位作者都希望有人預先評閱書稿以期避免錯誤。大妹蔡彩玉和妹婿陳明文認真閱讀部分書稿，但是他們似乎偏好，只有讚賞沒有批評，好像認為這個世界很完美！明文（東海校友）個性真實、可靠、忠厚，令人敬愛信賴。彩玉很直爽，她有些政治社會理念和我相似，特別關注法治與司法程序正義問題，不能容忍絲毫虛假與不公不義。這也是我寫書論述的一個重點。

　　弟弟蔡榮宗醫師對我的寫作非常有興趣，《從宗教到政治》一書，他已經閱讀過兩遍。他說要細心專注思考才看得懂，但有些哲學與神學部分還是看不懂，「就把它跳過去！」他對新書稿更有興趣，頻頻催我寄初稿給他看。他個性真實、木訥，不會說讚美的話。問他：「書稿看了沒有？」他說「看了」。問他：「文章是否通順，有什麼地方需修改？」他說「還好吧」。就這樣簡潔回答（laconic）。他說話明確，沒半句廢話，猶如古希臘愛琴海西南方 Laconia 人一樣，英文詞彙 laconic 一字由此而來。他到書店購買多冊我的書贈送給朋友。可是他說今日台灣多數年輕人喜歡玩，不喜歡看書。

　　弟妹與好友們的鼓勵令我寫書愈來愈有勁。然而，最大的靈感和精神支持力量來自回憶已故牽手愛妻蔡蕭美惠（1944-2019）。謹將此書獻給她。感謝她在身邊陪伴四十多年，讓我獲得了生活的暖流、寫作的靈感、和創作的力量。沒有這股力量，就沒有這本書。所以請允許我在此簡單敘述一、二她的故事。

1975 年暑假，我回台灣，三姐蔡玉雲請姐夫陳家侯兄介紹他的同事蕭美惠小姐跟我認識。她家住台北，個性平實、隨和、直爽、常帶微笑；她自然爽快的笑聲，即刻感染周圍的人。她的許多同學、同事、鄰居都成爲忘年之友。她很喜歡小孩子，特別疼愛侄子蕭凱元，帶著流口水可愛的侄子，來到我弟弟的診所，和平東路欣欣牙科。

　　1976 年暑假，我回台灣跟蕭美惠小姐結婚 —— 她眞的很隨和，隨便嫁給我。

　　隔年美惠飛越太平洋來到查爾斯頓跟我相聚。她身處異國，入境問俗，隨遇而安，多年來跟我學院同事的太太很要好，特別是 Barbara Davis, Amy McCandless, Janice Clark 和 Sonya Stuart（美惠很喜愛 McCandless 的可愛金髮小男孩 Alistair）。

　　學期中我上課很忙，只能利用寒暑假作專題研究與寫作，美惠跟我到處跑，幫我找資料：跑華盛頓國會圖書館、港英殖民政府檔案館、香港大學圖書館、東京大學東洋文化研究所、東京日本外交史料館等等。

　　我時常跟美惠談論教學情形與讀書心得。有一次，我說許多日本人的種族觀念很奇怪，獨特「大和民族」的《日本人論》書籍充斥坊間書店；然而明治維新時代，福澤諭吉崇尚現代西洋文明，提出《脫亞論》，強調必須脫亞入歐。聽我講到這裡，美惠機智回應說：「乾脆把日本全部島嶼搬到大西洋那邊去！才是眞正脫亞！」

多年來美惠利用休閒閱讀許多書，興趣廣泛，包括《美麗島》與《台灣文藝》雜誌、楊逵、鍾理和、吳濁流、李喬、王拓、鍾肇政、張良澤、楊青矗、吳念真、黃娟、東方白、林語堂、安妮‧法蘭克、托爾斯泰等人的著作。美惠喜歡讀傳記文學，譬如《紅樓夢》、《甘地傳》、《武則天傳》、《王昭君》、《賽金花傳》、《謝雪紅評傳》、《自由的滋味——彭明敏回憶錄》等等。

我總覺得自己是個理想主義者，我的頭腦在雲端夢幻。美惠把我從雲端拉下來，回到人間。台灣本土俗語說「近廟欺神」（恰似 Mark Twain 所謂 "Intimacy spawns contempt"「親密產生輕視」），美惠說我日常生活「缺乏常識」、「眞戇」（台語 tsin-gōng「很笨」之意）。然而，某日她觀看《乾隆皇帝》影片，看到精明強悍的和珅那麼奸詐。美惠說：「好佳哉（hó-ka-tsài，幸虧），我嫁給一個「戇 ang」（gōng-ang，笨丈夫）比較遲鈍，不會奸詐。」

美惠很有同情心和同理心，時常買食物罐頭捐給社區慈善機構分發給貧民。我工作繁忙時，她提醒我勿忘每年做公益小額捐款，寫支票寄給 UNICEF 聯合國國際兒童難民急救基金會、Doctors Without Borders 國際無國界醫生組織、Amnesty International 國際特赦組織，以及兒子與我的研究院母校校友基金會，與南卡州公眾教育電視台 ETV。

馬克吐溫說，「親密產生輕視，也產生子女。」1981 年兒子 Oliver 出生，我們養育他成長。他個性正直、眞實、頗

具愛心與同理心、擁抱公平正義之世界主義國際觀，還有，他講台語一流；兒子是我們的驕傲，媽媽（Mami）功勞七分，爸爸三分。有位友人這麼說：「看到 Oliver 就知道他的媽媽是什麼樣的人。」

每聽到有人誇獎美惠，我就開心。1993 年我回台灣在台大客座，某日飯後跟她出去散步，在福利社溜達，無意中走進一家鞋店參觀。那位中年女店主跟我聊天說：「你太太前額高且圓滿，衣著樸素，氣質真好！」我非常高興，即刻拿出皮包，一下子購買兩雙皮鞋，穿許多年。

凡是讚美我太太的人，即刻成為我的朋友。

為了讓我安心讀書、教書與寫字，美惠替我管理一切家務，包括每年替我整理資料報稅。美惠多才多藝，頗有興趣料理美味菜餚，做饅頭、月餅、包水餃、粽子。她自己做衣裳，包括好多件漂亮的 ワンピース（"one-piece"）；她為兒子和我做パジャマ睡褲、修補衣服，做窗簾，還做小衣服給她加州妹妹（美珠）養的一隻可愛小狗狗。美惠的另一樂趣是，時而買衣衫和小禮物送給台灣和美國的親戚與友人，以示思念敬愛之意。另外，她在我們家前院與後院除雜草、種花、種青菜、種地瓜和絲瓜。

幾十年來，我們的生活單純平淡：──養育兒子成長，從幼稚園到大學與研究院畢業後，出外從事志業；我每天不是去學校上課，就是在家讀書寫字，需要時幫忙做點粗重家務；美惠白天忙著做家事，晚上休息、閱讀、看電視。

有她在身邊陪伴，我獲得生活的一股暖流、寫作的靈感、和創作的力量。

　　家住南卡州環境優美的 Mount Pleasant 海邊小城鎮，我們一家三口有許多生活小樂趣，包括時常光顧一家魚店。勤勞的老闆與長子出海捕魚，五十多歲的老闆娘經常帶著微笑期待的眼光看顧店鋪，她以售賣新鮮魚蝦自豪。可是，有一次，我不識相，不經心指稱：「這尾魚的眼睛與魚鱗並不發亮，好像是昨日剩下的貨。」老闆娘瞪我一眼道："You go catch your own fish!"（「你自己捕魚去吧！」）美惠跟 Oliver 說：「爸爸眞戇（tsin-gōng）！不經大腦思考，講多餘的話。」

　　長年居住海外，經常想念家鄉台灣。某一天我說：「退休後，想搬到加州居住，離台灣比較近。」美惠回答說：「對，最好搬到加州的某個飛機場旁邊，會更近。」

　　心想該寫一本《牽手的佳言錄》記錄她的機智、幽默、智慧，和細膩的感情。記得某日她在房間抽屜翻來翻去，尋找她一個小巧玲瓏的小袋子，我不耐煩地問到底急著找它幹嘛？她也不耐煩了，答道：「要用魔術把你化小，裝在小袋子裡！」

　　另外，多年前電視新聞報導，波音公司將在查爾斯頓設廠，製造最新型噴射客機。一時引起市民轟動，歡欣鼓舞，期待將會帶動此地經濟、社會、教育、文化各方面的興盛繁榮。美惠開心地說道：「是啊！到時候，每一個市民無論男女老少，都會長出雙翼羽毛，升上天空自由飛翔！」

美惠感情細膩。記得在一個明月高照、靜悄悄的夜晚，忽然聽見一隻晚歸的孤雁淒涼叫聲，即刻觸動她的愛心與同情心，低聲細語道：「那隻飛鳥很可憐，叫聲令人感覺心酸酸！」

　　總之，美惠的機智、幽默、智慧、想像力，和情感細膩的心思佳言，令人折服。

　　我依賴成性，無論大小事，都要問 Mami，我每天就可以無憂無慮糊塗過日子。

　　從少年到老年，我一生在各方面累積無數大小糊塗蠢事。雖然試圖讀哲學、神學尋求智慧，但是愈讀愈蠢，無濟於事。

　　回顧許多過往蠢事，我萬分羞愧，自責不已 —— 覺得自己是個愚蠢的大笨蛋、大傻瓜！

　　某日午後閑聊，美惠用溫文的語氣說這句正經、真心話：「你容易煩惱，不能做大事；不夠細心，不能做小事；只能做粗事。」此話千真萬確。

　　婚後這四十多年來，美惠不僅一次溫和地說：「你這把年紀了，還那麼不自在！」

　　2018 年冬天，突然間美惠得病，隔年秋天就逝世了！

　　愕然！生命何其尊貴，竟然如此脆弱 —— 光亮的燈火，頓時熄滅！

如今，沒有人像她那樣說我了！再也聽不到她溫文悅耳的聲音和真心靜語了！

然而，她諄諄靜言，我永遠懷念，記取精神支持力量。

美惠牽手愛妻在天之靈永遠安息，我們思念之心永遠陪伴著你。

墓誌銘寫道："Mei-hui Tsai（1944-2019）, Beloved Wife, Mom and Best Friend , Forever Accompanied by Our Loving Thoughts."

世間每一個人都有親人——家人、親戚、友人。世事無常，人生短暫，親人去世，遺愛人間。

人類社會，超越國界，每一個人的生命都是無比的尊貴，必須珍惜敬重。

從珍惜生命之人道主義視角，觀察人類歷史與今日世界時事現況，可得到一個結論——以族群、種族、宗教、與國家民族為畛域，互相爭鬥，導致戰爭，犧牲人命，造成人類悲劇，是極大罪惡。此即本書主人翁林攀龍之所以崇仰自由人文主義者、人道主義者托爾斯泰（Tolstoy）與羅曼‧羅蘭（Romain Rolland）之道理所在。

欣聞 2022 年諾貝爾和平獎頒給反抗獨裁政府的維護人權異議人士與組織——白俄羅斯人權領袖畢亞利亞茨基（Ales Bialiatski）、俄羅斯人權團體「紀念」（Memorial）和烏克蘭

人權團體「公民自由中心」（Centre for Civil Liberties）共享
殊榮。挪威諾貝爾委員會指出，此次和平獎是向致力捍衛「人
權、民主與和平共存」的傑出貢獻者致敬。

　　但願人類社會實現公平正義，令世界和平安寧，人人保
重，珍惜尊貴的生命。祈望人人溫心互相關懷，互相愛顧，
互相鼓勵，共同推進人類文明。

國家圖書館出版品預行編目資料

知識人的想望與行徑/蔡榮芳著 ;. -- 初版. -- 臺北市：前衛
出版社, 2023.01
　　面；15×21公分
　　ISBN 978-626-7076-61-3(平裝)

　1. 教育家　　2. 傳記

548.13　　　　　　　　　　　　　　　111003793

知識人的想望與行徑

作　　者	蔡榮芳
責任編輯	楊佩穎
美術設計	盧卡斯工作室
內頁排版	宸遠彩藝

出 版 者　前衛出版社
　　　　　10468 臺北市中山區農安街153號4樓之3
　　　　　電話：02-25865708｜傳真：02-25863758
　　　　　郵撥帳號：05625551
　　　　　購書‧業務信箱：a4791@ms15.hinet.net
　　　　　投稿‧編輯信箱：avanguardbook@gmail.com
　　　　　官方網站：http://www.avanguard.com.tw

出版總監　林文欽
法律顧問　陽光百合律師事務所
總 經 銷　紅螞蟻圖書有限公司
　　　　　11494 臺北市內湖區舊宗路二段121巷19號
　　　　　電話：02-27953656｜傳真：02-27954100

出版日期　2023年01月初版一刷
定　　價　新臺幣480元

ISBN：9786267076613
　　　　9786267076620（PDF）
　　　　9786267076637（EPUB）

＊ 請上『前衛出版社』臉書專頁按讚，獲得更多書籍、活動資訊
　 https://www.facebook.com/AVANGUARDTaiwan